Konzepte der Humanwissenschaften

T. Berry Brazelton
Bertrand G. Cramer

Die frühe Bindung

Die erste Beziehung
zwischen dem Baby und
seinen Eltern

Übersetzt von
Elisabeth Vorspohl

Klett-Cotta

Die Übersetzerin dankt Frau Dr. med. Birgit Brodt, Hanau, für die redaktionelle Durchsicht der pädiatrischen Kapitel.

Klett-Cotta
Die Originalausgabe erschien unter den Titel
"The Earliest Relationship – Parents, Infants, and the Drama of Early Attachment"
im Verlag Addison-Wesley Publishing Co. Inc., Reading

Printed in Germany
Umschlag: Klett-Cotta-Design
Gesetzt aus der 10 Punkt Garamond von Fotosatz Janß, Pfungstadt
Auf säure- und holzfreiem Werkdruckpapier gedruckt
und gebunden von Ludwig Auer, Donauwörth
Zweite, in der Ausstattung veränderte Auflage, 1994

Die Deutsche Bibliothek – CIP-Einheitsaufnahme
Brazelton, Thomas Berry:
Die frühe Bindung: die erste Beziehung zwischen dem Baby und seinen Eltern / T. Berry Brazelton; Bertrand G. Cramer.
Übers. von Elisabeth Vorspohl. – 2., in der Ausstattung veränd.
Aufl. – Stuttgart: Klett-Cotta, 1994
(Konzepte der Humanwissenschaften)
Einheitssacht.: The earliest relationship ⟨dt.⟩
ISBN 3-608-91280-0
NE: Cramer, Bertrand:

Für Merloyd Lawrence, der unsere Arbeit begleitete,
bis die Idee zu einem Buch herangereift war

Die Autoren danken Serge Lebovici für die
Anregung zu diesem Buch und seinen Vorschlag,
es gemeinsam zu schreiben.

Inhalt

Erster Teil

Schwangerschaft: Das Entstehen der Bindung

„Ein und dieselbe Seele regiert beide Körper . . .
die Dinge, die die Mutter sich während der Zeit
wünschte, in der sie mit ihrem Kind schwanger ging,
haben sich seinen Gliedern häufig als Mal eingeprägt."
Leonardo da Vinci, Quaderni

Einleitung

Im Augenblick der Geburt haben alle Eltern es mit drei Babys zu tun. Das imaginäre Kind ihrer Träume und Phantasien und der unsichtbare, aber reale Fötus, dessen individuelle Rhythmen und dessen Persönlichkeit sich in den vergangenen Monaten immer deutlicher zu erkennen gegeben haben, verschmelzen nun mit dem wirklichen, neugeborenen Baby, das die Eltern sehen, hören und endlich in die Arme schließen können. Die Bindung an ein Neugeborenes (dessen eigenen Beitrag zu der Beziehung wir im zweiten Teil untersuchen werden) beruht auf vorhergegangenen Beziehungen zu einem imaginären Kind und zu dem sich entwickelnden Fötus, der neun Monate lang Teil der Welt seiner Eltern gewesen ist.

Um die „frühesten" Interaktionen zwischen Eltern und Kind zu verstehen, müssen wir für einen kleinen Augenblick einen Schritt zurückgehen und uns mit diesen noch früheren Beziehungen beschäftigen. Wir können die biologischen Kräfte und Umweltfaktoren, die zu dem Kinderwunsch von Frauen und Männern beitragen, gemeinsam mit den Phantasien, die dieser Wunsch entstehen läßt, als Vorgeschichte der Bindung betrachten. Die Schwangerschaft, diese neun Monate in Anspruch nehmende körperliche und psychische Anpassung an die neue Situation, stellt eine Aufeinanderfolge verschiedener Phasen dar, die man als das Erwachen der Bindung beschreiben könnte. Da das Verlangen nach einem Kind, die Phantasien und die Schwangerschaftserfahrung von Männern und Frauen notwendigerweise unterschiedlich erlebt werden, wollen wir die Art und Weise, wie Väter der neuen Situation begegnen und sich auf das ungeborene Kind einstellen, im dritten Kapitel untersuchen.

1 Die Vorgeschichte der Bindung

In jeder Schwangerschaft spiegelt sich das ganze Leben wider, das die Frau bis zum Zeitpunkt dieser Empfängnis geführt hat. Ihre Erfahrungen mit der eigenen Mutter, mit ihrem Vater, das spätere Erleben des ödipalen Dreiecks und die Kräfte, die sie veranlaßten, sich ihm mehr oder weniger erfolgreich anzupassen und schließlich die Trennung von den Eltern zu vollziehen – all dies wird ihre innere Anpassung an diese neue Rolle beeinflussen. Unbefriedigte Bedürfnisse aus Kindheit und Adoleszenz gehen in den Schwangerschaftswunsch und die Anpassung an den schwangeren Zustand ein. Wir wollen zunächst untersuchen, auf welche Weise diese frühen Erfahrungen und Bedürfnisse sich in dem Kinderwunsch widerspiegeln, um daran anschließend die durch die Schwangerschaft selbst bewirkten Veränderungen zu betrachten und zu sehen, welchen Umschichtungen die Gefühle und Phantasien der Frau ausgesetzt sind, die als werdende Mutter ein neues Identitätsgefühl entwickelt.

Geschlechtsidentität

Zahlreiche Kräfte sind an der Entwicklung eines geschlechtlichen Identitätsempfindens beteiligt. Bei den meisten Menschen sind diese Gefühle gemischt, vorherrschend aber ist eine Kernidentität. Unter dem Einwirken biologischer Kräfte und Umweltfaktoren setzt die Entwicklung dieser „geschlechtlichen Kernidentität" (des subjektiven Gefühls, einem bestimmten Geschlecht anzugehören) schon zu Beginn des Lebens ein.

1. Hormonelle Einflüsse. Ob der Fötus Eierstöcke oder Hoden entwickelt, wird von den Geschlechtschromosomen bestimmt. In „kritischen" Phasen der fötalen Entwicklung führt dann ein hoher Spiegel des Hormons Androgen zur Ausbildung typisch männlicher äußerer Geschlechtsmerkmale. Eine zu hohe Ausschüttung an männlichen Geschlechtshormonen läßt bei einem genetisch weiblich angelegten Fötus männliche äußere Geschlechtsmerkmale entstehen. In diesem Fall ist die Klitoris bei der Geburt vergrößert, so daß sie wie ein Penis aussieht. Der Hodensack ist entwickelt – das genetisch weiblich determinierte Baby hat einen männlichen Körper.

John Money und Anke Ehrhardt (1972) haben überdies gezeigt, daß die verhaltensmäßige und emotionale Geschlechtsdifferenzierung im Uterus auf dieselbe Weise beeinflußt werden kann. Geschlechtshormone üben einen direkten Einfluß auf das Gehirn aus, da sie an der Bildung wichtiger Übertragungsstoffe an den Nervenendigungen beteiligt sind und das Wachstum von Nervenzellen fördern. Geschlechtshormone beeinflussen den Hypothalamus, einen eng mit der Verhaltenssteuerung zusammenhängenden Teil des Gehirns. Sowohl männliche als auch weibliche Tiere, die vorgeburtlich hohen Androgenspiegeln ausgesetzt werden, zeigen einen Paarungstrieb und andere, für Männchen charakteristische Verhaltensweisen. Bei den Menschen spielen Hormone zwar für die Entwicklung der äußeren Geschlechtsmerkmale – und vielleicht auch des Gehirns – eine Rolle, ihr Verhalten aber wird von einer Wechselwirkung zwischen diesen biologischen Kräften und Umweltfaktoren bestimmt.

2. Geschlechtsbestimmung. Nach der Geburt wird das Geschlecht des Babys aufgrund des äußeren Erscheinungsbildes seines Genitales bestimmt. Diese Geschlechtsbestimmung spielt für die Entwicklung der Geschlechtsidentität eine entscheidende Rolle. Money und Ehrhardt haben dies auf dramatische Weise mit ihrer Untersuchung von Kindern gezeigt, die mit äußeren Geschlechtsmerkmalen zur Welt kamen, die dem chromosomal angelegten Geschlecht nicht entsprachen (Money & Ehrhardt, 1972). Dies ist bei den zuvor erwähnten weiblichen Föten der Fall, die der Einwirkung männlicher Geschlechtshormone ausgesetzt waren und bei ihrer Geburt ein „männliches" Genital aufwiesen. Diese Kinder werden als Jungen erzogen, die nun aufgrund der Wahrnehmungsweisen und des Verhaltens ihrer Umwelt auch subjektiv die Überzeugung entwickeln, Jungen zu sein. Money und Ehrhardt haben gezeigt, daß Kinder im Alter von zwei Jahren über ein sicheres geschlechtliches Identitätsempfinden verfügen.

Auf ähnliche Weise wird ein genetisch männlicher Fötus, der dem Androgeneinfluß gegenüber unempfindlich ist, bei der Geburt weiblich aussehen, eine Vagina und die äußerlichen Merkmale eines Mädchens aufweisen. Solche Kinder werden als Mädchen erzogen. Von Anfang an werden die Eltern sie als weibliche Säuglinge behandeln, und sie werden sich, wenn sie heranwachsen, selbst für Mädchen halten. Erst wenn Pubertät oder Unfruchtbarkeit sie veranlassen, medizinischen Rat zu suchen, wird ihr eigentliches, ihr genetisches Geschlecht entdeckt. Bis zu diesem Zeitpunkt haben sie geglaubt, Mädchen oder Frauen zu sein, und sich entsprechend verhalten.

Diese „Experimente der Natur“ machen deutlich, daß die auf der Geschlechtsbestimmung beruhenden elterlichen und gesellschaftlichen Erwartungen die intrauterinen hormonellen Einflüsse gewaltig verstärken können. Die Erziehung dieser Kinder richtet sich, völlig ungeachtet ihres genetischen Geschlechts, nach dem äußerlichen Erscheinungsbild ihrer Geschlechtsmerkmale. Gesellschaftliche Zwänge, Rollenzuweisung und die Erwartung der Eltern bestimmen ihr subjektives geschlechtliches Identitätsgefühl und das daraus resultierende Verhalten.

3. Angeborene Verhaltensunterschiede. Obwohl zahlreiche Forscher versucht haben, angeborene Verhaltensunterschiede bei neugeborenen Jungen und Mädchen nachzuweisen, konnten nur wenige Unterschiede übereinstimmend festgestellt werden. Die motorische Aktivität neugeborener Jungen ist nicht höher als die der Mädchen, allerdings kann die Qualität ihres motorischen Verhaltens eine andere sein. Die motorische Aktivität des männlichen Neugeborenen wirkt energischer, der einzelne motorische Akt aber scheint von kürzerer Dauer zu sein, während das gleiche motorische Verhalten bei Mädchen sanfter ist und den Aktivitätshöhepunkt weniger rasch erreicht. Die Tatsache, daß Jungen in der Regel höhere Empfindlichkeitsgrade aufweisen, hängt möglicherweise mit einer vor und während der Geburt höheren Komplikationsrate bei männlichen Säuglingen zusammen (Parmelee & Stern, 1972). Neugeborene Jungen scheinen Gegenstände weniger lang als Mädchen, dafür aber interessierter zu betrachten, während die Aufmerksamkeit neugeborener Mädchen sich zwar langsamer entwikkelt, dann aber länger gewahrt werden kann. Weibliche Säuglinge reagieren möglicherweise sensibler auf Berührung, Geschmack und Geruch und lassen eine höhere Intensität des oralen Verhaltens erkennen (Maccoby & Jacklin, 1974; Korner, 1974). Diese angeborenen Geschlechtsunterschiede sind zwar weniger deutlich ausgeprägt als individuelle, vom Geschlecht unabhängige Differenzen, können die frühe Interaktion aber gleichwohl beeinflussen (Cramer, 1971).

4. Einstellungen der Eltern. Sobald die geschlechtliche Identität des Babys festgestellt (oder bestimmt) worden ist, hegen Eltern dem kleinen Jungen und dem kleinen Mädchen gegenüber unterschiedliche Gefühle. Natürlich erkennt die Mutter Teile ihrer selbst leichter in einem Mädchen wieder, während sie den Jungen eher als Gegenstück ihrer selbst betrachten wird. Und ebenso natürlich ist es, daß Väter sich einen Sohn wünschen, um sich mit ihm zu identifizieren, und ein Mädchen, weil sie mit ihm die Vorstellung von größerer Zärtlichkeit verbinden. Diese unbewußten Vorstellungen bestimmen bis zu einem gewissen Grad, wie die Eltern sich dem neuen Baby gegenüber verhalten werden. Da unsere Kulturen seit so langer Zeit ein strikt geschlechtstypisches Verhalten gefördert haben, ist es beinahe unvermeidlich, daß die Eltern mit einem Jungen ungestümer spielen und sich dem Mädchen auf sanftere Weise zuwenden werden. Der Vater wird einen kleinen Jungen eher in die Luft werfen; die Mutter wird ihr Töchterchen vor solchen Spielen eher zu beschützen suchen. Auch die Art, wie wir mit dem Baby sprechen, wird von den Erfahrungen aus unserer eigenen Vergangenheit bestimmt. Wir neigen eher dazu, sanft und beruhigend mit einem Mädchen zu sprechen, während wir den Jungen mit denselben Worten aufzumuntern und zu stimulieren versuchen. Der Rhythmus der Interaktion zwischen Eltern und Kind wird, wenn es sich um ein Mädchen handelt, gedämpfter und langsamer sein, bei Jungen mehr dramatische Tief- und Höhepunkte sowie kürzere Intervalle aufweisen. Zunehmend gibt es auch Anhaltspunkte dafür, daß Mütter in der Regel mit ihren kleinen Mädchen mehr sprechen und sich intensiver mit ihnen beschäftigen als mit kleinen Jungen. Diese stereotypen Verhaltensweisen haben sich uns aufgrund unserer Erfahrungen mit den eigenen Eltern so tief eingeprägt, daß wir sie durch einen bewußt gefaßten Entschluß wahrscheinlich nicht zu ändern vermögen. Die Gefühle der Eltern hinsichtlich Männlichkeit und Weiblichkeit üben auf die Geschlechtsidentität einen gewaltigen Einfluß aus und werden dem Säugling mit jeder Interaktion auf subtile Weise vermittelt. Der Wunsch des kleinen Mädchens, später selbst einmal Mutter zu werden, kann durch seine Identifizierung mit dem Verhalten der eigenen Mutter und der aktiven Anteilnahme des Vaters an seinen Spielen, in denen es dieses mütterliche Verhalten nachahmt, verstärkt werden.

5. Körperliche Sensationen und Vorstellungen. Die allmählich sich entwickelnden körperlichen Empfindungen des Säuglings – insbesondere die um das Genital konzentrierten – beeinflussen möglicherweise das psychische Selbstverständnis hinsichtlich der Zugehörigkeit zu dem einen oder anderen Geschlecht. Da das Genital des Jungen exponierter und der Berührung sowohl für ihn selbst als auch für denjenigen, der ihn versorgt, eher zugänglich ist, können frühe Erforschung, Masturbation und Wertschätzung des eigenen Genitales bei kleinen Jungen eher zu Exhibitionismus und Externalisierung ihrer Sexualität führen. Beim kleinen Mädchen wird man eher Zurückgezogenheit, Verwunderung angesichts seines Genitales und seiner Bedeutung und Funktion sowie eine Internalisierung der körperlichen Empfindungen beobachten können. Die Verschiedenartigkeit der sinnlichen Erfahrung, die auf den unterschiedlichen geschlechtlichen Eigenschaften des Körpers beruht, wird sich im Laufe des gesamten Lebens vertiefen und intensivieren und die Geschlechtsidentität beeinflussen. Das heranwachsende Mädchen wird häufig fragen, welche Funktion sein Genital und seine Brüste eigentlich erfüllen sollen. Kommt es ins menstruationsfähige Alter, wird es diese Fragen mit noch größerer Dringlichkeit stellen. Seine unsichtbaren und bislang nicht erprobten Fortpflanzungsorgane werden in seine Schwangerschaftsphantasien verwoben. Robert Stoller hat diese Phantasien als entscheidend für die Entwicklung der weiblichen Identität beschrieben und plädiert für das Konzept einer primären Weiblichkeit (Stoller, 1976). Seiner Ansicht nach beginnt das Mädchen schon in der frühen Kindheit, eine weibliche Identität zu entwickeln. Diese Vorstellung von einem Primat weiblicher Identität hat die Freudianischen Penisneid-Theorien modifiziert. Freud zufolge versucht das Mädchen, das, was ihm fehlt, nämlich den Penis, zu ersetzen, indem es seinen Körper zur Zeugung eines Babys benutzt. Frauen, so Freud, haben das Bedürfnis, mit der Erzeugung eines Kindes die Intaktheit ihres Körpers augenscheinlich unter Beweis zu stellen. Ein gesundes Baby liefere den beruhigenden Beweis für die Fruchtbarkeit und Gesundheit der inneren Organe einer Frau und löse ihren „unvermeidlichen" Penisneid. Freud wies auch darauf hin, daß die Phantasien eines kleinen Mädchens, ein eigenes Baby zu besitzen, es ihm ermöglichen, sich selbst als Ebenbild seiner allmächtigen, lebensspendenden Mutter vorzustellen. Diese Lehrsätze der frühen psychoanalytischen Theorie wurden in einer sexistischen Gesellschaft entwickelt, die die männliche Psychodynamik nicht nur scharf von der weiblichen trennte, sondern sich in ihrer Deutung der weiblichen Psychologie überdies von der angeblichen Sehnsucht der Frau, ein Mann zu sein, leiten ließ. Bevor die Psychoanalytikerin Helene Deutsch ihr zweibändiges Werk *Psychologie der Frau* (1948) verfaßte, hatte man der psychologischen Entwicklung der Frau im Grunde nur wenig Beachtung geschenkt. Auch ihre Bücher betonen nach wie vor den Neid der Frau auf das dominante männliche Geschlecht. Erst in jüngster Zeit haben die Psychoanalytiker begonnen, in der Entwicklung junger Mädchen nach einer „weiblichen Kernidentität“ Ausschau zu halten, die nicht unter dem Diktat des „Penisneides“ steht. Körperliche Sensationen und die Vorstellungswelt des weiblichen Kindes bilden ihre frühen Grundlagen. Viel später erst wird der Hege- und Pflegeaspekt dieser heranreifenden Identität durch die psychologischen Auswirkungen der Schwangerschaft und die frühe Anpassung an das Baby verwirklicht werden.

Der Kinderwunsch

Zahlreiche, unterschiedliche Motive und Antriebe nähren die Sehnsucht der Frau nach einem Baby. In keinem Fall wäre es möglich, ihnen allen auf den Grund zu gehen. Um jedoch einen Eindruck von der Intensität und Vielschichtigkeit dieses Verlangens zu vermitteln und zum Verständnis des inneren Aufruhrs beizutragen, den die Schwangerschaft mit sich bringt, versuchen wir, einige der wichtigsten Elemente zu beschreiben. Zu ihnen gehören Identifikationen, die Erfüllung verschiedenartiger narzißtischer Bedürfnisse sowie der Versuch, alte Bindungen in der neuen Beziehung zum Kind wiederaufleben zu lassen.

1. Identifikation. Jede Frau ist in irgendeiner Form selbst einmal „bemuttert“ worden. Das kleine Mädchen, das versorgt und umhegt wird, entwickelt aller Wahrscheinlichkeit nach die Phantasie, nicht länger umsorgt zu werden, sondern sich selbst in die mütterliche Beschützerin zu verwandeln. Im Zuge seiner Entwicklung zur Selbständigkeit wird es beginnen, die Körperhaltungen der Frauen anzunehmen, die ihm nahestehen. Durch Nachahmung lernt es, wie Mutterfiguren sich bewegen und verhalten. Die Menschen in seiner Umgebung sind von diesem Nachahmungsverhalten in aller Regel entzückt, sie ermuntern das kleine Mädchen und bestärken es in seiner unbewußten Identifizierung mit der Mutter und den Mutterfiguren.

Im frühen zweiten Lebensjahr beginnt das Kleinkind, mit einer Puppe oder einem Spieltier zu schmusen. Das kleine Mädchen wird sich das „Baby“ an die linke Brust pressen, als stille sie es, so wie ihre Mutter es getan hat. Beim Schmusen wird sie es sanft wiegen und mit zärtlichem Blick zu ihm hinuntersehen; das Gesicht der Kleinen wirkt aufnahmefähig, sie spricht mit leiser, singender Stimme, als erwarte sie, daß die Puppe zu ihr aufsähe und im gleichen Ton antworte. Ihre Haltung ist aufrechter, wenn sie mit „ihrem Baby“ auf dem Arm herumgeht. Ihre Bewegungen werden erwachsener, die Schritte entschiedener. Im allgemeinen läuft das Kleinkind breitbeinig; zuweilen erforscht es seine Welt nur mit zögernden Schritten; sobald das kleine Mädchen aber sein geliebtes Spielzeug in den Arm nimmt, verwandelt es sich in den Erwachsenen, den es imitiert. Die nun zu beobachtenden Gesten der Kleinen, ihren Rhythmus, ihre Mimik und ihre Lautäußerungen kann ihr niemand beigebracht haben. Sie hat sie durch Nachahmung in sich aufgenommen, mit den Zärtlichkeiten, die sie selbst erfahren hat, mit dem Getragenwerden und durch die Identifizierung mit der Mutter und mütterlichen Gestalten, die sie kennengelernt hat. Es ist kein Zufall, daß dieses Verhalten, einhergehend mit den Autonomiebestrebungen des Kleinkindes, im zweiten Lebensjahr seinen Höhepunkt erreicht. Da das Bedürfnis des kleinen Mädchens nach Selbständigkeit sich mit seinem Verlangen, wie ein Baby behandelt zu werden, abwechselt, agiert es jede dieser Rollen aus: die der selbständigen Mutter wie auch die des hilflosen Babys. Fordert man die Kleine auf, dem „Baby“, das sie im Arm hält, einen Namen zugeben, wird sie es höchstwahrscheinlich nach sich selbst benennen. Im Verlauf des zweiten und dritten Lebensjahres werden die Bezeichnungen, die sie für das Baby benutzt, die Ambivalenzen ihrer wachsenden Identität zum Ausdruck bringen – einmal ist es das „gute Baby“, das sie sein möchte, ein andermal das „böse Baby“, das sie ebenso sein will. Im Laufe ihrer Identitätsentwicklung zeigt sich, daß sie in ihrem Mutter-Kind-Spiel wichtige Aspekte der eigenen Mutter verkörpert.

Unter Umständen beginnt das Mädchen im Alter von fünf oder sechs Jahren, dieses mütterliche Rollenverhalten hin und wieder zu verleugnen. Vielleicht identifiziert es sich mit eher männlichen Verhaltensweisen, weist jedes Bedürfnis von sich, mit Puppen oder einem „Baby" zu spielen, und widmet sich statt dessen lieber Lastautos oder Kletterübungen. In unserer heutigen Gesellschaft mit ihrer Tendenz, kleine Kinder ungeachtet ihres Geschlechts gleich zu behandeln, begegnen wir häufig Mädchen, die nur Hosen tragen wollen oder – wenn sie sich beobachtet wissen – in der gleichen „Macho"-Pose herumstolzieren, die kleine Jungen so häufig einnehmen. Das Mutter-Kind-Spiel wird jedoch oft wieder aufgenommen, sobald die Mädchen unter sich oder mit ihren Müttern zusammen sind.

2. Der Wunsch nach Vollkommenheit und Omnipotenz. Zu den narzißtischen Motiven, die den Kinderwunsch nähren, gehören der Wunsch, sich ein idealisiertes Bild der eigenen Person zu bewahren, das diese vollkommen und omnipotent erscheinen läßt, der Wunsch, ein Ebenbild und Spiegelbild seiner selbst zu schaffen, und der Wunsch, die eigenen Idealvorstellungen zu verwirklichen. Diesen Prozeß der Entwicklung und Aufrechterhaltung eines Selbstbildes sowie das Ausmaß, in dem dieses Bild besetzt wird, bezeichnen wir mit dem Begriff „narzißtisch". Im psychischen Leben findet die narzißtische Aktivität ihren Ausdruck in Phantasien, die auch Vollkommenheits- und Omnipotenzphantasien umfassen. Einer der Grundsätze der psychoanalytischen Theorie besagt, daß es eine Tendenz gibt, diese Vollkommenheits- und Omnipotenzphantasien zu befriedigen, und daß das eigentliche Selbstgefühl des Menschen auf dieser Befriedigung beruhe. Diese Tendenz wird beständig mit entgegengesetzten Tendenzen konfrontiert, beispielsweise dem Wunsch nach Objektbeziehungen, nach Objekten, die im wesentlichen etwas repräsentieren, das nicht das Selbst und von diesem getrennt ist. Das Bedürfnis, omnipotent zu sein, steht auch mit den sexuellen Trieben in Konflikt, mit dem Bedürfnis nach Stimulierung durch andere und der Anerkennung der Realität, da wir zur Befriedigung unserer Bedürfnisse auf andere angewiesen sind und beständig mit unseren Unzulänglichkeiten und unserer Unvollkommenheit konfrontiert werden. Diese einander widerstrebenden Kräfte verursachen Konflikte, die sich nur durch Kompromisse lösen lassen. Wie ein solcher Kompromiß jeweils aussieht, hängt von der Wahl der Besetzungen, der Liebesobjekte, Interessen und Bestrebungen ab. Auf diese Weise ist der Konflikt eine wesentliche Antriebskraft für die Entwicklung; er schafft Gelegenheit für neue Beziehungen, neue Funktionen, neue Lösungen, die normal oder auch pathologisch sein können.

Das Verlangen nach Vollkommenheit wird sowohl durch den schwangeren Zustand als auch durch ein Kind erfüllt. Bei manchen Frauen steht der Wunsch, schwanger zu sein, im Vordergrund: Die Schwangerschaft bietet Gelegenheit, sich ausgefüllt, vollständig zu fühlen, den Körper als potent und produktiv zu erfahren. Eine Schwangerschaft entschädigt für das Gefühl der Leere und für die Sorge über die Unvollkommenheit des eigenen Körpers. Dieser Schwangerschaftswunsch gibt sich schon im Spiel kleiner Kinder zu erkennen. Mädchen und Jungen versuchen, eine Schwangerschaft darzustellen, indem sie sich Kissen vor den Bauch stopfen oder den Bauch vorstrekken. Unterleibsschmerzen, Zurückhalten des Stuhls oder Funktionsstörungen im Magen-Darm-Trakt sind unter Umständen ein unbewußtes, abver relevantes Element dieser Identifizierung mit der Rolle der schwangeren Frau.

Der narzißtische Wunsch, das eigene Selbst durch ein *Kind* zu vervollkommnen, ist differenzierter: Die Mutter wird das ersehnte Kind zunächst als Erweiterung ihres eigenen Selbst, als Teil ihres Körpers, betrachten; das Kind stärkt ihr Selbstbild und verleiht ihm eine zusätzliche Dimension, die sie voller Stolz herzeigen kann.

3. Das Verlangen nach Verschmelzung und Einheit mit dem Anderen. Zu dem Wunsch nach Vollkommenheit gehört die Symbiosephantasie, die Phantasie, mit dem Kind zu verschmelzen. Dieser Wunsch, eins mit dem Kind zu sein, geht mit dem Wunsch einher, in den Zustand der Einheit mit der eigenen Mutter zurückzukehren. Dieses Verlangen stellt eine wichtige Phase der normalen Entwicklung dar, es hat als Phantasie eine entscheidende Bedeutung für die Wahrung des Selbstwertgefühls und bildet einen wichtigen Bestandteil des erwachsenen Liebeslebens. Die Möglichkeit, derartige Symbiosephantasien während der Schwangerschaft zu befriedigen, macht diese zu einer Zeit träumerischen Versinkens in Einheitsphantasien. Ob eine Frau nach der Geburt in der Lage ist, mütterliche Bindung und Anhänglichkeit zu entwickeln und zu bewahren, hängt davon ab, ob sie diese Phantasien vom Einssein mit der eigenen Mutter wiederzubeleben vermag. Das zukünftige Kind birgt das Versprechen einer sehr engen Beziehung, der Verwirklichung von Kindheitsphantasien, in sich.

4. Der Wunsch, sich im Kind zu spiegeln. Die Spiegelung ist ein grundlegender Aspekt des Narzißmus, der Entwicklung und Aufrechterhaltung eines gesunden Selbstbildes. Wir neigen dazu, unser eigenes Spiegelbild zu lieben. Der Kinderwunsch einer Frau schließt unweigerlich die Hoffnung mit ein, ihr Ebenbild hervorzubringen. Diese Hoffnung hält ein Gefühl der Unsterblichkeit lebendig: das Kind wird ein lebender Beweis für die Fortdauer der eigenen Existenz sein. Der Wunsch nach einem Spiegelbild erstreckt sich auch auf Idealvorstellungen und Familientraditionen: Das Kind scheint den Fortbestand dieser Werte zu garantieren und zu verkörpern. Es wird als kommendes Glied einer langen Kette betrachtet, die jedes Elternteil mit seinen eigenen Eltern und Vorfahren verknüpft. Die Intensität dieser mit der Generationenfolge verbundenen Gefühle schafft grenzenlose Erwartungen: Das Kind wird die typischen Merkmale der Familie aufweisen und ihren Namen tragen; es wird einen Beruf ergreifen, der für die Familie charakteristisch ist, oder den Namen eines berühmten Vorfahren verliehen bekommen. Die zahlreichen Rituale, von denen die Geburt umgeben ist – wie zum Beispiel die Taufe –, und andere Gebräuche intensivieren dieses starke und notwendige Gefühl der Identität zwischen Kindern und ihren Familien.

Mit dem Begriff „Spiegelung" ist im allgemeinen eine entscheidende Funktion der *Mutter* beschrieben worden, ihre Aufgabe nämlich, dem Säugling ein Bild seines eigenen Selbst zu vermitteln. Säuglinge lesen die Auswirkungen ihres Verhaltens in den Gesichtern ihrer Mütter und lernen auf diese Weise sich selbst kennen (Winnicott 1958, 1988). Wir benutzen den Begriff „Spiegelung" hier, um die Träume der Frau von einem Baby zu charakterisieren, das in vollendetem Einklang mit ihr selbst steht, das Ebenbild ihres idealen Selbst verkörpert und ihr zeigen wird, wie erfolgreich sie als Mutter ist. Die Angst vor einem unvollkommenen Baby ist in jedem Fall eine Bedrohung dieses Selbstbildes, die abgewehrt werden muß.

5. Verwirklichung verlorener Idealvorstellungen und verpaßter Möglichkeiten. In der Vorstellung der Eltern ist das zukünftige Kind überall da erfolgreich, wo sie selbst versagt haben. Egal, wie jung sie selbst noch sind, sobald sie ein Kind bekommen, müssen die Eltern ihre Grenzen anerkennen und sich mit der Notwendigkeit auseinandersetzen, Kompromisse zu schaffen. Sie wissen, daß sie nicht all ihre Kindheitsträume von Macht, Schönheit und Stärke realisieren können. Junge Erwachsene müssen sich mit der Erkenntnis auseinandersetzen, daß sie sterblich sind, daß ihre Möglichkeiten und Fähigkeiten an Grenzen stoßen und sie selbst auf eine bestimmte berufliche Laufbahn und Lebensführung festgelegt sind.

Das zukünftige Kind bietet Gelegenheit, aus diesen Kompromissen und Begrenzungen auszubrechen. Das imaginäre Kind trägt das Ich-Ideal der Eltern in seinem Innern. Es wird ein Beweis ihrer Perfektion sein. Es wird das mühselige Omnipotenzstreben weiterführen. Das zukünftige Kind ist nicht nur eine Erweiterung des mütterlichen Körpers, es ist eine Erweiterung dessen, was Kohut (1977, 1979) als ihr *„grandioses Selbstbild"* bezeichnet hat. Folglich muß das Phantasiekind perfekt sein und alle in den Eltern latent schlummernden Potentiale verwirklichen.

Hinweisen auf diese Wünsche begegnen wir in unserer alltäglichen Erfahrung ebenso wie in den Sprechzimmern der Kinderpsychiater in Hülle und Fülle. Für die Eltern sind das Aussehen ihres Kindes, seine motorischen Fähigkeiten und – später – seine schulischen Leistungen von größter Bedeutung. Von den Eltern hochgehaltene Werte erwachsen dem Kind womöglich zu einer „Verpflichtung". Je größer ihr eigenes Versagen, desto stärker müssen sie das Kind zu Erfolgen antreiben. Wenn es eine Mutter nach größerer Unabhängigkeit verlangt, muß das Kind selbständig werden. Wenn ein Vater glaubt, ihm mangele es an Intelligenz, muß das Kind in Harvard studieren. Ganz gleich, wie verborgen und grandios der Wunsch sein mag, das zukünftige Kind hat die Aufgabe, ihn zu erfüllen. Die Kehrseite dieser Grandiosität ist zwangsläufig die Angst, das Baby könne sich als Versager entpuppen. Auch diese Angst muß unterdrückt werden, da sie das Scheitern der Eltern selbst noch einmal zu bestätigen droht.

Zwar ist leicht zu erkennen, daß diese narzißtischen Wünsche die Entwicklung eines Kindes später unter Umständen behindern können, dennoch aber muß man begreifen, daß diese Wünsche zugleich auch unverzichtbar sind. Sie bereiten die Mutter auf die Bindung vor: Sie muß ihr Kind für einzigartig halten, sich von ihm die Verwirklichung ihrer verlorenen Hoffnungen versprechen und ihm die Fähigkeit zutrauen, all ihre Wünsche zu erfüllen. Wie sonst könnte sie das Gefühl entwickeln, daß ihr Baby das Wertvollste in ihrem Leben ist, dem uneingeschränkt all ihre Aufmerksamkeit gebührt? Wie sonst sollte sie die Haltung entwickeln, die Winnicott als „primäre Mütterlichkeit" bezeichnet hat und die unter anderen Umständen einen absolut unannehmbaren, grenzenlosen Altruismus, eine pathologische Selbstverleugnung darstellt?

Die Mutter kann ihre eigenen narzißtischen Bedürfnisse nach der Geburt nur deshalb so grenzenlos mißachten, weil *sie nun auf das Baby verschoben sind.* Sie kann sie in sich selbst ignorieren, weil das Kind sie später allesamt befriedigen wird. Mütter können den ungeheuren Egoismus des Babys ertragen, weil sie in seinen Bedürfnissen und Wünschen stellvertretend ihr eigenes selbstsüchtiges Verlangen befriedigen. Je mehr eine Mutter dem zukünftigen Kind zu geben vermag, desto befriedigender wird sie ihre eigenen Wünsche und Erwartungen, ein erfolgreicher erwachsener Mensch zu sein, erfüllen.

Die Natur hat den Müttern neun Monate eingeräumt, um sich mit Zweifeln, Ängsten und ambivalenten Gefühlen in bezug auf das zukünftige Kind auseinanderzusetzen. Die bedeutsame Phantasie vom perfekten Kind bildet ein Gegengewicht zu diesen Gefühlen. Wenn die Zeit reif ist, wird das Baby der Mutter die Sicherheit geben, daß sie fruchtbar ist, daß ihr Körper funktionsfähig ist und ihre unrealisierten Idealvorstellungen und Hoffnungen schließlich doch noch in Erfüllung gehen. In der Schwangerschaft hilft diese Hoffnung den Müttern, ihre positive Erwartungshaltung zu bewahren und sich gegen überwältigende Zweifel und Ängste zu schützen.

6. Der Wunsch, alte Beziehungen wiederzubeleben. Der Wunsch, ein Kind zu haben, schließt auch den Wunsch nach einem neuen Partner ein, mit dem man alte Beziehungen wiederaufleben lassen kann. Ein Kind verspricht die Erneuerung verlorener Bindungen an Personen, die man in der Kindheit geliebt hat, und folglich werden die Eltern ihm die Eigenschaften der Menschen zuschreiben, die in ihrer Vergangenheit eine wichtige Rolle gespielt haben. Dies zeigt sich auf dramatische Weise, wenn ein Kind ganz offenkundig einen Ersatz für verstorbene Eltern, für ein totes Geschwisterkind oder einen toten Freund darstellt. Es ist faszinierend zu beobachten, wie häufig eine Schwangerschaft im Anschluß an den Tod eines engen Verwandten der Frau zustande kommt (Coddington, 1979).

Kinder schaffen immer auch die Möglichkeit, alte Beziehungen wiederaufleben zu lassen. Im vierten Teil werden wir sehen, wie dies sich auf die frühe Interaktion auswirkt. Die Hoffnung, Bindungen aus der Vergangenheit wiederbeleben zu können, steht als Antriebskraft hinter dem Kinderwunsch. Das Kind der Phantasie wird mit magischen Kräften begabt: der Macht, alte Trennungen ungeschehen zu machen, das Verrinnen der Zeit und den Schmerz des Todes und Entschwindens zu leugnen.

Nie ist ein neues Kind ein völlig fremdes Wesen. Eltern sehen in jedem zukünftigen Baby die Möglichkeit, Bindungen wiederzubeleben, die vielleicht über Jahre hinaus latent in ihnen schlummerten, eine neue Gelegenheit, sie durchzuarbeiten. Die in diesen früheren Beziehungen enthaltenen Gefühle werden in dem Versuch, sie zu verstehen, noch einmal aktiviert werden.

Unter psychoanalytischem Aspekt könnten wir das zukünftige Kind als Übertragungsobjekt bezeichnen; damit will ich sagen, daß unbewußte Gefühle und Beziehungen der Eltern auf das Kind übertragen werden. Der Übertragungsvorgang selbst verfügt über heilende Wirkungen, gerade weil er alte, verlorene Bindungen wiederbelebt. Insofern könnten wir das zukünftige Kind *als Heiler* beschreiben: Es erweckt die Hoffnung, brachliegende Beziehungen wiederzubeleben, die in der Vergangenheit eine Quelle der Befriedigung gewesen sind.

7. Die Gelegenheit, die eigene Mutter zu ersetzen und sich zugleich von ihr zu trennen. Im Kinderwunsch kommt eine einzigartige *Doppelidentifikation* der Frau zum Ausdruck. Sie wird sich mit ihrer eigenen Mutter und gleichzeitig mit ihrem Fötus identifizieren und auf diese Weise Rollen und Eigenschaften sowohl der Mutter als auch des Babys durchspielen und durcharbeiten; dies geschieht vor dem Hintergrund der Erfahrungen, die sie in der Vergangenheit mit *ihrer* Mutter und *selbst als Baby* gemacht hat. Mit dem Kind, das in ihrem Innern heranwächst, geht ihr langgehegter Traum in Erfüllung, wie ihre eigene Mutter zu werden und sich die magischen Schöpfungskräfte, um die sie sie beneidet hat, zu eigen zu machen. Ihre aus dem ödipalen Rivalitätskonflikt herrührende Unterwürfigkeit und ihr Minderwertigkeitsgefühl spielen nun keine Rolle mehr, da sie ihrer allmächtigen Mutter ebenbürtig geworden ist. Nun ist sie selbst die „Allmutter“ und kann sich ihres schöpferischen Potentials bewußt werden, während ihre eigene Mutter in dieser Situation häufig über den Verlust ihrer Fruchtbarkeit trauert. Dies mag zwar Schuldgefühle hervorrufen, zugleich aber wurzelt hier ein neues Gefühl der Selbstachtung. Der Kinderwunsch mag überdies den Wunsch beinhalten, Mutterbilder wiederherzustellen, die sie durch ihren Neid beschädigt zu haben glaubt. Eine Frau kann träumen, ihr neugeborenes Kind zum Zeichen der Dankbarkeit ihrer Mutter darzubringen. Die Reaktivierung der Beziehung zur eigenen Mutter gehört als ein sehr intensiver Prozeß zur Schwangerschaft. Er kann sich in Träumen zu erkennen geben, in Ängsten sowie in einer *Wiederannäherung* [rapprochement] an die Mutter. Unter Umständen entwickelt sich eine neue Beziehung. Gravierende Konflikte, die die alte Beziehung belastet haben, können eine solche Entwicklung verzögern und sich mitunter sogar verstärken.

Die mannigfaltigen Kräfte und sozialen Zwänge, die sich zu dem Wunsch verweben, ein Kind zu bekommen, erschöpfen sich nicht in den soeben beschriebenen Sehnsüchten und Phantasien. Dennoch hoffen wir, daß es uns gelungen ist, einen Eindruck von der Intensität und Vielschichtigkeit dieses Wunsches zu vermitteln. Die Identifikationen, die gesunden narzißtischen Bedürfnisse und die Sehnsucht, alte Beziehungen wiederzubeleben, werden die Fähigkeit einer Frau, sich ihrem Kind mütterlich zuzuwenden, unterstützen und fördern. Indem sie ihre Träume und Gefühle verändern, bereiten sie sie auf ihre Bindung an das Baby vor.

2 Das Erwachen der Bindung

Die Auswirkungen der Schwangerschaft

Die neun Monate der Schwangerschaft bieten den zukünftigen Eltern Gelegenheit, sich seelisch und körperlich auf ihr neues Leben vorzubereiten. Die bewußte und unbewußte psychische Vorbereitung ist eng mit den verschiedenen körperlichen Phasen der Schwangerschaft verbunden. Nach neun Monaten haben die meisten Eltern das Gefühl, ihre Vorbereitung abgeschlossen zu haben und für das Baby bereit zu sein. Wird diese Zeit verkürzt, wie es bei vorzeitigen Wehen der Fall ist, fühlen die Eltern sich unfertig und unvollkommen. Körperliche Komplikationen gefährden auch die psychische Anpassung.

Die psychischen Auswirkungen der Schwangerschaft können sich in Unruhe oder Angst äußern. Ein emotionaler Rückzug oder die Regression auf eine stärkere Abhängigkeit in anderen Beziehungen innerhalb der Familie sind in dieser Phase üblich. Die künftige Verantwortung für ein neues Baby drängt alles andere in den Hintergrund. Eine werdende Mutter und ein zukünftiger Vater haben das Bedürfnis, sich zurückzuziehen oder zu regredieren, um sich neu zu organisieren. Die Angst, die beide Eltern empfinden, versetzt sie unter Umständen in die Kämpfe und ambivalenten Gefühle früherer Anpassungssituationen zurück. Diese Mobilisierung alter und neuer Gefühle liefert die Energie, die zur Bewältigung der enormen Aufgabe erforderlich ist, sich auf ein neues Baby einzustellen.

Die zukünftigen Eltern und diejenigen, die mit ihnen zu tun haben, müssen die Intensität und Ambivalenz der Gefühle verstehen, die mit der Schwangerschaft einhergehen. Schwangerschaftsberatungen, ob sie durch Geburtshelfer, Krankenschwestern, Kinderärzte oder, unter bestimmten Umständen, durch Psychiater erfolgen, müssen den Eltern Gelegenheit bieten, ein breites Spektrum positiver und negativer Gefühle zum Ausdruck bringen zu können. Die Autoren haben die Erfahrung gemacht, daß die Schwangerschaft – wie viele andere entscheidende Lebensphasen auch – von Psychiatern und Kinderärzten unterschiedlich wahrgenommen wird. Psychiater werden in Krisenfällen und bei beunruhigenden Symptomen konsultiert und achten aus diesem Grund besonders aufmerksam auf mögliche neurotische oder psychotische Schwangerschaftsprobleme. Kinderärzte sind eher von der erstaunlichen Fähigkeit einer Mutter beeindruckt, ihr ganzes Leben zum Wohle ihres Kindes umzugestalten. Indem wir die Schwangerschaftsstadien aus unserer doppelten Perspektive betrachten, hoffen wir, diesen bemerkenswerten Zeitabschnitt verständlicher zu machen und die Entstehung der elterlichen Bindung in dieser Phase nachzuzeichnen.

Man kann sich die Schwangerschaft als Aufeinanderfolge von drei verschiedenen Aufgaben vorstellen, die jeweils mit einem körperlichen Entwicklungsstadium des Fötus zusammenhängen. Im ersten Stadium stellen die Eltern sich auf die „Nachricht" von der Schwangerschaft ein, mit der zwar Veränderungen des Körpers der Mutter, aber noch keinerlei Anhaltspunkte für die tatsächliche Existenz des Fötus einhergehen. Im zweiten Stadium beginnen die Eltern, den Fötus als ein Wesen wahrzunehmen, das letztlich von der Mutter getrennt existieren wird. Diese Erkenntnis wird in dem Augenblick bestätigt, in dem ihr die körperliche Anwesenheit des Fötus durch seine ersten für sie wahrnehmbaren Bewegungen bewußt wird. Im dritten und letzten Stadium schließlich beginnen die Eltern, das werdende Kind als Individuum zu erleben, und der Fötus trägt durch charakteristische Bewegungen, Rhythmen und Aktivitätsgrade zu seiner eigenen *Individuation* bei.

Erstes Stadium: Der Empfang der Nachricht

„Ich bekomme ein Baby!"

Früher wartete eine Mutter nach einer ausgebliebenen Periode darauf, daß ihr eigener Körper weitere sichere Anzeichen für eine Schwangerschaft entwickelte. Veränderungen der Farbe und Sensibilität der Brustwarzen, „morgendliche Übelkeit" oder Müdigkeit machten eine Empfängnis wahrscheinlicher. Heutzutage werden die Eltern die „Nachricht" vermutlich nach einem Schwangerschaftstest vom Arzt erfahren oder vielleicht sogar durch eine chemische Reaktion des Schwangerschaftstests, den sie selbst zu Hause durchführen.

Wie auch immer und wann auch immer die Nachricht eintrifft: Die Eltern werden wissen, daß sie in einen neuen Lebensabschnitt eingetreten sind. Ihre Abhängigkeitsgefühle gegenüber den eigenen Eltern müssen der Verantwortung weichen. Ihre Zweierbeziehung muß sich zu einer Dreiecksbeziehung entwickeln.

Zu Anfang sind häufig beide Eltern euphorisch. Beinahe augenblicklich jedoch weicht die Euphorie einem aufkeimenden Bewußtsein für die zukünftige Verantwortung. Wenn die Empfängnis geplant war, werden sie sich mit diesem Bewußtsein zwar in gewissem Ausmaß bereits auseinandergesetzt haben, die tatsächliche Schwangerschaft jedoch erfordert eine neue Stufe der Anpassung; bald wird es kein Zurück mehr geben.

Die Schwangerschaft zeigt nun ernsthafte Folgen. Die künftige Elternschaft versetzt erwachsene Menschen in ihre eigene Kindheit zurück. Im Rückblick erscheint die Kindheit keinem Erwachsenen als reines Vergnügen. Immer dann, wenn ein Jugendlicher oder junger Erwachsener sich mit einer Krise auseinandersetzen muß, werden die mit seiner Gesamtentwicklung einhergehenden Kämpfe mobilisiert, und diese Kämpfe leben in der Schwangerschaft mit ungeminderter Intensität wieder auf. Zunächst einmal entwickeln die meisten zukünftigen Eltern die Phantasie, die Kämpfe ihrer eigenen Kindheit vermeiden und perfekte Eltern werden zu wollen: „Nicht so wie meine Mutter", „Mein Vater hat sich Mühe gegeben, aber alles verkehrt gemacht", „Ich bin sicher, daß ich es besser machen kann als sie"! Was ist es, das die Eltern besser machen wollen? Wollen sie ihr Kind vor einer schlechten Welt schützen oder vor den negativen Seiten, die sie an sich selbst wahrnehmen? Letzteres ist wahrscheinlicher. Wie wir bereits erwähnt haben, hoffen alle Eltern, den neugeborenen Säugling vor ihren eigenen Unzulänglichkeitsgefühlen beschützen oder vor den Fehlern, die sie selbst in ihrem Leben gemacht haben, bewahren zu können. Dieser magische Wunsch, die eigenen Schwächen zu überwinden, führt dazu, daß zukünftige Eltern sich die vollkommene Hege und Pflege zutrauen, sich für durch und durch positive Menschen halten – bereit, das perfekte Kind zu erschaffen.

Jenseits dieser Phantasievorstellung lauern jedoch auch ambivalente Gefühle. An irgendeinem Punkt stellen alle zukünftigen Eltern sich die Frage, wie sie sich jemals auf eine solche Umstellung einlassen konnten. „Will ich denn wirklich Mutter, Vater, sein? Wenn ich das nicht will, habe ich diesem Baby dann schon Verletzungen zugefügt? Kann ich ein ungeborenes Baby mit meinen Ängsten, meinen negativen Gefühlen verletzen?" Gerade die Intensität der mit diesen Anpassungsvorgängen einhergehenden Sorge macht schwangere Frauen äußerst verwundbar; ihr magisches Denken, das um die Sorge kreist, ihr

Baby könne Schaden erleiden, nimmt oft sehr realistische Formen an. Alle Schwangeren träumen nachts gelegentlich, sie hätten ein behindertes Kind bekommen. Sie träumen nicht nur von allen möglichen Anomalitäten, sondern stellen sich im Wachzustand auch vor, was sie tun würden, wenn ihr Kind tatsächlich mit einer Behinderung zur Welt käme. Jede Gefährdung des Fötus, über die sie etwas gelesen oder gehört haben, werden sie sich irgendwann im Laufe der Schwangerschaft wieder in Erinnerung rufen. Die Flut heutzutage verfügbarer Informationen über die Auswirkungen von Drogen, Nahrungsmitteln, Tabak, Alkohol oder Umweltverschmutzung auf die Entwicklung des Fötus verschlimmert noch die Ängste, die schwangere Frauen im allgemeinen quälen.

Um solche Ängste und die ihnen zugrundeliegende Ambivalenz zu bewältigen, mobilisiert eine werdende Mutter immer mehr Abwehrmechanismen. Sie muß beginnen, den Säugling zu idealisieren und sich ein vollkommenes Wesen vorzustellen, das sie sich uneingeschränkt gewünscht hat. Die Anstrengung, die negativen Kräfte zu bezwingen, intensiviert die bewußten Wünsche, das Baby zu bekommen und eine perfekte Mutter zu werden.

Eine Schwangere, die sich durch diesen Aufruhr ambivalenter Gefühle kämpft, wird für eine Unterstützung durch andere Personen besonders aufgeschlossen sein. Ein Arzt, eine Krankenschwester oder eine Freundin, die selbst eine erfahrene Mutter ist, werden bereitwillig akzeptiert. In dieser Zeit entwickelt eine werdende Mutter häufig eine starke Übertragung auf einen Menschen, der ihr professionellen Beistand anzubieten vermag. Sie sehnt sich danach, daß ihre gewaltigen Emotionen Verständnis finden, daß jemand sie bemuttert, während sie selbst sich auf das Mutter-Sein vorbereitet. Der Fachmann/die Fachfrau oder Familienmitglieder, die diese vorübergehende Abhängigkeit der Mutter akzeptieren können, ohne sich von ihr überwältigen zu lassen, werden dazu beitragen, den Familienzusammenhalt zu fördern.

Während dieser Zeit neigen viele Frauen auch dazu, sich in sich selbst zurückzuziehen. Einhergehend mit emotionalen Anpassungsvorgängen müssen die Hormone und andere körperliche Prozesse sich auf ein verändertes Gleichgewicht einpendeln, und es nimmt viel Zeit und Energie in Anspruch, eine neue Stabilität zu gewinnen. Die Tage gehen in Tagträumereien dahin, die Nächte sind von stark ambivalenten Träumen erfüllt. Ist diese innerliche Arbeit erfolgreich, dann kann eine Mutter sich schließlich von ganzem Herzen auf ihre neue Rolle freuen. Aber diese Anstrengung verlangt unter Umständen sowohl der Mutter als auch der Familie große Energien ab. Sie wird sich im Verlauf dieses Prozesses sehr wahrscheinlich ein wenig aus ihren früheren Beziehungen zurückziehen. Vielleicht gibt sie unbewußt ihrem Ehemann und anderen Menschen die Schuld an ihrer Verfassung, während sie doch zugleich in einem Gefühl der Hochstimmung lebt. Hin und wieder hat sie vielleicht das Gefühl, in diese Rolle hineingezwungen worden zu sein. Gefühle dieser Art bringen vielleicht ihren Versuch zum Ausdruck, die Verantwortung für die überwältigende Anpassungsaufgabe, vor die sie sich gestellt sieht, zu teilen oder auf jemand anderen abzuschieben; gelegentlich stellen sie auch eine angemessene Reaktion auf bestimmte soziale und ökonomische Bedingungen dar.

Die vordringlichste Aufgabe der Frau besteht darin, den „Fremdkörper“, der sich nun in ihrem Innern eingenistet hat, zu akzeptieren. Es kann sein, daß sie den Embryo als *Eindringling* empfindet und sich vorübergehend von ihrem Mann zurückziehen möchte, der ihn gezeugt hat. Ebenso wie ihr Körper seine Abwehr gegen diesen „Fremdkörper“ verringert und ihn schließlich annimmt und beschützt, muß auch die Mutter lernen, das zukünftige Kind als einen gutartigen Teil ihrer selbst anzunehmen.

Im dem Versuch, ihren neuen Zustand zu akzeptieren, wird eine Frau sich häufig ihrer eigenen Mutter oder ihrer Schwiegermutter zuwenden. Aber auch hier wird sie vermutlich ambivalente Gefühle empfinden. Morgendliche Übelkeit und andere physiologische Symptome sind unter Umständen eine Möglichkeit, die negative Seite ihrer Ambivalenz zum Ausdruck zu bringen, während sie sich auf der bewußten Ebene begeistert auf ihre neue Rolle einstellt. Alle schwangeren Frauen stehen dieser für sie überraschenden und enttäuschenden Amvivalenz gegenüber. Gefühle von Hilflosigkeit und Unzulänglichkeit können sich selbst im Wunsch nach einer spontanen Fehlgeburt äußern. Diese Gefühle sind immer vorhanden, auch wenn die Enttäuschung und Schuldgefühle, die mit der Blutung bei einer drohenden oder mit einer tatsächlichen Fehlgeburt einhergehen, diese Gefühlsambivalenz verdecken. Nur ganz allmählich verwandelt der Mutterschaftstrieb, mit all den mächtigen Komponenten, die wir bereits kennengelernt haben, diese Ambivalenz in eine Energie, die die Vorfreude und Kraft der späteren Schwangerschaftsmonate hervorbringt.

Zweites Stadium:
Erste Bewegungen eines getrennten Wesens

Irgendwann im Laufe des fünften Schwangerschaftsmonats nimmt eine Mutter die ersten Bewegungen ihres künftigen Babys wahr, die dem sanften Flattern eines Schmetterlings gleichen. Diese zarten, streichelnden Bewegungen werden bald kraftvoll und lebhaft werden. Für die erwartungsvollen Eltern ist der Augenblick, in dem sie die ersten Bewegungen des werdenden Kindes spüren, das nächste entscheidende Ereignis. Auch diese Nachricht wird die Mutter eifrig mit ihrem Ehemann, der Familie und den Freunden teilen.

Bis zu diesem Augenblick sind die Mutter und das zukünftige Baby eins. Bis zu diesem ersten Flattern des Lebens kann eine Mutter die narzißtische Vorstellung einer totalen Verschmelzung mit ihrem Kind hegen. Nun hat das Baby, psychologisch gesprochen, mit dem „Ausschlüpfen" begonnen. Man könnte sagen, daß die früheste Bindung jetzt einsetzt, denn nun ist ein getrenntes Wesen vorhanden, das eine Beziehung möglich macht.

Wenn die Mutter das Leben ihres Fötus wahrzunehmen beginnt, wird sie sich unbewußt an seine Stelle versetzen, sich mit ihm identifizieren. Ihre Phantasien beruhen auf der frühkindlichen Beziehung zu ihrer eigenen Mutter. Dinorah Pines berichtet über ein anschauliches Beispiel für diese doppelschichtige Phantasie. Eine ihrer Patientinnen hatte eine Reihe von Träumen, in denen sie immer jünger wurde, je weiter die Schwangerschaft fortschritt; kurz vor der Geburt träumte sie von sich selbst als einem an der Brust saugenden Baby, und „stellte sich auf diese Art und Weise selbst gleichzeitig als Mutter und als neugeborenes Kind dar" (Pines 1981). Die neue körperliche Wirklichkeit des Babys, ergänzt durch Ultraschallbilder und die nun sichtbaren körperlichen Veränderungen der Mutter, läßt nicht nur die Schwangerschaft realer erscheinen, sondern auch neue Phantasien entstehen. Die Mutter kann sich mit dem nun offenkundig vorhandenen Fötus identifizieren und überdies ihre eigenen Fusions- und Symbiosewünsche gegenüber ihrer Mutter wiederbeleben. Diese phantasierte „Rückkehr in den Mutterleib" ermöglicht es aber auch, unerfüllt gebliebene Bedürfnisse nach Abhängigkeit sowie Symbiosewünsche erneut durchzuarbeiten. Es ist, als könne die Mutter sich – durch Vermittlung ihres ungeborenen Kindes – wieder an die lohnenden Aspekte ihrer früheren

Beziehung zur eigenen Mutter anschließen, um „aufzutanken“ und neue Lebenkräfte zu schöpfen. Das hat eine merkwürdige Ähnlichkeit mit den Kleinkindern, die rasch zu ihren Müttern zurückkrabbeln und in diesem Kontakt neue Energien sammeln, um ihren Individuationsprozeß weiter vorantreiben zu können (Mahler, Pine & Bergman 1975, 1978). Pines weist darauf hin, daß die Schwangerschaft für die Mütter eine neue Gelegenheit darstellt, Trennungskonflikte durchzuarbeiten, da sie eine neue Phase in ihrem Prozeß der Loslösung (Individuation) von den ursprünglichen symbiotischen Beziehungen einleitet (Pines, 1981).

Diese Neigung zur Regression kann auch Konflikte und pathologische Reaktionen aktivieren. Unter Umständen wird sie als Bedrohung der Identität erlebt, da sie Gefühle einer intensiven Verschmelzung zwischen der Mutter und ihrer eigenen Mutter wiedererweckt. Wenn das Abhängigkeitsbedürfnis der Mutter zu stark ist und nicht befriedigt worden ist (zum Beispiel bei Müttern im Teenager-Alter), wird sie ihren Fötus und später ihr Baby als Rivalen empfinden und den Säugling unter Umständen wie ein beneidetes Geschwisterkind behandeln. In diesem Fall wird ihr die Mutterschaft als schwere Last und sogar als Frustration ihrer eigenen Bedürfnisse erscheinen. Geht aber alles gut, dann wird diese Regression auf eine symbiotische Identifizierung mit dem Baby neue psychische Energien wecken und zu einer Quelle empathischen Wissens über das Baby und alles, was mit ihm zusammenhängt, werden.

Einer Mutter, die die Rolle des Vaters anerkennt, fällt es leichter, das Baby als ein von ihr selbst getrennt existierendes Wesen zu betrachten. Wenn sie nicht vergißt, daß der Vater ebenso wie sie selbst am Zustandekommen der Schwangerschaft beteiligt war – und sich das Kind im Idealfall gewünscht hat –, wird sie nicht so schnell dem Irrglauben erliegen, das Baby allein gezeugt zu haben. Wenn eine Frau sich entschließt, ihr Kind ohne Vater aufzuziehen – insbesondere dann, wenn sie sich für eine künstliche Befruchtung entscheidet –, werden diese Probleme sich weniger klar stellen. Eine Frau, die den Mann nur dazu benutzt, sich schwängern zu lassen, oder auf eine Samenbank zurückgreift, wird sich vermutlich eher in der Illusion wiegen, das Baby sei ein Produkt ihrer eigenen, omnipotenten Schöpferkraft. Ihre Ängste und Zweifel ebenso wie ihre Hoffnungen werden sich intensivieren.

Die Anerkennung der Rolle des Vaters erleichtert der werdenden

Mutter nicht nur die Aufgabe, sich von dem Fötus zu trennen und zwischen ihm und ihren Phantasien zu unterscheiden, sondern nimmt ihr auch die Sorge, die alleinige Verantwortung für alle Erfolge und Mißerfolge tragen zu müssen. Dies kann ihre Bedenken hinsichtlich der eigenen Unzulänglichkeit und ihre Angst vor ihrer neuen Rolle beschwichtigen. Ist die Beziehung zum Vater vorwiegend durch Verstimmungen und Konflikte geprägt, werden diese Probleme unter Umständen auf das zukünftige Kind projiziert. In einer zuverlässigen Beziehung aber, in der der Vater zu seiner Verantwortung als Mit-Erzeuger steht und vor seiner Rolle nicht Reißaus nimmt, hat die Mutter eine bessere Chance zu erkennen, daß ihr Kind ein von ihr getrenntes Wesen ist, das über sein eigenes, individuelles Entwicklungspotential verfügt. Wie wir später sehen werden, birgt der Kinderwunsch auch für den Vater zahlreiche Versprechungen in sich, die seine Bindung an den zukünftigen Nachwuchs intensivieren.

Die ersten fötalen Bewegungen und die Erkenntnis, daß das Baby eine Realität ist, lassen die Selbstzweifel der Mutter wachsen. Depressive Phasen und solche des Hochgefühls überfallen sie aus heiterem Himmel. Ihre Phantasien über das Baby nehmen konkretere Gestalt an. In dieser Phase beginnt sie vermutlich, von dem vollkommenen Jungen oder dem vollkommenen Mädchen zu träumen. Allmählich zeigt sich, daß sie das eine oder andere Geschlecht bevorzugt, oder aber sie unterdrückt ihre eigentlichen Wünsche aus Angst, den Fötus zu gefährden. Der Volksglaube an den „bösen Blick“ und die abergläubischen Rituale, die sich um die Schwangerschaft ranken, bringen das universale Verlangen nach einem vollkommenen Baby und die damit einhergehende Furcht zum Ausdruck, die Mutter könne irgendetwas tun, was den Fötus in Gefahr brächte. Werdende Mütter sind mit den Kämpfen, die sich in ihrem eigenen Innern abspielen, derart beschäftigt, daß durchaus intelligente Frauen häufig überrascht und erleichtert zugleich reagieren, wenn man ihnen sagt, daß alle Frauen sich in der Schwangerschaft Sorgen machen.

Auch in dieser Phase noch versucht die werdende Mutter, sich gedanklich mit der Möglichkeit auseinanderzusetzen, ein behindertes Kind zu bekommen. Bis das Kind tatsächlich auf der Welt ist, wird die Frau sich über alle nur denkbaren Probleme Gedanken gemacht haben, die ihr Baby aufweisen könnte. In ihren Träumen und Phantasien wird sie sich vorgestellt haben, was sie tun muß, wenn man ihr ein Baby mit einem Down-Syndrom in die Arme legt, einen Säugling mit einer Hirnschädigung oder ein Kind, das irgendeine der Anomalitäten aufweist, die in ihrer eigenen Familie oder der ihres Mannes irgendwann einmal vorgekommen sein sollen. Aus diesem Grund ist die Mutter nicht so sehr überrascht, wenn der Säugling zu früh zur Welt kommt oder behindert ist, als vielmehr enttäuscht über die Vergeblichkeit all ihrer Anstrengungen, denen sie sich im Laufe der Schwangerschaft unterzogen hat. Sie wird vorbereitet sein und sogar Kräfte mobilisiert haben, die ihr helfen, mit ihrem „Scheitern" fertig zu werden, dennoch aber steht sie vor der Aufgabe, sich mit ihrem Schmerz über den Verlust des „vollkommenen" Babys auseinanderzusetzen, das sie sich als Lohn für ihre Mühen erträumt hat.

Eine Fruchtwasseruntersuchung oder die Ultraschalltechniken, die den Fötus sichtbar machen, beeinflussen die psychische Anpassung an das Baby und die neue Rolle in vielerlei Hinsicht. Obwohl Mütter (und Väter) ungeheuer neugierig auf das Geschlecht des Babys sind (das durch eine Fruchtwasseruntersuchung festgestellt werden kann), möchten überraschend viele Eltern (über 40 %) nicht, daß der Arzt es ihnen mitteilt. Zu der Neugierde und Verblüffung der Schwangeren, die ihr Baby im dritten Monat auf einem Bildschirm erblickt, gesellen sich Ehrfurcht und eine Angst, allzu tief in die Geheimnisse einzudringen. Der Prozeß der Anpassung an ihre ambivalenten Empfindungen und Ängste in bezug auf den Fötus hat gerade erst eingesetzt. Sie ist noch nicht in der Lage, das Baby als eine Realität zu betrachten. Viele erstmals schwangere Mütter bringen angesichts der auf dem Bildschirm zu erkennenden fötalen Bewegungen gemischte Gefühle zum Ausdruck. Sie glauben, der Fötus sei zu klein, verängstigt oder unvollständig. Sie wenden sich vom Bildschirm ab, als sei das, was sie gesehen haben, allzu erschreckend oder überwältigend. „Ist das ein richtiges Baby?" „Es sieht so winzig und hilflos aus." Sie können es nicht glauben, wenn der Gynäkologe ihnen versichert, daß der Fötus normal sei, und müssen es immer und immer wieder hören. Bis sie im fünften Monat die Bewegungen des Fötus selbst wahrnehmen, wird dieses kaum erkennbare, schattenhafte Wesen für sie etwas Irreales sein, das sie für verletzlich und verängstigt halten. Diese Gefühle spiegeln die Kämpfe wider, die die eigenen ambivalenten Empfindungen in der Mutter auslösen. Sie braucht noch Zeit, um sich auf das Baby vorzubereiten.

Elizabeth Keller vom Boston Children's Hospital Medical Center hat Mütter und Väter, denen das Geschlecht des Babys nach einer Fruchtwasseruntersuchung mitgeteilt wurde, mit zukünftigen Eltern verglichen, die bis zur Geburt nicht wußten, ob sie einen Jungen oder ein Mädchen erwarteten (Keller, 1981). Man könnte meinen, daß diejenigen Eltern, die das Geschlecht des Babys schon vor der Geburt kannten, eine intensivere Bindung an das Neugeborene entwickeln und es früher als Persönlichkeit betrachten würden. Das aber ist ganz und gar nicht der Fall. Die Eltern, die über das Geschlecht ihres Babys bereits informiert waren, brauchten nach der Geburt länger, um es als Persönlichkeit wahrzunehmen und seine individuellen Eigenschaften zu erkennen. Es hat den Anschein, als sei hier ein Schutzsystem am Werk, das die Eltern und das Baby vor einer allzu frühen Bindung schützt. Der Prozeß der Bindung an ein individuelles Baby braucht seine Zeit, und frühe Versuche, ihn zu intensivieren, werden unter Umständen abgewehrt. Wieder einmal sehen wir uns auf das Problem der Anpassung an einen frühgeborenen Säugling verwiesen, für den die Dauer dieser Anpassungsleistung verkürzt worden ist.

Drittes Stadium: Wachsende Vertrautheit mit dem zukünftigen Baby

Während der letzten Monate der Schwangerschaft betrachten die Eltern den Fötus in zunehmendem Maße als getrenntes Wesen, das für sie nun immer realer wird. Häufig suchen sie in dieser Zeit Namen aus, sie gestalten das Haus babygerecht um und überlegen sich, wie lange sie in ihrem Beruf pausieren wollen und wie sie die Betreuung des Kindes organisieren können. Indem die Eltern sich Namen überlegen, Babykleidung aussuchen oder das Kinderzimmer neu streichen, beginnen sie, sich den Fötus als Persönlichkeit vorzustellen. Und dieser macht sich nun bereits auf eigene Weise bemerkbar. Es bilden sich Zyklen und Muster der fötalen Bewegungen und Aktivitätsgrade heraus, die für die Mutter erkennbar sind und auf die sie sich allmählich verlassen kann. Man kann ihre Reaktionen darauf als sehr frühe Form der Interaktion betrachten. Sie wird die Verhaltensmuster deuten und dem zukünftigen Baby ein bestimmtes Temperament, eine Persönlichkeit, mitunter sogar ein Geschlecht zuschreiben (Sadovsky, 1981).

Eine Mutter, die bereits ältere Kinder hat, wird das Verhalten des Fötus mit dem ihrer früheren Babys vergleichen. Sie wird die von ihr wahrgenommenen Eigenschaften als „ruhig“ oder „aggressiv“ charakterisieren, das Baby mit einer „Tänzerin“ oder einem „Fußballspieler“ vergleichen usw. Es ist, als ob die Mutter sich den Fötus als Persönlichkeit vorstellen müsse, damit er bei der Geburt für sie kein Fremder ist.

Zahlreiche Beobachtungen, die schwangere Frauen im Laufe der Jahrhunderte festgehalten haben, werden durch die moderne Ultraschalltechnik bestätigt. Um die reichhaltige Vielfalt der fötalen Aktivität zu verstehen, auf die die Eltern reagieren, indem sie das Baby als individuelle Persönlichkeit betrachten, wollen wir uns kurz ansehen, was wir heutzutage über die fötale Entwicklung wissen.

1. Fötale Bewegungen. Das gesamte Bewegungsrepertoire des neugeborenen Babys läßt sich schon vor der Geburt beim Fötus beobachten (Milani Comparetti, 1981). Ein Großteil der motorischen Entwicklung findet im Laufe der Schwangerschaft statt und stellt eine Vorbereitung auf die Anpassung nach der Geburt dar. Beispielsweise sind Atembewegungen bereits in der 13. bis 14. Woche zu beobachten. Diese schnelle, unregelmäßige Atemtätigkeit geht mit einer Aktivität der Großhirnrinde einher, die durch hirnelektrische Ströme niedriger Spannung und hoher Frequenz gekennzeichnet ist (Boddy et al., 1974). Fötale Bewegungen sind Gegenstand besonderer Aufmerksamkeit, weil man sie zum einen mit Hilfe äußerlicher Beobachtung untersuchen kann und sie überdies von diagnostischem Wert sind. So weisen ein deutlicher Rückgang der fötalen Bewegungen und Bewegungslosigkeit, um ein extremes Beispiel zu nennen, auf den drohenden Tod des Fötus hin. Durch eine Vielzahl von Wirkstoffen werden die fötalen Bewegungen beeinflußt: Alkohol, Tabak, Beruhigungsmittel, aber auch durch emotionalen Streß der Mutter.

Intensität und Muster der fötalen Bewegungen entwickeln sich während der Schwangerschaft.* Um die 6. bis 7. Woche lassen sich sanfte, kreisende Körperbewegungen beobachten. Diese Bewegungen werden im Laufe der Zeit komplexer.

* Wegen neuerer Techniken der bildlichen Darstellung wird diese Beschreibung des zeitlichen Ablaufs fortwährend verkürzt.

Um die 13. bis 14. Woche sind Beuge- und Streckbewegungen, Öffnen und Schließen der Hände, Schluck- und Atembewegungen zu erkennen. Mechanische Stimuli rufen eine Schreckreaktion hervor; eine Gewöhnungsfähigkeit [Habituation] des Fötus gegenüber Reizen ist nachweisbar.

Um die 15. Woche saugt der Fötus an seinen Fingern.

Zwischen der 16. und 20. Woche nimmt die Mutter seine Bewegungen erstmals wahr.

Um die 20. bis 21. Woche lassen sich isolierte Bewegungen einzelner Finger, eines Fußes und der Augenlider beobachten.

Um die 26. bis 28. Woche reagiert der Fötus auf einen akustischen Reiz mit einer Schreckreaktion oder einer Drehung des Körpers oder Kopfes sowie einer Beschleunigung des Herzschlags (Janniruberto & Tajani, 1981).

Vergleicht man zwei Föten miteinander, so lassen sich durchaus bedeutsame Unterschiede feststellen. Wir wissen aufgrund unserer Aufzeichnungen zwar, daß die durchschnittliche Anzahl der fötalen Bewegungen pro Tag sich von 200 in der 20. Woche auf ein Maximum von 575 in der 32. Woche erhöht (um dann auf durchschnittlich 282 zum Zeitpunkt der Entbindung abzusinken), aber die Anzahl kann bei dem einzelnen Fötus von 50 bis hin zu 956 Bewegungen reichen.

Die Berichte der Mütter stimmen in 80 bis 90 % der Fälle mit den objektiven Messungen der fötalen Bewegungen überein. Fötale Bewegungen sind durch unterschiedliche Stimuli zu beeinflussen, sie nehmen zu, wenn der Fötus einem Geräusch oder auch einer Stimulierung durch Licht ausgesetzt wurde. 90 % der Föten bewegen sich während der Ultraschalluntersuchung lebhafter. Die Bewegungen intensivieren sich auch, wenn der Unterleib der Mutter berührt oder Druck auf ihn ausgeübt wird.

2. *Aktivitätszyklen.* Dieselben Verhaltenszustände, die wir beim Neugeborenen beobachten können – Ruhe, Aufmerksamkeit, Schlaf, REM-Schlaf usw. (s. Teil 3), lassen sich auch beim Fötus erkennen. Diese Zustände treten in Zyklen auf. Vor zwanzig Jahren bereits wurde ein rhythmischer Ruhephasen-Zyklus von 40 bis 60 Minuten beobachtet (Sterman, 1967). Ein Ruhephasen-Zyklus von 40 bis 80 Minuten, bei sowohl wachenden als auch schlafenden Müttern, ist in jüngerer Zeit festgestellt worden (Granat et al., 1979). Auch ein deut-

licher Vierundzwanzig-Stunden-Rhythmus der fötalen Bewegungen ließ sich nachweisen (Roberts et al., 1977). Nicht nachweisbar ist ein Zusammenhang zwischen dieser Periodizität der fötalen Aktivität und dem Schwangerschaftsalter, dem Geschlecht des Fötus, dem Geburtsgewicht oder der Beurteilung des Neugeborenenverhaltens beispielsweise anhand der Apgar-Werte. Sie scheint vielmehr mit angeborenen physiologischen Eigenschaften des Fötus zusammenzuhängen, möglicherweise wird sie auch von der mütterlichen Aktivität beeinflußt.

Jede Frau kann in den letzten Schwangerschaftsmonaten sagen, zu welchen Tageszeiten ihr Fötus aktiv ist. Die meisten Frauen wissen im voraus, daß die fötalen Bewegungen ihren Höhepunkt erreichen werden, wenn sie sich selbst inaktiv verhalten. Obwohl man diesen Zusammenhang damit erklärt hat, daß die Mütter in ihren Ruhephasen intensiver auf den Fötus achten, gibt es doch Grund zu der Annahme, daß ihre Beobachtungen zutreffen. Möglicherweise beginnt der Fötus, sich an die Ruhephasen der Mutter „anzupassen“, indem er aktiv wird, wenn sie ruht, und sich still verhält, während sie selbst aktiv ist. In ihren Ruhephasen wird er beginnen, an der Uteruswand „hochzuklettern“. Man glaubt, daß die während der Muskelaktivität gebildete Milchsäure, die ihren höchsten Konzentrationsgrad erreicht, wenn die Mutter nach einer Aktivität ausruht, die fötalen Bewegungen auslöst. Die Tatsache, daß das Verhalten des Fötus der Mutter angepaßt und für diese vorhersagbar ist, zeigt ihr aufs neue, daß sie es mit einer kleinen Persönlichkeit zu tun hat, einem individuellen Wesen, das in der Lage ist, sich auf sie und die Belastungssituationen in ihrem Leben „einzustellen“.

Bittet man schwangere Mütter, die Ruhe- und Aktivitätsphasen ihrer Babys zu protokollieren, so können sie nach zwei oder drei Tagen bewußter Wahrnehmung dieser Zyklen außerordentlich exakte Vorhersagen treffen. Das Verhalten des Fötus steht ganz im Zeichen regelmäßiger, organisierter Zyklen. Immer deutlicher vermag die Mutter unterschiedliche Verhaltensweisen des Fötus zu erkennen. Im letzten Drittel der Schwangerschaft kann die Mutter sagen, ob ihr Baby (1) sich im *Tiefschlaf* befindet (ruhig und im wesentlichen gleichgültig gegenüber äußeren Reizen bei gelegentlichen, ruckartigen Bewegungen eines Armes oder Beines); (2) ob es *leicht schläft* (ruhig, aber mit plötzlichen, wiederkehrenden Bewegungen der Gliedmaßen, Schluckauf und gelegentlichen, leichteren Stößen der Arme, Beine oder Drehungen des Rumpfes); (3) ob es sich in *lebhaftem Wachzustand* befindet (die Uteruswand „hochklettert“, heftig tritt und stößt, energische Bewegungen vollführt) oder ob es (4) *aufmerksam, aber ruhig* ist (sich offenbar abwartend verhält und mit sanfteren, stärker zielgerichteten Bewegungen, häufig infolge äußerer Vorgänge, auf äußerliche Reize reagiert).

3. Reaktionen auf Reize. Von allen Spezies, die im Zustand der Hilflosigkeit geboren werden (Nesthocker), verfügt allein der Mensch bereits vor der Geburt über ein funktionstüchtiges Sinnessystem (Gottlieb, 1971). Das noch unausgereifte Nervengewebe arbeitet bereits, bevor die Rezeptoren an den Nervenenden ausgebildet sind und die Myelinisierung der Leitungsbahnen und Nervenwurzeln abgeschlossen ist. Offenbar spielt die Stimulierung für die Ausreifung der Sinnesorgane eine Rolle. Dieser Reifungsprozeß scheint sich durch erhöhte Stimulierung zu beschleunigen bzw. bei mangelnder Stimulierung zu verlangsamen.

Berührt man das Gesicht des Fötus leicht in der Nähe des Mundes, weicht er der Reizquelle bereits am 49. Tag nach der Befruchtung mit einer Drehung des Kopfes aus. Irgendwann zwischen dem 90. und 120. Tag zeigen sich die sogenannten „Stellreflexe“, mit denen der Fötus seinen Kopf im Gleichgewicht zu halten versucht. Im Alter von ca. sechs Monaten ist der Fötus ist der Lage, auf akustische Reize zu reagieren. In diesem Alter sind auch Veränderungen der Herzfrequenz in Reaktion auf Geräuschstimulierung nachgewiesen worden.

Im letzten Drittel der Schwangerschaft treten vereinzelte Reaktionen der Hirnrinde auf, die von außen meßbar sind (Rosen & Rosen, 1975). Elektroden, die unmittelbar nach einem Fruchtblasensprung an die Kopfhaut des Fötus angebracht werden, lassen eine weite Skala von Reaktionen auf Geräusche, Berührung und visuelle Reize erkennen. Indem man seine Anpassungsfähigkeit gegenüber diesen Reizen beobachtet, kann man feststellen, ob es dem Fötus gut geht; weist der Fötus in seinen Reaktionen keinerlei Veränderung auf, steht er möglicherweise unter Streß (Hon & Quilligan, 1967). Anhand von Aufzeichnungen, die die Mütter über das Verhalten der Föten angefertigt hatten und die durch Ultraschallbeobachtungen bestätigt werden konnten, gelangten wir [T. B. B.] zu der Überzeugung, daß der Fötus im letzten Drittel der Schwangerschaft verläßlich auf visuelle, akustische und kinästhetische Reize reagiert (Brazelton, 1981 a).

Richtet man ein strahlend helles Licht so auf den Unterleib der Mutter, daß es im Blickfeld des Fötus liegt, wird das Baby erschrecken. Benutzt man in derselben Position eine sanftere Lichtquelle, so wird es sich ihr zielgerichtet, aber mit sanften Bewegungen zuwenden. Auch ein lautes Geräusch neben dem Unterleib läßt das Baby erschrecken, während es sich einem leiseren Geräusch zuwendet. Stimuliert man ein Baby in schlafähnlichem Ruhezustand, so sind seine Reaktionen weniger vorhersagbar und unterdrückter, und das Baby gewöhnt sich an die Stimuli rascher. Diese differenzierten Reaktionen auf äußere Reize können von der Mutter als Signale verstanden werden. Stimmen diese Signale mit ihren eigenen Reaktionen überein, so bilden sie die Grundlage für die Entwicklung einer zeitlichen Abstimmung zwischen Mutter und Kind.

Solange er sich noch im Mutterleib befindet, wird der Fötus auf die Schlaf-Wach-Rhythmen und die Reaktionsweisen der Mutter vorbereitet. Nicht nur die Rhythmen seiner Mutter hat das neugeborene Baby bereits im Mutterleib kennengelernt, auch akustische und kinästhetische Signale sind ihm nun schon „vertraut". Kein Wunder, daß ein Neugeborenes schon bei der Geburt eine weibliche Stimme der eines Mannes vorzieht (Brazelton, 1979). Die Reaktionsmuster des Fötus werden im Prozeß ihrer Ausformung auf die „passenden", nachgeburtlichen Signale vorbereitet.

Während dieser Zeit lernen auch die Eltern ihr Baby kennen. Gegen Ende der Schwangerschaft können Mütter über immer differenziertere Reaktionsweisen berichten. Sie sagen, daß ihr Baby mit sanften, rhythmischen Stößen auf ein Bach-Konzert reagiert, völlig anders aber auf Rockmusik, nämlich mit abrupten, ruckartigen Bewegungen. Voller Stolz weisen sie darauf hin, daß das Baby bereits ein aufmerksames, funktionsfähiges Wesen ist. Das Baby nimmt seine Umgebung nicht nur zur Kenntnis, es bringt sogar eine Bereitschaft zum Ausdruck, auf sie zu reagieren. Nun können die Eltern sich vorstellen, daß ihr Baby stark genug ist, um in der Außenwelt zu überleben. Je besser sie sich das ungeborene Kind als ein lebensfähiges Individuum vergegenwärtigen können, das mit ihnen in Interaktion tritt, desto zuversichtlicher sind sie im Hinblick auf seine Fähigkeit, Geburtswehen und Entbindung zu überleben.

Je näher aber der Entbindungstermin heranrückt, desto stärker wird die Mutter noch einmal von ihren Ängsten bedrängt, dem Baby

Schaden zugefügt zu haben. Diese Ängste sind in der Tat so primitiv, daß nur wenige Frauen im letzten Monat über sie sprechen können. Sie müssen unterdrückt werden, weil sie die Mutter sonst überwältigen würden. Um diesen Ängsten etwas entgegenzusetzen, werden die Eltern weiterhin versuchen, sich eine Vorstellung von der Persönlichkeit ihres Kindes zu machen. Den charakteristischen Bewegungen und Reaktionen des Fötus kommt eine erhöhte Bedeutung zu, denn in ihnen gibt seine individuelle Persönlichkeit sich zu erkennen. Je besser eine Mutter sich ihr ungeborenes Baby als eine von ihr getrennte Person vorzustellen vermag, desto stärker fühlt sie sich vor ihrer eigenen angeblichen Unzulänglichkeit und Inkompentenz geschützt. Mütter, die ihr zukünftiges Kind als stark und unverwüstlich betrachten können, sind unter Umständen sogar in der Lage, es angesichts der bevorstehenden schwierigen Aufgabe der Entbindung als Verbündeten zu begreifen.

Die Geburt – Neue Aufgaben

Mit dem Wachstum des Fötus im Verlauf der vierzigwöchigen Schwangerschaft geht auch die Entwicklung des Bildes einher, das die Mutter sich von ihrem Baby macht. Wie wir gesehen haben, beruht dieses Bild sowohl auf narzißtischen Bedürfnissen und Sehnsüchten als auch auf der von ihr wahrgenommenen Entwicklung des Fötus: erste Bewegungen, Aktivität, Reaktionsweisen. Wenn die Geburt einsetzt, ist die Mutter also bereits gut darauf vorbereitet, (1) den Schock der körperlichen Trennung zu bewältigen, (2) sich an den individuellen Säugling und (3) an eine neue Beziehung anzupassen, die ihre eigenen Bedürfnisse und Phantasien mit denen eines von ihr getrennten Wesens vereinigt. Die Schwangerschaft ist nicht nur eine Zeit innerlicher und äußerer Vorbereitung, sie schafft überdies Gelegenheit, alte Beziehungen umzugestalten und sich mit den Widersprüchlichkeiten zwischen Wunscherfüllung und Anerkennung der Realität auseinanderzusetzen.

Wenn der Augenblick der Entbindung gekommen ist, muß die Mutter bereit sein, eine neue Bindung einzugehen; darüber hinaus muß sie in einem den Beobachter immer wieder verblüffenden Maß in der Lage sein, sich in jenen Zustand hineinzubegeben, den Winnicott als eine Art „normaler Krankheit“ beschrieben hat, einen Zustand totalen

Engagements, in dem Mütter die Fähigkeit entwickeln, sich voll und ganz in die Lage des Babys hineinzuversetzen (Winnicott, 1986). Zu diesen gewaltigen Aufgaben, denen die Mutter sich nach der Geburt gegenübersieht, gehören:

1. Das abrupte Verschwinden des Gefühls, mit dem Fötus zu einer Einheit verschmolzen zu sein, sowie der Vollkommenheits- und Omnipotenzphantasien, die durch die Schwangerschaft genährt wurden.
2. Die Anpassung an ein neues Wesen, das Gefühle der Fremdheit hervorruft. Michel Soulé hat diese Gefühle mit dem Begriff *Unheimlichkeit* charakterisiert (Soulé & Kreisler, 1983).
3. Die Trauer um das imaginäre (vollkommene) Kind und die Anpassung an die Eigenschaften eines individuellen Babys.
4. Der Umgang mit der Angst, dem hilflosen Kind Schaden zuzufügen (die bei jungen Müttern beispielsweise häufig als Furcht, das Baby beim Baden zu ertränken, zum Ausdruck kommt).
5. Die Entwicklung der Fähigkeit, die ungeheuren Anforderungen zu tolerieren und *zu genießen*, die mit der vollständigen Abhängigkeit des Babys an sie gestellt werden; insbesondere muß die Mutter sich den intensiven oralen Bedürfnissen des Babys gewachsen zeigen und sie *mit ihrem eigenen Körper* befriedigen.

All dies erfordert eine gewaltige psychologische Umstellung. Es ist, als müsse die Mutter eine vollständige „Verwandlung" durchmachen; die Ansichten, die sie bislang vertreten hat, ihre Bindungen und ihr Selbstbild – nichts bleibt, wie es war! Diese Veränderungen sind derart durchgreifend, daß sie vorübergehend einem pathologischen Zustand ähneln können. Auf diese Weise entwickelt die Frau ihre neue Identität als Mutter, sie konzentriert all ihre Gefühle auf das Baby und lernt es, sich der neuen, unentrinnbaren Realität anzupassen (Brazelton, 1981 b).

In dieser Zeit können andere Menschen (der Ehemann, die Familie, ein Arzt) die Mutter ganz wesentlich unterstützen. Ein Besuch beim zukünftigen Kinderarzt schon vor der Geburt beispielsweise kann sehr hilfreich sein. Jungen Eltern erscheint es ganz besonders wichtig, eine positive Beziehung zu einer wohlwollenden Person zu entwikkeln, der das Wohlergehen des zukünftigen Kindes am Herzen liegt (Bibring et al., 1961). Schon ein kurzer Besuch kann überaus hilfreich dabei sein, die elterlichen Ängste zu lindern und die gemeinsame Kooperation bei späteren Routinebesuchen in die Wege zu leiten. Einer der unbewußten Faktoren, die hierbei mit im Spiel sind, ist das große

Bedürfnis der Mutter, daß der Arzt ihre Schuldgefühle lindert, indem er ihr „erlaubt", ein Kind zu bekommen, und ihr beruhigend zusichert, daß ihr Körper in der Lage ist, einen gesunden Fötus auszutragen und zur Welt zu bringen.

Abgesehen von ihrem Kinderarzt oder einem verständnisvollen Geburtshelfer hat die Mutter natürlich zwei wichtige Verbündete, wenn sie ihre Energien konzentriert, um diese Aufgaben in Angriff zu nehmen. Im folgenden Kapitel werden wir sehen, daß auch der Vater des Babys zahlreiche Veränderungen durchmacht; zum Teil unterscheiden sie sich von denen der Mutter, zum Teil entsprechen sie ihnen. Und wie sich im zweiten Teil zeigen wird, entwickelt das neugeborene Baby sich in ihrem neuen Leben zu einem mächtigen Faktor. Es wird von Beginn an in der Lage sein, seinen eigenen Beitrag zu der entstehenden Beziehung zu leisten.

3 Die Bindung des zukünftigen Vaters

Die Bindung, die der Vater zu seinem Baby entwickelt, wird ebenso wie die Bindung der Mutter von den Erfahrungen aus der eigenen Kindheit beeinflußt. In der frühen Kindheit wird ein Junge sich vermutlich zunächst mit seiner Mutter identifizieren, mit ihren Fähigkeiten, Kinder zu gebären und zu nähren. In seinen Augen ist sie allmächtig, die Quelle aller Befriedigung, der Ursprung jeglicher Stimulation und behaglichen Obhut. Da er ebenso mächtig werden möchte wie sie, identifiziert er sich mit ihr. Viele Jungen simulieren mit Kissen eine Schwangerschaft und agieren ihre Fähigkeit, kleine Kinder zu betreuen, mit Puppen aus. In diesem Phantasiespiel entwickeln sie den Kern einer Identifizierung mit ihren Müttern. Zugleich beginnen sie, sich mit ihren Vätern zu identifizieren. Aus dem Zusammenspiel dieser entgegengesetzten Kräfte entwickelt sich die Identität eines Jungen. Der kleine Junge muß seine anfängliche mütterliche Identifizierung und seine wachsende Identifizierung mit männlichem Verhalten in Einklang bringen. Die Lösung dieses Dilemmas, das „Paradoxon der Männlichkeit" (Bell, 1984), wird sowohl seine Geschlechtsidentität als auch sein künftiges Verhalten als Vater prägen. Zahlreiche Entwicklungen sind möglich, einschließlich sexueller Identitätsprobleme oder der für den „Macho"-Komplex charakteristischen, hartnäckigen Weigerung, weibliche Eigenschaften in sich selbst überhaupt anzuerkennen. Eine ausgewogene Entwicklung aber schafft die Voraussetzung dafür, daß der Junge seine zukünftige Rolle als Ernährer zu akzeptieren vermag und sich sowohl mit der Schwangerschaft einer Frau identifizieren als auch in väterlicher Weise zur Erziehung der Kinder beitragen kann. Der Konflikt führt zu Anpassungslösungen, die den Jungen auf seine Rolle als fürsorglicher Vater vorbereiten.

Die traditionellen Väter unserer Vergangenheit sind häufig als distanzierte und abwesende Väter beschrieben worden, die keinerlei Gefühle zu erkennen gaben (Bell, 1984). Ob dies nun tatsächlich der Fall war oder auch nicht – in der Vergangenheit konnten die meisten Jungen sich nicht daran erinnern, daß ihre Väter sich liebevoll um sie gekümmert hätten. Hat man ihnen dieses Rollenverhalten vorgeschrieben, oder entsprach es ihren eigentlichen Gefühlen? Waren die Väter in der Vergangenheit liebevoller, als es uns berichtet wird? Haben ihre sogenannten weiblichen Neigungen und Verhaltensweisen sich nur hinter ihrer Reserviertheit oder distanzierten Oberfläche verborgen? Hat es vielleicht immer schon versteckte, liebevolle Tendenzen bei Männern gegeben, die sie – bis vor kurzer Zeit – nicht zeigen zu dürfen glaubten? Könnten die Väter der Gegenwart überhaupt eine so offenkundige positive Bindung an ihre schwangeren Frauen und ihre Babys zum Ausdruck bringen, wenn sie nicht in ihren Vätern ebenso wie in den Müttern Vorbilder gehabt hätten? Es ist durchaus wahrscheinlich, daß ihre Väter als Vorbilder für ein fürsorgliches Verhalten eine gewisse Rolle gespielt haben, auch wenn diese sich keineswegs mit derjenigen der Mütter vergleichen läßt. Wird sich daran in Zukunft etwas ändern, oder dient diese Ungleichheit einem langfristigen Zweck?

Die wichtigste Aufgabe, vor die der Junge sich im Laufe seiner Entwicklung gestellt sieht, in der er allmählich in die Vaterrolle hineinwächst, besteht darin, seinem Wunsch zu entsagen, ebenso wie die Mutter zu sein und wie sie Kinder zu bekommen. Nicht alle Männer werden dieser Aufgabe gerecht. Einigen gelingt es nie, ihren Neid auf die Gebärfähigkeit der Frauen zu überwinden und zu akzeptieren, daß sie von diesem Vorgang ausgeschlossen sind. Unbewußt rivalisieren sie mit ihren Frauen und entwickeln dabei Symptome, die der Couvade (Männerkindbett) bei primitiven Stämmen ähneln (deren Männer Schwangerschaft- und wehenähnliche Symptome entwikkeln), oder fliehen vor diesen Wünschen, indem sie sich aus dem Staub machen, wenn ihre Frau schwanger ist. Männer, denen es gelingt, diese Wünsche zu sublimieren, fühlen sich unter Umständen während einer Schwangerschaft ihrer Frau kreativer und vermögen beruflich mehr zu leisten. Derartige umgeleitete Wünsche können sogar als Antriebskraft hinter der Wahl eines pädagogischen Berufes stehen, in dem man mit Kindern zu tun hat.

Der Kinderwunsch des Mannes

Der Kinderwunsch eines Mannes, der vor allem in dem Verlangen wurzelt, der Mutter gleich zu sein, wurde von Freud in der Geschichte vom kleinen Hans beschrieben, einem fünfjährigen Jungen, der die Phantasie hatte, auch er könne ein Kind von seinem Vater bekommen. Hinzu kommen weitere entscheidende Faktoren, ähnlich denen, die wir für Frauen beschrieben haben. Überall begegnet uns der narzißtische Wunsch, durch die Zeugung eines Kindes, mit dem man sich identifizieren kann, Omnipotenz und Vollkommenheit zu erlangen, sowie der Wunsch, sich in seinem eigenen Ebenbild widerzuspiegeln – sicherlich ein Grund dafür, daß Väter sich in der Regel eher einen Jungen wünschen. Das indische Wort für Sohn, „putra", bedeutet: „einer, der uns aus der Hölle namens put erlöst" (Kakar, 1982). Im *Mahabharata*, einem der großen religiösen Epen Indiens, heißt es, der Vater selbst würde als Sohn geboren; indem er seinen eigenen Samen in seinen Leib pflanze, empfange er sein eigenes Selbst. Der Wunsch, Nachkommen des eigenen Geschlechts zu zeugen, ist bei Männern stärker als bei Frauen; vielleicht drückt sich in ihm ein größeres Bedürfnis der Männer aus, ihre geschlechtliche Identität zu stärken und zu bestätigen, die ja unaufhörlich in Frage gestellt wird. Einer der Autoren (B. C.) hat die Erfahrung gemacht, daß nahezu alle Kinder, die aufgrund gegengeschlechtlicher Verhaltensweisen in psychotherapeutische Behandlung überwiesen werden, Jungen sind.

Ein Junge ist in den Augen des Vaters eher in der Lage, seine eigenen, nicht verwirklichten Zielvorstellungen weiterzuverfolgen, als ein Mädchen. Väter machen sich eher über die Leistungen ihrer Söhne Sorgen, sind stärker an ihren Fortschritten im motorischen und kognitiven Bereich sowie ihren schulischen Leistungen interessiert. Ein Sohn wird häufig dazu ausersehen, die Zweifel zu zerstreuen, die der Vater hinsichtlich seines männlichen Selbstbildes hegt. Aus diesem Grund sind Väter so beunruhigt, wenn sie bei ihren Söhnen Anzeichen für Schwäche, Unsicherheit und Antriebslosigkeit zu erkennen glauben. Derartige Schwächen nämlich scheinen – wie unter einem Vergrößerungsglas und für alle Welt sichtbar – ihre eigenen Unsicherheiten widerzuspiegeln. Diese starke Identifizierung ist möglicherweise unter anderem auch auf das im Mann tiefverwurzelte Gefühl zurückzuführen, daß er die männliche Identitätsentwicklung seines Sohnes beeinflussen kann, eine Tochter sich aber ganz unabhängig von ihm entwickeln wird.

Wir haben gesehen, daß die Frau sich nach einem Kind sehnt, um ihre Zweifel an ihrer Fruchtbarkeit und Gebärfähigkeit zu beschwichtigen. Dem entsprechen die Zweifel des Mannes an seiner Potenz und körperlichen Fähigkeit, seine Frau zu schwängern. In erweiterter Form kommen sie in seinem Bedürfnis zum Ausdruck, einen Jungen großzuziehen, der alle Anzeichen seiner künftigen Männlichkeit erkennen läßt. Während diese stereotypen Vorstellungen über die Geschlechterrollen mittlerweile einem Wandel unterliegen, halten die Väter doch unvermindert an dem Wunsch fest, ihre Männlichkeit und Stärke in ihren Söhnen wiederaufleben zu sehen.

Nicht anders als Mütter müssen auch Väter alte Beziehungen zu wichtigen Menschen ihrer Vergangenheit erneuern, und sie erwarten, daß diese Verbindung über ihre Kinder zustande kommen wird. Die Väter möchten den Fortbestand ihres Geschlechts sicherstellen, unseren einzigen „Zugang zur Unsterblichkeit", wie Freud in der *Traumdeutung* (1900) sagt. Freud gab seinen Söhnen die Namen der Männer, die er bewunderte und liebte, Namen verehrter Lehrer und großer historischer Gestalten. Der Brauch, einem Sohn den Vornamen zu geben, den der Vater selbst schon vom eigenen Vater ererbt hat, zeugt von dem mächtigen Bedürfnis, die Geschlechterfolge zu sichern und in den eigenen Kindern die geliebten Eigenschaften seiner Vorfahren wiederzuentdecken.

Auch die ödipale Rivalitätssituation hat Auswirkungen auf den Kinderwunsch des Mannes; ein Kind zu haben schafft nicht nur die Möglichkeit, dem eigenen Vater ebenbürtig zu werden; die Kindererziehung gibt dem Mann überdies Gelegenheit, es besser zu machen als der eigene Vater. Jeder junge Vater nimmt sich vor, ein besserer Vater zu werden. Heutzutage stützt er sich auf die umfangreiche Literatur über Kinderpflege und -erziehung, um sich das praktische Wissen anzueignen – in der Hoffnung, ausgestattet mit diesem Kenntnisreichtum eine ganze neue Vaterrolle zu verkörpern und die Erziehungsmethoden der Vergangenheit hinter sich zu lassen.

All diese Aspekte stehen als Antriebskräfte hinter dem Verlangen, ein Kind zu bekommen; sie schaffen neue Konflikte, bieten zugleich aber auch neue Lösungsmöglichkeiten für alte Konflikte an. Die Schwangerschaft seiner Frau ist für den Mann eine wichtige Zeit, um seine Identität zu stärken. Sie wird auch für ihn all die Ängste und Selbstzweifel mit sich bringen, die auf die Mütter einstürmen. Jede Phase der Schwangerschaft ist für den Mann – ebenso wie für die Frau – eine neue Herausforderung.

Die Gefühle des Vaters während der Schwangerschaft

Sobald der zukünftige Vater erfährt, daß seine Frau schwanger geworden ist, stürmt eine Flut verschiedenartiger Empfindungen auf ihn ein, freudige und ängstliche, zahlreiche widersprüchliche Gefühle. Die meisten Väter werden von Intensität und Charakter dieser Gefühle überrascht sein.

Eine der ersten Reaktionen des werdenden Vaters ist sein Eindruck, ausgeschlossen zu werden. Selbst wenn das Kind gewollt ist und er ebenso euphorisch wie seine Frau Freunde und Verwandte in Kenntnis setzt, wird der zukünftige Vater sehr bald das Gefühl bekommen, nur noch eine Nebenrolle zu spielen. Es ist ja nicht nur so, daß seine Frau ihre ganze Aufmerksamkeit – ihre Energie und Anteilnahme – immer ausschließlicher auf das ungeborene Kind konzentriert; sie selbst steht nun im Mittelpunkt der Aufmerksamkeit anderer Menschen. Jeder interessiert sich für ihre Gemütsverfassung und ihren Gesundheitszustand; niemand macht sich über ihn Gedanken. Alles dreht sich um die Schwangere, und sie erwartet, daß er sich genauso eifrig um sie kümmert.

Zu dem Gefühl des Vaters, ausgeschlossen zu werden, gesellt sich erschwerend noch sein Eindruck, daß er für die Schwangerschaft verantwortlich ist. Er fühlt sich beiseite gedrängt, glaubt aber zugleich, die Schuld dafür bei sich selbst suchen zu müssen. Egal, wie es seiner Frau geht, ob sie unter Übelkeit leidet oder immerzu müde ist – er hat den Eindruck, all das sei seine eigene Schuld. Er fühlt sich über jedes vernünftige Maß hinaus verantwortlich.

In der heutigen Zeit, in der Väter sich intensiver an allen Vorbereitungen auf das Baby beteiligen und ihre Frauen zu den Vorsorgeuntersuchungen beim Frauenarzt oder den Besuchen beim Kinderarzt begleiten, entwickeln die jungen Mütter und Väter schon früh ein natürliches Konkurrenzverhalten. Nicht nur rivalisiert jeder von ihnen mit dem Baby um den Partner, beide wollen sie auch für das Baby die Hauptrolle spielen. Wenn die Eltern nicht verstehen, daß diese Rivalitätsgefühle ein normaler und darüber hinaus notwendiger Bestandteil ihrer entstehenden Bindung an ihr zukünftiges Kind sind, empfinden sie sie unter Umständen als äußerst verstörend. Diese Gefühle wecken nicht nur ihre Bindung an das Baby, sie werden auch die Beziehung der Eltern vermutlich eher stärken als schwächen.

Ebenso wie die Mutter sich innerlich nach und nach auf die neue Situation einstellt und in die Phantasiewelt hineinbegibt, die wir beschrieben haben, muß sich auch der werdende Vater den neuen Verhältnissen anpassen. Wird er ein guter Familienvater sein? Wird seine Karriere ihm genügend Zeit lassen, sich liebevoll seinem Baby zu widmen und seine Frau zuverlässig und tatkräftig zu unterstützen? All diese Zweifel tauchen auf, sobald die Schwangerschaft bestätigt worden ist, und helfen dem Vater, sich auf seine neue Identität vorzubereiten.

Während die Frauen sich der Schwangerschaftsrealität nicht entziehen können, bleibt den Vätern ein größerer Spielraum, inwieweit sie sich auf diese Realität einlassen wollen. Sie können sich auch innerlich zurückziehen und ignorieren, was um sie herum vor sich geht, während die Frauen den körperlichen Veränderungen der Schwangerschaft einfach ausgeliefert sind. Manche Männer werden durch eine Schwangerschaft so sehr aus dem Gleichgewicht gebracht, daß sie sich lieber distanzieren, außereheliche Beziehungen aufnehmen, Zuflucht im Alkohol suchen oder auch impotent werden. Diese Form des Agierens kann auf einem Wiedererwachen bisexueller Konflikte beruhen. Es spiegelt aber einen weiteren wichtigen Faktor wider – das Gefühl des Mannes, von seinem Platz verdrängt, „abgeschoben“ zu werden. Der zukünftige Vater erlebt das werdende Kind möglicherweise als Rivalen, der ihm seine Frau wegnimmt, so wie ihm in seiner Kindheit der eigene Vater oder ein Geschwisterchen die Mutter geraubt hat. Da ein Junge, wie wir gesehen haben, sich zunächst mit seiner Mutter identifiziert und später gezwungen ist, diese Identifizierung zu überwinden, werden solche Gefühle vermutlich wiederaufleben. Aus all den genannten Gründen ist es unvermeidlich, daß Männer ambivalente Gefühle in bezug auf ihr künftiges Kind entwickeln.

James Herzog (1982) hat werdende Väter in zwei Gruppen unterteilt. Die Väter der einen Gruppe erkennen die Gefühle an, die mit der Geburt des ersten Kindes auf sie einstürmen, indem sie sich in ihre Frauen einfühlen und sich mit ihnen identifizieren. Zu der anderen Gruppe gehören diejenigen Väter, die sich ihre eigenen Gefühle kaum bewußt machen können. Die einfühlsamen Väter empfanden gegen Ende des ersten Drittels der Schwangerschaft ein heftiges Verlangen, Mutter und Fötus – in der Phantasie – zu nähren. In ihrer Vorstellung stellte der Geschlechtsverkehr eine Art Nahrung für ihre schwangeren

Frauen dar, die irgendwie auch dem wachsenden Fötus zugute kommen würde. Weniger auf die Schwangerschaft eingestimmte Männer beklagten sich, daß ihre sexuellen Bedürfnisse nicht befriedigt würden. Sätze wie „Ich habe unentwegt Lust“ verraten nicht nur ihren Wunsch, selbst genährt zu werden, sondern auch ihre Konkurrenzgefühle gegenüber dem Fötus. Man kann also zwischen zukünftigen Vätern unterscheiden, die ihre Frauen nähren und umsorgen, und jenen, die ihre Enttäuschung darüber zum Ausdruck bringen, nicht selbst genährt und umsorgt zu werden, und eifersüchtig auf ihre Frauen und das Baby sind.

Im zweiten Schwangerschaftsdrittel wird der zukünftige Vater vermutlich ein größeres Interesse für seinen eigenen Körper entwickeln. Unbewußt identifiziert er sich immer stärker mit seiner Frau, und aus dieser Identifizierung erwachsen mitunter bisexuelle und hermaphroditische Phantasien. Auch diese Veränderung gibt Gelegenheit zur Neuorganisierung jener Faktoren, die Bestandteil seiner männlichen Identität sind (Gurwitt, 1976).

In zahlreichen Gesellschaften der Dritten Welt kommt eine solche erhöhte Identifizierung mit der schwangeren Frau in der bereits erwähnten *Couvade* zum Ausdruck. Die Männer simulieren die verschiedenen Phasen und Manifestationsformen einer Entbindung. Ihre Umwelt behandelt sie wie Leidende; sie werden umsorgt. In diesem „Spiel“ dramatisieren sie ihren Neid auf die Gebärfähigkeit der Frau und ihre Enttäuschung darüber, von diesen Vorgängen ausgeschlossen zu sein. Indem sie die Schmerzen der in den Wehen liegenden Frau auf sich nehmen, haben sie an der Geburt teil und zeigen, daß sie ihre Frau beschützen. In den Industrieländern findet man diese Identifizierung in abgeschwächten Formen, nämlich in Gestalt verschiedenartiger Schmerzen und Leiden. Häufiger als andere Männer leiden werdende Väter unter Übelkeit, Erbrechen, Magen-Darm-Störungen und Zahnschmerzen.

Diese Symptome, die mit einem solchen inneren Aufruhr einhergehen, zeigen überzeugend, daß der Wunsch des Mannes, selbst schwanger zu sein, genauso zu sein wie die Mutter und die Frau, während der Schwangerschaft wiederauflebt. Tritt er in Form von Schmerzen und körperlichen Symptomen zutage, dann deshalb, weil diese Identifizierung voller unbewußter Konflikte steckt, für die er keine Worte findet. Solange die Männer ihre eigenen weiblichen Aspekte nicht anerkennen, ärgern sie sich über die Schwangerschaft. Haben sie diese Konflikte aber erst einmal gelöst, dann sind sie auch in der Lage, sich mit ihren schwangeren Frauen empathisch zu identifizieren.

Auch Männer wollen sich in der letzten Phase der Schwangerschaft in aller Regel Klarheit über ihre Beziehung zum eigenen Vater verschaffen. Ebenso wie den Frauen die Beziehung zu ihren Müttern nun wieder wichtiger wird, haben auch Väter das Bedürfnis, sich ihrer neuen Rolle zu vergewissern, indem sie sich (in der Phantasie oder in der Realität) ihren eigenen Vätern zuwenden. Diese Absicherung neuer Rollen durch alte Vorbilder aus der Kindheit wird den Mann, dessen väterliche Identitität sich während der Schwangerschaft entfaltet, immer wieder beschäftigen. Ein Mann, *der sich einer zuverlässigen Beziehung zu seinem Vater erfreut, ist vor der Angst geschützt, seiner Mutter allzu ähnlich zu werden.*

Im letzten Drittel der Schwangerschaft entwickeln die Väter nicht anders als die Mütter Ängste um die Gesundheit des zukünftigen Babys. Überdies sind sie sich nicht sicher, ob ihr Nachwuchs gegen ihre ambivalenten Empfindungen, ihre Rivalitätsgefühle und Vorbehalte hinreichend geschützt war. Sie machen sich Sorgen, ob ihr Baby normal, ob „alles an ihm dran“ sein wird, und brauchen jemanden, der sie beruhigt. Ein Vater, der gegen Ende der Schwangerschaft „flieht“, tut dies entweder in der Realität (indem er die Frau im Stich läßt) oder – der häufigere Fall – indem er sich einfach emotional gleichgültig gibt und keine innerliche Anteilnahme erkennen läßt. Auf diese Weise wehrt er feindselige Gefühle gegen seine Frau – für die das Baby seiner Ansicht nach wichtiger ist als er – ab oder unverarbeitete Ängste, sich mit ihr zu identifizieren.

Stellvertretend für viele Männer faßt hier ein Vater seine Gefühle in Worte:

Zu diesem Zeitpunkt begann ich darüber nachzudenken, ob ich insgeheim vielleicht wütend auf das Baby war. Vor ihrer Geburt gab ich ziemlich sadistische Witze zum besten, über Geburtsfehler und Kindesmißhandlung, bis meine Frau mich schließlich fragte, warum ich so redete. So wurde mir allmählich bewußt, daß ich mich auf diese Weise, humorvoll, von den Phantasien befreite, die ich mit mir herumtrug und anders nicht in Worte fassen konnte . . . Langsam verstand ich, daß es sich im Grunde um ganz primitive Gefühle gegen das Baby handelte, um die Angst, es könne mich verdrängen. Ein Baby zu bekommen bedeutet für einen Mann, daß er eine gewisse Sonderstellung verliert und nicht länger im Zentrum der Aufmerksamkeit steht (Bell, 1984).

Die Ankunft eines neuen Familienmitglieds, des Babys, zwingt den Vater, die Umwandlung der Zweierbeziehung in eine Dreiecksbeziehung zu akzeptieren. Sie ruft in ihm das Gefühl hervor, der Ausgeschlossene zu sein, das fünfte Rad am Wagen, so wie wir alle es in der Kindheit erleben, wenn uns die Intimität unserer Eltern bewußt wird oder ein Geschwisterchen zur Welt kommt.

Der „abwesende" Vater

Obwohl immer mehr Väter sich aktiv an Schwangerschaft und Entbindung beteiligen, sind die Kräfte, die die Väter in der Vergangenheit ausgeschlossen haben, nach wie vor stark. Sie beruhen auf der kulturellen Anerkennung ihrer ambivalenten Gefühle, aber auch auf den gewaltigen Zweifeln, die die Väter selbst hinsichtlich ihrer Fähigkeit hegen, ihre Familie liebevoll beschützen und umsorgen zu können. Nach und nach erkennen wir, daß die genannten Faktoren sich durch Maßnahmen beeinflussen lassen, die den Vater an der Schwangerschaft und Geburt stärker beteiligen, einschließlich der Geburtsvorbereitungskurse, Lamaze-Gruppen, Vorsorgeuntersuchungen und Familien-Hilfsprogramme (Samaraweera & Cath, 1982). Nichtsdestoweniger aber müssen wir auch begreifen, daß die letzten Überbleibsel jenes Ausschlusses, die die Väter noch immer erleben, tief in weitverbreiteten und kulturübergreifenden Bräuchen wurzeln. Auch heute noch kann man selbst bei berufstätigen Müttern ein Verhalten beobachten, das dazu dient, Väter aus dem Kinderzimmer zu verbannen.

Untersuchungen haben gezeigt, daß eine „zuverlässige, enge Beziehung" zwischen Vätern und Säuglingen sich in nur 4 % aller Gesellschaften entwickelt (West & Konner, 1982). In zahlreichen Kulturen ist die strikte Trennung von Mann und Frau während der Schwangerschaft und in den Tagen unmittelbar nach der Entbindung obligatorisch; in 79 % aller Gesellschaften auf der Welt schlafen die Väter während der Stillzeit getrennt von Mutter und Säugling (Hahn & Paige, 1980).

Abgesehen von der Berufstätigkeit der Mehrzahl der Mütter in unserer Gesellschaft tragen auch Geburtsvorbereitungsgruppen, Ärzte und

Hebammen in bedeutendem Maß zu Veränderungen bei. Längerfristig können sie die Entwicklung neuer väterlicher Rollenvorbilder gewaltig beeinflussen, die aktive Beteiligung der Väter fördern und die Männer in ihren „mütterlichen“ und zärtlichen Neigungen unterstützen.

Die Rolle des Vaters als Helfer seiner schwangeren Frau

Innere Einstellung und Verhalten des Vaters sind von großem Einfluß auf Schwangerschaftsverlauf, Geburt und frühe Bindung. Einer Frau, die sich in der Schwangerschaft auf die emotionale Unterstützung ihres Ehemanns verlassen kann, fällt die Anpassung an den neuen Zustand leichter; überdies gibt es einen Zusammenhang zwischen der Anwesenheit der Ehemänner während der Wehen und Entbindung und einem geringeren Bedürfnis der Schwangeren nach schmerzlindernden Medikamenten sowie einer positiveren Geburtserfahrung (Parke, 1986). Auch die Fähigkeit der Mutter, ihr Kind zu stillen oder mit der Flasche zu füttern, wird von der Einstellung ihres Mannes beeinflußt (Pedersen, Cain, Zaslow & Anderson, 1982). Der Charakter der ehelichen Beziehungen im ersten Drittel der Schwangerschaft erlaubt zuverlässige Vorhersagen auf die Anpassung der Mutter nach der Geburt (Grossman, Eichler & Winickoff, 1980). Am stärksten zu beeindrucken aber vermag vielleicht die Übereinstimmung zwischen dem väterlichen Engagement während der Schwangerschaft, wie es in den Berichten der Mutter erscheint, und klinischen Beobachtungen der Intensität, mit der sie selbst sich dem Kind während der ersten vier Lebensjahre widmet (Barnard, 1982). Zahlreiche weitere Untersuchungen aus jüngerer Zeit bestätigen die klinischen Erkenntnisse, ganz zu schweigen von unseren alltäglichen Beobachtungen: die Anwesenheit des werdenden Vaters und seine liebevolle Unterstützung erleichtern es der Frau, in die Mutterrolle hineinzuwachsen. Da es in modernen Familien kaum möglich ist, das auf der Großfamilie (die Mutter der Schwangeren, Tanten usw.) beruhende Unterstützungssystem aufrechtzuerhalten, kommt den Vätern für die Entwicklung und Aufrechterhaltung mütterlicher Fähigkeiten eine erhöhte Bedeutung zu. Wenn der Vater seiner Frau überdies weiterhin in einer engen Liebesbeziehung verbunden bleibt, wird es ihr leichter fallen, ihre Befriedigung nicht ausschließlich in der Bindung an ihr Baby zu suchen.

Das Engagement der Väter während Schwangerschaft und Geburt wiederum stärkt natürlich auch ihre eigene Identität als aktiv am Geschehen Beteiligte und läßt ihren Ausschluß weniger wahrscheinlich erscheinen (Barnard, 1982). Sie bereiten sich auf eine aktivere Rolle nach der Geburt des Babys vor. Ihre kontinuierliche Präsenz zahlt sich folglich auf zweierlei Arten aus: ihre eigene Bindung an ihre Frauen bleibt erhalten, und sie lernen die Freuden der Vaterschaft zu genießen.

Lassen wir den Vätern Gerechtigkeit widerfahren?

Die Psychoanalyse hat sich mit einem phantasierten oder mythischen Vater beschäftigt: dem Träger des Gesetzes, dem mächtigen Vertreter des Realitätsprinzips, dem Führer des Messers, das die Nabelschnur durchtrennt und die Kastration androht. Obwohl der Vater auch zum Liebesobjekt werden konnte (negativer Ödipuskomplex), ist nur wenig über eine primäre, präödipale Liebe des Säuglings und Kleinkindes zu seinem Vater gesagt worden. Noch weniger wurde über die positive, frühe Bindung der Väter an ihre Säuglinge gesagt. Einzig die Mütter waren Gegenstand von – psychoanalytischen – Untersuchungen der dyadischen Liebesbeziehung zu den Säuglingen. Jüngere Untersuchungen haben gezeigt, daß der Vater einen *unmittelbaren* Einfluß auf die Entwicklung des Kindes ausübt, den seine frühe Bindung an dieses Kind noch verstärkt. Diese Bindung wird durch die Haltung, die die Mutter der Rolle des Vaters gegenüber einnimmt, vermittelt. Weil sie ihre eigenen Bedürfnisse befriedigen wollen, neigen manche Mütter dazu, die wechselseitige Beziehung zwischen Säuglingen und Vätern zu stören, so als stelle die Emanzipation des Babys von der symbiotischen Einheit für sie eine Bedrohung dar. Mütter sind Torwächter, sie können die Vater-Säuglings-Bindung intensivieren oder unterdrükken. Wenn sie die Dreiecks-Beziehung fördern, eröffnen sie dem Kind die Möglichkeit einer künftigen Bindung. Die Erfahrungen, die die Mutter selbst mit dem ödipalen Dreieck gesammelt hat, beeinflussen die Chancen des Kindes, eine enge Beziehung zu seinem Vater zu entwickeln.

Man könnte fragen, ob die Vernachlässigung der Vaterrolle in zahlreichen Untersuchungen im Laufe so vieler Jahre – Untersuchungen, in deren Mittelpunkt immer die frühe Mutter-Kind-Dyade gestanden hat – nicht bereits die Tendenz widerspiegelt, den Vater von der Mutter-Kind-Beziehung auszuschließen, die in den historischen und ethnologischen Untersuchungen deutlich wird. Vielleicht hat die überall anzutreffende Phantasie von einem Vater, der die Beziehung zwischen Mutter und Baby bedroht, selbst jene Untersuchungen gerade dieser Beziehung beeinflußt und sie für die guten Aspekte der Rolle blind gemacht, die der Vater ausübt.

Vater zu sein, lernt man allmählich, es ist ein Entwicklungsprozeß, und dieser Entwicklungsprozeß ist von der verfügbaren psychischen Energie, von unseren Erfahrungen sowie von Umweltfaktoren abhängig. Grundlegende psychische Einstellungen werden durch wichtige Ereignisse, durch gesellschaftliche Zwänge und Institutionen unterstützt oder untergraben (Klaus & Kennell, 1982; Brazelton, 1981 b). Entscheidende Berührungspunkte wie Vorsorgeuntersuchungen, Geburtsvorbereitungskurse und die Unterstützung während der Wehen und Entbindung geben Männern die Chance, die Entwicklung ihrer Väterlichkeit zu fördern. Und wie wir im Zweiten Teil sehen werden, ist das Neugeborene selbst in der Lage, zwischen den Reaktionen der Eltern zu unterscheiden und die Aufmerksamkeit seines Vaters zu fesseln – gleichgültig, wie unerfahren dieser sein mag.

Zweiter Teil

Das Neugeborene als aktiver Teilnehmer

„Ohne kraftvolle, angeborene Reaktionen, die
dem Kind die mütterliche Fürsorge und Nähe
während seiner Kindheit garantieren,
würde es sterben."
John Bowlby,
Über das Wesen der Mutter-Kind-Bindung

Einleitung

Neugeborene Babys verfügen über die wunderbare Eigenschaft, den Phantasien ihrer Eltern zu entsprechen und sie für die Mühen der Schwangerschaft zu entschädigen. Von Beginn an gestalten sie die Reaktionsweisen ihrer Eltern aktiv mit. Die Eltern hungern nach Reaktionen ihres Neugeborenen. Während der Schwangerschaft haben sie von einem lächelnden Baby geträumt, das sich voller Wohlbehagen in ihre Arme schmiegt. Sie brauchen ein Baby, das auf sie anspricht und ihnen so die Kraft gibt, die noch vor ihnen liegenden Aufgaben zu bewältigen. Die mittlerweile veraltete Vorstellung, daß das Baby nach der Geburt mehrere Wochen lang weder sehen noch hören kann, machte die Eltern gerade für jene Reaktionen blind, die die Bindung rasch intensivieren können. Heute sind die sensorischen Fähigkeiten des Neugeborenen besser bekannt, und diejenigen unter uns, die mit Eltern zusammenarbeiten, können dazu beitragen, das außerordentlich weitgespannte Verhaltensrepertoire des individuellen Säuglings deutlich zu machen. Eltern, die die Reaktionsfähigkeit des Neugeborenen anerkennen und würdigen, sind zu einem reicheren Dialog mit ihrem Baby in der Lage.

Im zweiten Teil werden wir die komplexen Fähigkeiten skizzieren, über die das gesunde menschliche Neugeborene verfügt und mit deren Hilfe es Erwachsene für ihre angemessenen Reaktionen belohnt. Diese ihm angeborenen Fähigkeiten entsprechen den Erwartungen, die alle Eltern hegen. Das Verhalten des Babys und die instinktiven, liebevollen Reaktionen der Eltern treffen in der Neugeborenenphase aufeinander und fördern das Entstehen ihrer Bindung. In dieser Phase verfügen die Eltern über hohe Energien, und das Neugeborene hat alle Fähigkeiten, sie ganz für sich in Anspruch zu nehmen.

Wenn die Mutter ihr Neugeborenes bequem und kuschelig im Arm hält, schmiegt das Baby sich an ihren Körper. An ihrer Schulter hebt der Säugling den mit weichem Flaum bedeckte Kopf, um das Zimmer zu erforschen, bevor er ihn dicht an ihrem Hals birgt. Wenn sie das Baby nun ganz automatisch näher an sich heranzieht, wird das Neugeborene sich enger an ihren Hals schmiegen, seinen Körper an ihren Körper kuscheln und seine Beinchen der Form ihres Körpers anpassen. All diese Reaktionen teilen ihr mit: „So machst Du es richtig." Beugt sie sich hinunter, um ihm ins Ohr zu flüstern, wendet das Baby sich ihrer Stimme zu und sucht nach ihrem Gesicht. Hat es sie entdeckt, leuchtet sein Gesicht auf, als wolle es sagen: „Da bist du ja!" Ein Neugeborenes zieht die weibliche Stimme einer männlichen vor, als wolle es sagen: „Dich kenne ich schon, und du bist mir wichtig."

Wie wir sehen werden, stellen die Verhaltenszustände Neugeborener Reaktionen auf die Mütter dar, die sie in ähnlicher Weise bestärken. Spricht die Mutter mit dem Baby, streichelt sie es oder nimmt es auf den Arm, wenn es weint, wird es sich beruhigen. Sowohl die Mutter als auch der Säugling durchzuckt nun die freudige Erkenntnis, „das Richtige" getan zu haben. Immer dann, wenn sie mit ihrem Verhalten eine Reaktion auslöst – ob das Baby sich beruhigt, aufwacht oder aufmerksam wird –, fühlt die Mutter sich in ihrer Fähigkeit bestätigt. Wenn andererseits das Reaktionsvermögen des Babys gestört oder beeinträchtigt ist, fühlt sie sich in ihren Erwartungen enttäuscht. Ihre frühe Bindung und ihre zukünftige Beziehung zu diesem Baby sind in Gefahr.

Unsichere junge Eltern halten nach Signalen ihres Babys Ausschau, die ihnen versichern, daß sie mit ihren Versuchen, das Baby zu umhegen, auf dem richtigen Weg sind. Sie sind darauf angewiesen, daß das Baby ihnen durch seine Reaktionen unablässig bestätigt, wie gut sie ihre Aufgaben als Eltern erfüllen. In einer Zeit, in der sie von keiner Großfamilie mehr Rat und Aufmerksamkeit erhoffen können, bietet das Verhalten des Babys den Eltern bei jeder neuartigen Erfahrung die beste Richtschnur.

4 Das äußere Erscheinungsbild des Neugeborenen und sein Einfluß auf die Eltern

Das äußere Erscheinungsbild des Babys löst unseren Pflegetrieb aus: das sanfte, rundliche Gesicht; das flaumige, feine Haar, die zarte Haut, die sich so unglaublich weich anfühlt; die kurzen Gliedmaßen bei verhältnismäßig langem Rumpf; die wunderbar geformten, winzigen, hilflos ins Leere greifenden Händchen – all dies sind Merkmale des typisch „babyhaften“ Aussehens. Heute wissen wir, daß in den erwachsenen Angehörigen zahlreicher Arten der Wunsch ausgelöst wird, nach jedem kleinen, hilflosen Wesen der eigenen Spezies mit spezifischen körperlichen Eigenschaften die Arme auszustrecken und es zu umsorgen.

Daß das Neugeborene zu Anfang bläulich und marmoriert aussieht, ist auf die intrauterine Abhängigkeit von der Sauerstoffversorgung durch die Mutter zurückzuführen. Ein spezifisches fötales Hämoglobin hat dem Fötus das Überleben bei niedrigerer Sauerstoffzufuhr ermöglicht. Bis seine Lungen und der Blutkreislauf selbständig funktionieren, wird das Neugeborene ein wenig bläulich aussehen. In den meisten Fällen ist diese Übergangszeit erstaunlich kurz. Alle Babys werden mit „schlechter“ Farbe und schwerer, unregelmäßiger Atmung geboren. Ganz unnötig haben die Geburtshelfer sich durch die bläuliche Verfärbung der Babys bei der Geburt beunruhigen lassen, und allzu häufig haben sie drastische Maßnahmen ergriffen, die für eine rosige Haut und tiefe, regelmäßige Atmung sorgen sollten. Den Eltern wiederum haben diese Maßnahmen Angst gemacht. Mit ein wenig Geduld wird die Farbe des Babys sich ohnehin verbessern. Schläge auf den Po oder das Eintauchen in Kaltwasser-Bäder, Schocks, die die Babys zum Schreien veranlassen sollen, sind nicht erforderlich. Das Schreien fördert den Luftaustausch, so daß sich Farbe und Kreislauf verbessern. Bei einem normalen, gesunden Baby wird dies schnell und schmerzlos von allein geschehen.

Jungen Eltern, die ihr Baby erschöpft und blau im Kreißsaal erblikken, kommt womöglich der Gedanke an einen Hirnschaden in den Sinn. Die beruhigende Versicherung des Arztes oder der Hebamme, daß diese Farbe und die anfängliche Reaktionslosigkeit „normal“ sind, kann von ganz entscheidender Bedeutung sein, wenn sie das Baby nun zum ersten Mal in ihre Arme schließen. Eine Mutter, die ihr nach der Entbindung zumeist arg mitgenommen aussehendes Baby erblickt, fürchtet unter Umständen auch, ihm während der Geburt Schaden zugefügt zu haben. Man muß ihr sagen, daß der verformte Kopf, die rötlichen und blauen Flecken nichts außergewöhnliches sind, daß sie abheilen werden und nicht etwa ein Zeichen für eine Gehirnschädigung darstellen. An den raschen Veränderungen des anfänglichen Erscheinungsbildes kann man den Eltern zeigen, daß der Kopf ihres Babys widerstandsfähig und „normal“ ist.

5 Die Reflexe des Neugeborenen

Primitive, automatische Bewegungen, die wir als Reflexe bezeichnen, sind bei einem aktiven Fötus bereits viele Monate vor der Geburt vorhanden; sie scheinen ihn auf das bevorstehende Ereignis vorzubereiten. Häufig handelt es sich bei diesen Reflexmechanismen um Überbleibsel des Erbes, das wir von unseren affenähnlichen und amphibischen Vorfahren übernommen haben, sie können jedoch auch einem bestimmten Zweck dienen. Die Kontraktionen des Uterus werden durch die Aktivität des Fötus beeinflußt (Milani Camparetti, 1981). Eine Dystokie (Wehenschwäche) kann unter Umständen auf einer Inaktivität des Fetus beruhen. Bis vor verhältnismäßig kurzer Zeit führten die Geburtshelfer eine Wehenschwäche gewöhnlich auf ein Versagen der Gebärmutter zurück, immer mehr Anhaltspunkte aber lassen eine Wechselwirkung zwischen einem inaktiven Fötus ohne Reflexmechanismen und einem unterstimulierten, nicht angemessen reagierenden Uterus vermuten. Reflexartige Verhaltensweisen scheinen auch eine Rolle für die Drehbewegungen zu spielen, mit denen der Fötus sich durch den Gebärmutterhals hindurcharbeitet. Zu diesen Reflexen gehören:

1. Asymmetrisch-tonischer Nackenreflex. Bei rascher Seitwärtsdrehung des Kopfes nimmt der Fötus die sog. „Fechterstellung" ein, das heißt, der Körper biegt sich von der Gesichtsseite weg, wobei alle Muskeln dieser Seite gestreckt und die der Hinterhauptseite gebeugt werden. Im weiteren Geburtsverlauf dreht der Kopf sich von einer Seite zur anderen, der Rumpf folgt nach, indem er sich hin- und herwindet und das Baby auf diese Weise durch den Geburtskanal schwimmen läßt.

2. Rückgratreflex (Galant-Reaktion). Streicht man mit einem Finger an der Wirbelsäule entlang, beugt der Rücken sich in Richtung des Reizes. Der Rumpf wechselt in reptilienähnlichen Bewegungen hin und her, wenn der Reiz entlang des Rückgrats stark genug ist. Während der Wehen sorgt die ständige Berührung mit dem Geburtskanal dafür, daß das Baby sich hin- und herkrümmt und langsam vorwärts schiebt (Galant, in Saint-Anne D'Argassies, 1974).

3. Moro-Reaktion. Bewegt man den Kopf des Babys nach unten, werden die Arme auseinandergenommen, sofort wieder gebeugt und an den Körper geführt. Diese Bewegungen werden im Geburtskanal gehemmt, sie würden jedoch wieder aktiviert, wenn das Baby plötzlich steckenbliebe und sein Kopf nach hinten gebeugt würde.

4. Schreitreaktion. Sie läßt sich beobachten, wenn die Fußsohlen des Babys auf eine feste Unterlage gedrückt werden, und ist ein gutes Beispiel für die Streckreflexe sämtlicher Muskelgruppen. Während der Geburt kommt der alternierenden Beugung und Streckung der Extremitäten vermutlich eine wichtige Bedeutung für die Stimulierung des Uterus zu.

5. Kriech-Reflexe. Wenn man neugeborene Babys auf den Bauch legt, versuchen sie automatisch, den Kopf zu heben und zur Seite zu drehen, um die Atemwege frei zu halten. Sie legen die Arme neben den Kopf und versuchen, die Hände zum Mund zu führen. Mit lebhaften Kriechbewegungen zieht das Baby die Beine an und streckt sie wieder aus. Diese Bewegungen sind Vorläufer des späteren Krabbelns. Die Eltern können sehen, daß das Baby bereits in der Lage ist, ans obere Ende des Bettchens zu kriechen, und daß es auch fähig ist, seinen Kopf anzuheben, um sich etwa von der Bettdecke zu befreien, wenn es mit dem Gesicht nach unten liegt.

Reflexbewegungen sind auf einer sehr primitiven Ebene im Gehirn vorprogrammiert. Abgesehen von ihrer Eigenschaft, sich dem Geburtsverlauf anzupassen, spielen sie vermutlich auch für die Vorprogrammiertheit des motorischen Verhaltens eine Rolle, so daß dieses für die Eltern vorhersehbar wird. Beim tonischen Nackenreflex beispielsweise verhält jede Körperseite des Babys sich anders. Während die eine Seite mit einer Beugung der Muskeln reagiert, erfolgen auf der anderen Seite Streckbewegungen. Die Moro-Reaktion veranlaßt das Baby, seine Arme auseinanderzustrecken, um sich danach am Körper der Mutter anzuklammern. Den Eltern sind diese Verhaltensmechanismen zunächst vielleicht gar nicht bewußt, sie werden es jedoch schnell lernen, sich beim Spielen mit ihrem Baby auf sie zu verlassen. All diese Reflexe werden später natürlich zur Grundlage für erlerntes, komplexes Verhalten. Die Schreitreaktion stellt eine Vorbereitung auf das zukünftige, erlernte Geh- und Stehverhalten dar. Wenn die Eltern oder der Kinderarzt oder eine Krankenschwester Neugeborene in aufrechter Position halten, so daß ihre Fußsohlen auf einer Unterlage Halt finden, hellen sich ihre Gesichter häufig auf: sie sehen aus, als versuchten sie mitzumachen. Dies wiederum erfreut und belohnt den Erwachsenen: die Rückkopplung, die so wichtig für zukünftige Lernprozesse ist, beginnt sich zu entwickeln.

Das Wickeln wird in zahlreichen Kulturen benutzt, um die natürlichen Begrenzungen zu ersetzen, die zunächst der Uterus und anschließend die Mutter bietet, wenn sie das Kind festhält und in ihren Armen birgt. Motorische Reaktionen, die das Neugeborene verschrecken könnten, werden auf diese Weise unter Kontrolle gehalten, so daß es sich ungehindert für seine Umgebung interessieren und mit ihr interagieren kann. Die Navajo-Indianer benutzten Wiege-Bretter, auf denen sie ihre Babys mit Wickeln festbanden. Beobachter haben festgestellt, daß ihre Babys sich beruhigten, sobald sie auf das Brett geschnürt wurden. Clyde Kluckhohn (1948) hatte den Eindruck, daß die so behandelten Säuglinge ruhig und passiv, aber innerlich frustriert waren. Als wir [T. B. B.] mit Navajo-Babys arbeiteten, beobachteten wir zwar auch die beruhigende Wirkung, eine Frustration war für uns jedoch nicht erkennbar. Den Müttern bereitete es keine Probleme, sich um die festgeschnürten Babys zu kümmern, sie stellten die Wiege-Bretter schräg, damit die Säuglinge ihnen bei der Feldarbeit zusehen konnten, und schnürten sie zum Schlafen fest. Im Grunde genommen wurden die Navajo-Babys durch die Wiege-Bretter zu Beobachtern und folglich zu Teilnehmern am Leben der Erwachsenen, das sich um sie herum abspielte. Die heutzutage üblichen Babystühle scheinen damit in gewisser Weise vergleichbar zu sein.

6. Saug- und Würgreflexe. Nach der Geburt müssen neugeborene Babys sich vom Schleim in ihren Atemwegen befreien. Zu diesem Zeitpunkt konkurrieren die Würgreflexe mit den Saugreaktionen. Folglich wird das Baby auf die Brust oder einen Finger häufig mit Würgen oder Spucken reagieren, bevor es zu saugen beginnen kann. Eine eifrige, junge Mutter, die ihr Baby anlegt, fühlt sich womöglich abgelehnt, wenn sie merkt, daß das Baby würgt oder sich weigert zu trinken. Der Saugreflex muß allmählich in Gang gebracht und gefördert werden – oft dauert es einige Tage.

Die allmähliche Verbesserung des Saugreflexes geht zeitlich mit der Milchproduktion der Mutter einher. Während der ersten vier oder fünf Tage hat die junge Mutter noch keine Milch. Ihre Brüste produzieren in dieser Zeit kleine Mengen einer milchigen, weißlichen Flüssigkeit, die sehr eiweißhaltig ist und zahlreiche Antikörper enthält. Die ersten paar Tage an der Brust kann man als „Lern"- oder Übungszeit betrachten. Die große Aufgabe besteht darin, sich aufeinander einzustellen. Das Baby muß lernen zu trinken; seine Mutter muß herausfinden, wie sie es am besten hält, wie sie es zum Trinken ermuntern kann und wie das Stillen für sie selbst am bequemsten ist. Diese frühe Übungsphase erstreckt sich beim Erstgeborenen über die erste Woche. Wenn das Krankenhauspersonal oder die Familie diesen Prozeß zu beschleunigen versuchen, weil sie der Meinung sind, eine junge Mutter müsse doch instinktiv wissen, wie man ein Baby ernährt, werden sie ihr vermutlich das Vertrauen in ihre Fähigkeit nehmen, das Kind zu stillen und zu versorgen.

Stillverhalten

Such- und Saugbewegungen gehören zu den zuverlässigsten Aktivitäten neugeborener Babys. Bietet die Mutter dem Neugeborenen die Brust an, indem sie seine Wange berührt, wird der Säugling den Kopf hin- und herwenden und die Brust suchen, um dann regelrecht über sie herzufallen. Ein waches, hungriges Neugeborenes reagiert auf jede Stimulierung der Region um den Mund herum mit aktiven Suchbewegungen. Dieser Reflex wird selbst durch Berührung der Wangen ausgelöst und, wenn man das Baby seitlich des Kiefers und Kopfes streichelt. Bei einem Frühgeborenen ist der Suchreflex bereits ausgebildet, auch wenn es noch nicht wirksam zu saugen vermag.

Das Saugen wird durch Einatmung und Zusammenpressen der Kiefer zwischen den Atemzügen ermöglicht. Schlucken und Atmen müssen koordiniert werden; Tiefe und Häufigkeit der Atemzüge sind anders, wenn das Baby saugt, um zu trinken, als wenn es zum Beispiel an seinen Fingern saugt. Dabei besteht ja kein Risiko, daß Milch in die Atemwege gerät. Albrecht Peiper hat diesen gesamten Vorgang untersucht und glaubt, daß er ein hierarchisches Kontrollsystem darstellt, in dem das Schlucken das Saugen und das Saugen wiederum die Atmung kontrolliert (Peiper, 1963).

Das Saugen scheint aus drei Komponenten zu bestehen: einem Lutschen der Zunge, einer melkenden Bewegung am hinteren, unteren Teil der Zunge sowie einer Sogwirkung der oberen Speiseröhre. Alle drei Bewegungen kann man fühlen, wenn man dem Neugeborenen einen Finger in den Mund steckt. Es dauert einen kurzen Augenblick, bevor sie sich zu einem wirksamen Melkmechanismus vereinigen.

Beim Trinken legt das Baby zwischen intensiven Trinkphasen mehr oder weniger regelmäßige Pausen ein. Beim nichttrinkenden Saugen saugt es ca. zweimal pro Sekunde. Während der intensiven Trinkphasen saugt es 5–24 Mal hintereinander. Man kann die Pause zwischen den intensiven Trinkphasen als Ruhe- und Erholungsperiode, aber auch als Zeitraum betrachten, in dem das Neugeborene Informationen verarbeitet. Wie wir bereits sagten, sind diese Pausen für die Mutter-Kind-Beziehung wichtig, da sie auf die Mutter als Signale wirken, die sie veranlassen, den Säugling zur Wiederaufnahme des Saugens zu ermuntern. Mütter pflegen herunterzuschauen, mit ihren Babys zu sprechen und sie sanft zu schütteln, wenn sie zwischen den Trinkphasen pausieren. Die Säuglinge ihrerseits werden eine solche Reaktion bald bereits erwarten. Die Trinkpause wird durch solche aufmunternden Maßnahmen also im Grunde verlängert, da die Säuglinge sich vorrangig auf die Signale ihrer Mütter konzentrieren (Kaye & Brazelton, 1971).

6 Die fünf Sinne des Neugeborenen

Sehen

Eine der ersten Fragen der jungen Mutter lautet: „Kann mein Baby sehen?" Wenn die Eltern das Baby zum ersten Mal hochhalten, damit es sie anschauen kann, wird das Baby, sofern es nicht medikamentös beeinträchtigt ist, die Augen öffnen und ihr Gesicht suchen. Durch kaum eine andere Reaktion vermag es seine Eltern stärker zu beeindrucken.

Nimmt man das Baby auf den Arm oder wiegt es ein wenig, wirkt dies auf das Neugeborene nicht nur besänftigend; es weckt zugleich seine Aufmerksamkeit (Korner & Thoman, 1972) und löst ein Reflexverhalten aus: das Baby öffnet die Augen und verfolgt einen visuellen Reiz. In halb aufrechter Position (das Baby wird in einem Winkel von 30 Grad gehalten) scheint das Neugeborene die längste Zeit aufmerksam bleiben zu können (Madansky, 1983). Die Eltern sehen, daß das Baby ruhig und aufmerksamer wird, wenn sie es wiegen oder sich an die Schulter legen. Halten sie es vor sich auf den Armen und wiegen es dabei in halb-aufrechter Position sanft hin und her, werden die Augen des Babys sich öffnen – es ist „bereit", mit ihnen zu interagieren. Sowohl das Neugeborene als auch die jungen Eltern scheinen sich intensiv miteinander zu beschäftigen, als wollten sie sagen: „Da bist du ja endlich!"

Die Seh- und Hörfähigkeit eines Neugeborenen ist für den Bindungsprozeß im Kreißsaal womöglich ebenso wichtig wie das erste Anlegen an die Brust. Die früher übliche Silbernitrat-Behandlung verursachte ein sofortiges Anschwellen der Augenlider und wird heutzutage in vielen Krankenhäusern nicht mehr unmittelbar nach der Geburt vorgenommen. Einige Kliniken benutzen auch antibiotische Salben, die die Augen weniger reizen. In einem kontrollierten Experiment hat man festgestellt, daß ein Aufschub der Behandlung um dreißig Minuten es den jungen Eltern ermöglicht, mit ihren Babys im Kreißsaal visuell zu interagieren (Butterfield, Emde, Svejda & Neiman, 1982). Diese Eltern sind dreißig Tage später deutlich empfänglicher für optische und akustische Signale ihrer Babys als die Eltern der Kontrollgruppe, die unmittelbar nach der Entbindung keine Möglichkeit zur visuellen Interaktion gehabt hatten. Alle jungen Eltern haben ein großes Bedürfnis, nach der Geburt mit ihrem Neugeborenen visuell zu interagieren.

Der unmittelbare Blickkontakt, die Interaktion von Angesicht zu Angesicht, ist in der Neugeborenenphase möglicherweise ebenso wichtig wie das Anlegen an die Brust, das Halten oder Schmusen. Gerade im Kreißsaal wollen die Mütter ihre Kinder ansehen, wenn sie sie im Arm halten (Klaus & Kennell, 1982). Die Mütter versuchen, selbst mit frühgeborenen Säuglingen, die noch im Brutkasten liegen, Blickkontakt herzustellen, um sich die beruhigende Gewißheit zu verschaffen, daß das Baby auch wirklich da ist; sie wollen fühlen, daß das Kleine trotz der Trennung und trotz der Schwierigkeiten, die es hat, zu ihnen gehört. Die Sehfähigkeit des Neugeborenen hat für den Anpassungsprozeß eine gewaltige Bedeutung: Sie bindet die Mutter an ihr Baby.

Babys scheinen mit dem Bedürfnis und der Fähigkeit zur Welt zu kommen, das menschliche Gesicht zu erforschen. Die visuellen Reize, auf die Neugeborene am stärksten ansprechen, sind offensichtlich glänzende Augen, der Mund sowie die Umrisse des Gesichts (Salapatek & Kessen, 1966). Auf diese Weise lernt das Baby seine Bezugspersonen und die anderen Menschen seiner Umgebung schon früh kennen. Robert Fantz (1961) hat als erster darauf hingewiesen, daß das Neugeborene eine Vorliebe für bestimmte Arten komplexer visueller Reize hat. Er zeigte den Babys zwei Bilder und verglich, wie häufig sie die beiden jeweils ansahen. Auf diese Weise stellte er fest, daß das Neugeborene zahlreiche spezielle Vorlieben hat. So fand er beispielsweise heraus, daß stark kontrastierende Farben, größere Flächen sowie mäßig beleuchtete Objekte den Babys stärker zusagten. Sie wurden vom Neugeborenen länger aufmerksam fixiert als andere. Fantz wie auch andere Autoren stellten fest, daß das Neugeborene eine besondere Vorliebe für ein ovales Objekt in der Größe des menschlichen Gesichts und für ein Objekt mit Augen und Mund hegt. Das Baby fixierte die leuchtenden Augen des Bildes, den roten Mund sowie die Gesichtsumrisse. Eine noch größere Vorliebe zeigten die Neugeborenen häufig für ein dreidimensional dargestelltes Gesicht.

Unmittelbar nach der Geburt, im Kreißsaal, fixieren Babys nicht nur intensiv eine dem menschlichen Gesicht ähnelnde Zeichnung, sondern verfolgen diese auch mit den Augen, indem sie den Kopf um

180 Grad drehen, um sie im Blickfeld zu behalten (Goren, Sarty & Wu, 1975). Einem entstellten Gesicht schenken sie weniger Aufmerksamkeit, weder wenden sie den Kopf noch folgen sie ihm mit den Augen.

Die Vorliebe des Neugeborenen für ein reaktionsbereites, lebendiges Erwachsenengesicht zeigt sich in der zunehmenden Erregung, mit der das Baby es im Kreißsaal hin und her oder sogar auf und ab verfolgt. Man kann in der Tat beobachten, daß der Blick eines gerade geborenen Baby sich verfinstert und es sein Gesicht abwendet, wenn man es danach ernst und ausdruckslos ansieht. Die Reaktionsbereitschaft eines Erwachsenengesichts trägt möglicherweise erheblich dazu bei, daß die Aufmerksamkeit des Neugeborenen nicht nachläßt. Rasch lernt es die wichtigen visuellen Signale kennen. Die Mutter kann bestätigen, daß ihr Baby ihr Gesicht im Alter von drei Wochen zu erkennen beginnt und mit vier bis fünf Wochen auf das seines Vaters oder anderer, ihm vertrauter Erwachsener anders reagiert. Das visuelle Erkennen wird schnell zu einem Signal, durch das beide Eltern sich belohnt fühlen. Die Tatsache, daß das Neugeborene zwischen ihnen beiden so rasch zu unterscheiden lernt, zeigt ihnen, daß das Baby rundherum gesund ist und sie ihm jetzt schon wichtig sind.

Für professionelle Säuglingsbetreuer und für die Eltern ist das visuelle Verhalten des Neugeborenen der verläßlichste Hinweis auf die Intaktheit des Zentralnervensystems (Sigman, Kopp, Parmalee & Jeffrey, 1973). Zwischen dem Reifestadium des Säuglings und seiner Fähigkeit, Aufmerksamkeit zu entwickeln, zu bewahren, einen visuellen Reiz zu fixieren und zu beobachten, scheint es einen Zusammenhang zu geben. Diese Fähigkeit läßt überdies auf eine optimale Entwicklung des Zentralnervensystems schließen (Brazelton et al., 1966). Das Ausbleiben visueller Reaktionen muß jedoch nicht unbedingt Zeichen für einen Hirnschaden sein, da diese Reaktionen nur dann erfolgen, wenn der Säugling sich in einer für die visuelle Interaktion geeigneten Verfassung befindet. Auch normale Bedingungen – zum Beispiel die übliche Erschöpfung des Zentralnervensystems nach der Entbindung – können sich störend auf die Fähigkeit des Neugeborenen auswirken, einen aufmerksamen Zustand zu entwickeln. Niedrige Sauerstoffversorgung oder die gewöhnlichen Belastungen bei normalen Entbindungen – beispielsweise eine medikamentöse Behandlung der Mutter – können die Reaktionsfähigkeit des Babys verzögern. Weitere, normale Umstände – Hunger, Müdigkeit oder die Unterbringung in einem grell erleuchteten Kreißsaal oder Säuglingszimmer – können das Baby reaktionsunfähig machen. Es ist für Mütter und Väter wichtig, dies zu wissen, damit sie nicht den Eindruck bekommen, das Baby sei behindert oder verletzt. All diejenigen, die sich um die jungen Eltern kümmern, können einer möglichen Enttäuschung vorbeugen, indem sie ihnen zeigen, wie man Reflexe auslöst, die das Baby zur visuellen Interaktion veranlassen: Man hält es aufrecht, bewegt es dabei auf und ab oder wiegt es in liegender Haltung hin und her. Für den Arzt oder die Krankenschwester ist das Ergebnis unter Umständen ebenso spannend wie für die Eltern.

Wie weit kann ein neugeborenes Baby sehen? Diese Frage läßt sich nicht leicht exakt beantworten. Man hat vor längerer Zeit bereits experimentell versucht, die Reaktionen von Säuglingen auf eine Rassel zu bestimmen, die – während die Babys im Bett lagen – über ihren Köpfen hin- und herbewegt wurde (Gorman, Cogan & Gellis, 1957). 93 von 100 Säuglingen reagierten besonders deutlich auf eine gestreifte Rassel, die ihnen in einem bestimmten Blickwinkel gezeigt wurde. Die Neugeborenen waren verhältnismäßig kurzsichtig und bevorzugten Objekte in 25 bis 30 cm Entfernung. Im Alter von drei Monaten kann ein Baby über zweieinhalb Meter weit sehen, und mit sechs Monaten entspricht sein Sehvermögen dem des erwachsenen Menschen (Dayton et al., 1964). Die Unfähigkeit des Säuglings, ein deutliches Bild über eine Entfernung von mehr als einem Meter wahrzunehmen, ist auf die kleinere Augengröße und eine größere relative Tiefe des Augapfels zurückzuführen. Wenn das Baby heranwächst, rundet sich der Augapfel und wird flexibler. Wir haben festgestellt, daß auch Frühgeborene sehen können. Ihr Sehvermögen ist weniger zuverlässig, und sie sind noch kurzsichtiger als ausgetragene Babys; aber auch sie können die Streifen auf einer sich bewegenden Rassel fixieren und verfolgen.

Mit Hilfe derselben Methode hat man festgestellt, daß Neugeborene verhältnismäßig kurzsichtig sind und über ein Sehvermögen von nur 13 % verfügen (Dayton et al., 1964). Offenbar stellen ihre Augen sich auf ein bewegliches Objekt nicht gut ein. Die Augenlinsen haben eine fixe Brennweite von ca. 19 cm und können einen Gegenstand nur dann verfolgen, wenn er sehr langsam bewegt wird. Um das Interesse des Neugeborenen an einem Objekt zu erregen, muß der Untersucher es ihm in einer Entfernung von 19 cm zeigen und es dabei langsam auf und ab bewegen, bis die Aufmerksamkeit des Babys geweckt ist. Dann kann man es langsam, so daß das Neugeborene ihm zu folgen vermag, von einer Seite zur anderen führen.

Das Sehvermögen des Neugeborenen ist mehr als nur eine passive Fähigkeit. Die soeben beschriebene Studie zeigte eindeutig, daß Neugeborene aktiv versuchen, die zeitliche Dauer ihrer Aufmerksamkeit für ein attraktives Objekt zu verlängern. Sobald man einen glänzenden Gegenstand in das Blickfeld eines Neugeborenen führt und ihn langsam hinauf- und hinunterbewegt, um seine Aufmerksamkeit zu wekken, ziehen sich die Pupillen des Babys geringfügig zusammen. Bewegt man das Objekt, zum Beispiel einen Ball, langsam von einer Seite zur anderen, wird der Gesichtsausdruck des Babys lebhafter, die Augen öffnen sich weit, es hält seine Gliedmaßen ganz ruhig und fixiert den Ball, indem es ihn langsam von einer Seite zur anderen verfolgt. Das Neugeborene wird in dieser bewegungslosen Haltung verharren, um sich ganz auf den Ball zu konzentrieren. Seine Augen zeigen zunächst kurze, ruckartige Bewegungen und schießen am Ziel vorbei, je mehr jedoch sein Interesse wächst, desto ruhiger und effizienter werden die Augenbewegungen. Das Baby behält das Ziel im Blick. Es beginnt, den Kopf von der einen auf die andere Seite zu drehen. Ein Neugeborenes ist in der Lage, ein Objekt in einem Winkel von 12 Grad nach rechts und links zu verfolgen; es wird seine Augen und den Kopf sogar um 30 Grad nach oben und unten bewegen, um ihm nachzusehen. In dieser Zeit werden störende Körperbewegungen und Schreckreaktionen aktiv unterdrückt. Häufig kann das Baby diese intensive visuelle Konzentration mehrere Minuten lang aufrechterhalten, bevor es zusammenschreckt, unruhig oder träge wird und den Aufmerksamkeitszustand verliert, der für diese Art visuellen Verhaltens notwendig ist. Wenn es ein menschliches Gesicht beobachtet, kann es sich sogar noch länger konzentrieren. Normale Neugeborene können im geeigneten Aufmerksamkeitszustand ein Gesicht fixieren, es verfolgen und Augen und Kopf in weiten, langsamen Bögen bewegen; ihr Gesichtsausdruck wird dabei lebhafter.

Der scheinbar so einfache Akt, ein Gesicht oder einen Ball zu beobachten, ist nicht möglich ohne das Zusammenspiel zwischen Aufmerksamkeitszustand, der motorischen Fähigkeit, den Kopf zu drehen, der Unterdrückung ablenkender motorischer Reflexe und dem visuellen Verhalten selbst. Diese Koordination setzt ein komplexes und hochentwickeltes Nervensystem voraus. Es fällt schwer zu glauben, daß die Hirnrinde an der Wahrung der Aufmerksamkeit und Kontrolle des motorischen Verhaltens nicht beteiligt sein soll. Neugeborene, die zur Wahrung der Aufmerksamkeit nicht in der Lage sind, haben weniger Möglichkeiten, ihre Umgebung kennenzulernen.

Die Fähigkeit, ein Objekt zu beobachten und zu verfolgen, sollte von einem unbeweglichen, über einen gewissen Zeitraum hinweg unveränderten Anstarren unterschieden werden. Ein starrer Blick ist kein gutes Zeichen. Unter Umständen weist er darauf hin, daß das Baby sich einem visuellen Reiz nicht entziehen kann. Wenn es einer Stimulation einige Minuten lang ausgesetzt gewesen ist, wird ein normales Baby „abschalten" und wegsehen. Ein Baby, das dazu nicht in der Lage ist, ist einer solchen Stimulierung ausgeliefert. Die gesunde Reaktion des Neugeborenen auf visuelle Reize ist also mehr als nur eine wachsame Aufmerksamkeit; man kann sie sich als eine Abfolge von vier verschiedenen Phasen vorstellen: (1) anfängliches Munterwerden, (2) wachsende Aufmerksamkeit, (3) allmählich nachlassendes Interesse und (4) endgültiges Abwenden von einem gleichbleibenden Reizangebot (vgl. die Darstellung der Habituation im zweiten Teil, Kapitel 7).

Ein interessantes, von Lauren Adamson (1977) durchgeführtes Experiment machte deutlich, wie wichtig das Sehvermögen dem neugeborenen Baby ist. Sie verdeckte die Augen eines wachen Babys zunächst mit einer undurchsichtigen, danach mit einer klarsichtigen Plastikabschirmung. Das Baby schlug verzweifelt gegen die undurchsichtige Abschirmung und versuchte energisch, sie wegzuschieben. Es beruhigte sich, sobald sie entfernt wurde. Durch die klarsichtige Abschirmung sah es ganz ruhig hindurch. Die Tatsache, daß es etwas sehen konnte, schien die Irritation durch einen sein Gesicht bedeckenden Gegenstand wieder wettzumachen – das bedeutet, daß es dem Baby unmittelbar nach der Geburt bereits wichtig ist, sehen zu können. Dieses Bedürfnis findet seine Entsprechung im bereits geschilderten, großen Verlangen der Eltern nach visuellen Reaktionen ihrer Babys.

Auch die Hörfähigkeit neugeborener Babys zeigt sich gleich nach ihrer Geburt. Sie haben eine deutliche Vorliebe für die weibliche Stimme, ihr Gesicht erhellt sich und sie wenden sie ihr eher zu als einer männlichen Stimme. Wenn man den Müttern diese Vorliebe demonstriert, scheint ihre Bindung ungeheuer zu wachsen. Auf einen interessanten auditiven Reiz hin, eine Rassel oder sanfte Stimme, wird der Säugling aufwachen und aufmerksam werden. Die Atmung wird unregelmäßiger, der Gesichtsausdruck lebhaft, er öffnet die Augen, und sobald er richtig wach ist, wird er Augen und Kopf dem Geräusch zuwenden. Der Drehung des Kopfes folgt ein forschender Blick, die Augen suchen nach der Geräuschquelle.

Die Methoden, die wir in der Vergangenheit zur Beurteilung des Hörvermögens Neugeborener anwandten, waren so unsensibel, daß uns gewisse Fähigkeiten überhaupt nicht aufgefallen sind. Die Klappern beispielsweise, mit deren Hilfe Schädigungen des Zentralnervensystems festgestellt werden sollten, waren in lauten, geräuschvollen Säuglingszimmern völlig ineffektiv. Ein großer Prozentsatz der auf diese Weise getesteten Neugeborenen reagierte gar nicht, da die Babys „abgeschaltet" hatten und die Geräuschkulisse im Säuglingszimmer nicht mehr wahrnahmen. Unter denselben Bedingungen hätte eine leise Rassel sie womöglich veranlaßt, den Kopf zu wenden.

Eisenberg (1976) hat festgestellt, daß Neugeborene auf verschiedenartige Geräuschfrequenzen unterschiedlich reagieren. Die Frequenz, die sie bevorzugen, liegt bei 500–900 Hertz; sie entspricht der Frequenz der menschlichen Stimme. Bei Geräuschen dieser Frequenz werden Neugeborene mit größerer Wahrscheinlichkeit ihre motorische Aktivität hemmen; ihr Herzschlag wird sich verlangsamen. Eine Vorliebe für die weibliche Stimmhöhe wird daran deutlich, daß Neugeborene sich wiederholt und vorzugsweise einer weiblichen Stimme zuwenden, wenn diese von einem Geräusch derselben Intensität, aber anderer Frequenz, begleitet wird.

Die Eltern Neugeborener lernen rasch, welche Tonhöhe die Aufmerksamkeit ihres Babys zu wecken vermag. Bei zu hohen oder lauten Geräuschen werden die Säuglinge zunächst erschrecken und den Kopf vom Geräusch abwenden; Herz- und Atemfrequenz steigen, ihre Haut rötet sich. Wiederholt sich das Geräusch, werden sie versuchen

„abzuschalten“, und wenn ihnen dies nicht gelingt, werden sie anfangen zu weinen, um ihre Schreck- und andere motorische Reaktionen unter Kontrolle zu bringen, die durch die verstörende auditive Beeinflussung ausgelöst wurden. Bei einem sanften, zarten und gleichbleibenden auditiven Stimulus werden die Bewegungen der Neugeborenen sich verlangsamen; zugleich sinkt die Herzfrequenz, sobald sie sich dem attraktiven Geräusch zuwenden. Ein übersensibles Baby wird auf die meisten Geräusche hin überreagieren und kaum in der Lage sein, seine heftigen motorischen Reaktionen zu beherrschen. Der Mutter wird es schwerer fallen, die „Tonlage“ herauszufinden, die ihrem Baby zusagt.

Die Reaktion des Neugeborenen auf Geräusche ist ein Beispiel für die Regel, die als „Gesetz der Ausgangswerte“ bezeichnet wird. Lacey (1967) zeigte, daß jeder Reiz den Effekt hat, die Reaktion des Neugeborenen in Richtung auf ein durchschnittliches Niveau hin zu beeinflussen. Anhand von Messungen der Herzfrequenz zeigte er folgendes: Wurde der Stimulus bei einer hohen Herzfrequenz angeboten, dann führte die Reaktion des Babys zu einer Verlangsamung des Herzschlags. War die Herzfrequenz dagegen niedrig, so erhöhte sie sich infolge der Reaktion. Dasselbe Muster läßt sich im Verhalten beobachten – wenn das Baby zum Beispiel aktiv ist oder weint, wird es auf ein interessantes Geräusch hin ruhig werden und sich ihm zuwenden. Ist es hingegen ruhig oder schläft es gar, wird es zunächst erschrecken, sobald es das Geräusch hört, dann aktiver werden und sich dem Reiz zuzuwenden versuchen. Jede Reaktion führt in Richtung auf ein Mittelmaß. In jedem Fall entwickelt das Baby einen aufmerksamen, aber ruhigen Zustand, der dem Lernen und der Interaktion ganz besonders dienlich ist. Wenn die Eltern mit dem Säugling sprechen, werden sie dieses verläßliche Munterwerden und Zuhören als Reaktion auf sich selbst betrachten, als Zeichen, daß das Baby sie „kennt“. Aufmerksame Eltern werden überdies früher oder später feststellen, daß die Babys ihre Bewegungen dem Rhythmus der elterlichen Stimmen anpassen und sie selbst, umgekehrt, das Gleiche tun.

William Condon und Louis Sander (1975) haben gezeigt, daß Neugeborene unmittelbar nach der Geburt ihre Bewegungen dem Rhythmus der Stimme ihrer Mutter angleichen. Dies ist ein Beispiel für die große, wechselseitige Anpassungsfähigkeit in der frühen Kindheit. Die Bewegungen des Babys stimmen mit denen der Mutter überein, die ihrerseits ihren Sprachrhythmus den Bewegungen des Babys anpaßt. Die Eltern lernen, welche Tonlage und welcher Rhythmus die Aufmerksamkeit ihres Babys fesseln können, das zur Begleitung ihrer Stimmen gewissermaßen zu „tanzen“ beginnt.

Neugeborenen sind menschliche Geräusche lieber als nichtmenschliche. G. F. Cairns und E. C. Butterfield (1975) konnten Unterschiede in den Reaktionen des Neugeborenen auf menschliche im Vergleich zu nichtmenschlichen Geräuschen nachweisen, als sie das Trinkverhalten beobachteten, während verschiedene Geräusche eingesetzt wurden. Boten sie ein nichtmenschliches Geräusch dar, dann unterbrach das Baby das Trinken und lauschte, trank anschließend jedoch weiter. Boten sie aber ein menschliches Geräusch dar, hörte das Baby auf zu trinken, um zuzuhören und dann in einem deutlich ausgeprägten Trinkphasen-Pausen-Rhythmus weiterzutrinken – als warte es auf weitere menschliche Signale. Einer der Autoren [T. B. B.] konnte beobachten, daß die menschliche Interaktion bei den Mahlzeiten im Normalfall mit bestimmten Trinkphasen-Pausen-Rhythmen verbunden ist – als ob die Neugeborenen Pausen einlegten, um Informationen über die Person zu sammeln, die sie stillt. Diese Reaktion des neugeborenen Babys wirkt sich positiv auf die Kommunikationsversuche der Eltern aus.

Geruchssinn

Neugeborene haben einen hochentwickelten Geruchssinn, so daß sie bereits zwischen ansprechenden und nichtansprechenden Gerüchen unterscheiden können; diese Fähigkeit hilft ihnen dabei, sich der neuen Umwelt anzupassen. So machen Säuglinge einen fast beleidigten Eindruck, wenn man sie Essig, Asafötida (Teufelsdreck) und Alkohol riechen läßt, wohingegen süße Gerüche, Milch und zuckerhaltige Lösungen, anziehend auf sie wirken (Engen, Lipsitt & Kaye, 1963). Sieben Tage alte Babys können zuverlässig zwischen dem Geruch der Stilleinlagen ihrer eigenen Mutter und denen anderer stillender Frauen unterscheiden; über diese Fähigkeit scheinen sie im Alter von zwei Tagen allerdings noch nicht zu verfügen (MacFarlane, 1975). 80 % der Säuglinge, denen man links und rechts jeweils Stilleinlagen der eigenen und einer fremden Mutter anbietet, wenden den Kopf in die Richtung, aus der sie den Geruch der eigenen Mutter wahrnehmen können. Diese erstaunliche Fähigkeit, eine wichtige Person zu identifizieren, ist auf überraschend wenig Informationen aus der Umgebung angewiesen. Beide Autoren haben in der klinischen Arbeit beobachtet, daß Brustbabys im Alter von drei Wochen sich unter Umständen weigern, Fertignahrung von der Mutter anzunehmen. Diese Weigerung scheint auf der Fähigkeit des Säuglings zu beruhen, die Nähe der Brust zu riechen. Von ihren Vätern lassen dieselben Babys sich aber durchaus mit der Flasche füttern. Wenn die Mutter diese Vorliebe ihres Babys erkennt, wird ihre Bindung sich vermutlich vertiefen.

Im Alter von zwei oder drei Wochen beginnen Babys in der Regel, sobald sie im Arm der Mutter liegen, eifrig nach der Brust zu suchen, als erwarteten sie, gestillt zu werden. Im Arm des Vaters verhalten sie sich eher aufmerksam und munter. Natürlich gibt es über den Geruch hinaus zahlreiche weitere Signale – Rhythmen, Stimmlage, unterschiedliche Umgangsmethoden –, die die Gestalt der Mutter gegen die des Vaters abgrenzen. Welche Art sinnlicher Wahrnehmung wir auch immer betrachten, es ist klar, daß schon das neugeborene Baby „harte Arbeit" leistet, um zu lernen, was es von seiner jeweiligen Bezugsperson zu erwarten hat.

Geschmackssinn

Neugeborene sind in der Lage, sehr feine geschmackliche Unterschiede wahrzunehmen. Ihre Geschmacksvorlieben sind eingehend untersucht worden (Johnson & Salisbury, 1975). Man hat das Trinkverhalten von Säuglingen protokolliert, denen man unterschiedliche Flüssigkeiten aus der Flasche zu trinken gab. Salzwasser ruft einen derartigen Widerstand hervor, daß das Baby zu würgen beginnt. Bei einer Zubereitung auf Kuhmilchbasis trinkt das Baby recht kontinuierlich, wobei es in unregelmäßigen Intervallen Pausen einlegt. Bietet man ihm danach Brustmilch aus der Flasche an, so registriert das Baby die Geschmacksveränderung binnen Kürze und beginnt, konzentriert, unterbrochen durch häufige und regelmäßige Pausen, zu trinken. Dieser Trinkphasen-Pausen-Rhythmus scheint darauf hinzuweisen, daß die Brustmilch andere Erwartungen weckt. Offenbar erwartet das Baby in der Trinksituation, daß ihm während der Pausen zusätzliche

Reize angeboten werden (zum Beispiel soziale Signale). Anders gesagt: Menschliche Säuglinge kommen offenbar mit einem spezifischen Trinkverhalten zur Welt, das mit der Brustmilch assoziiert wird. Die Erwartungshaltung in bezug auf soziale Interaktionen war bei den Babys in dieser Untersuchung höher, wenn sie gestillt wurden, als wenn man ihnen aus der Flasche zu trinken gab.

Lewis Lipsitt (1977) hat gezeigt, daß das Baby schon nach zwei Schlucken erkennt, ob eine Flüssigkeit süßer geworden ist. Je süßer die angebotene Flüssigkeit, desto kräftiger saugt das Baby und desto größere Mengen nimmt es in der jeweiligen Trinkphase zu sich. Die junge Mutter „sieht“, daß ihr Baby unterschiedlich reagiert, und wird seine Bedürfnisse und Wünsche anhand ihrer Beobachtungen interpretieren. Seine Reaktionsweisen werden ihr immer vertrauter und somit auch die Signale, die anzeigen, daß es seine Umgebung erkennt. Je häufiger die Babys sich mit der Nahrungsaufnahme vertraut machen können, desto leichter läßt ihr Verhalten sich deuten. So subtil der Trinkphasen-Pausen-Rhythmus auch sein mag, er stellt doch eine vorzügliche Möglichkeit für die Babys dar, ihre Mütter zu intensivierter Interaktion anzuregen.

Berührung

Das erste Kommunikationsmittel zwischen Mutter und Neugeborenem ist die körperliche Berührung. Auf unruhige Babys reagieren die Mütter, indem sie sie in den Arm nehmen und die verstörende motorische Aktivität durch Berührung oder Festhalten hemmen. Väter hingegen haben die Tendenz, ihre Babys auf spielerische, rhythmische Art und Weise zu schaukeln und zu wiegen (Dixon, Yogman, Tronick, Als, Adamson & Brazelton, 1981). Für die Bezugsperson und den Säugling wird der Körperkontakt zu einem Mitteilungssystem – er vermag das Baby sowohl zu beruhigen als auch aufzuwecken und anzuregen. Wir (T. B. B.) haben festgestellt, daß ein langsames Tätscheln beruhigend wirkt; beschleunigt man die Bewegung aber, so wird das Tätscheln zu einem anregenden Reiz. Der Übergang von beruhigender zu anregender Wirkung schwankt von Kind zu Kind. Jede weitere Beschleunigung läßt das Baby aus der Fassung geraten (Barnard & Brazelton, 1984). Wie im Fall der auditiven Reize scheint das „Gesetz der Ausgangswerte“ von entscheidender Bedeutung zu sein. Wenn die Babys ruhig sind, wird ein Berührungsreiz sie aufmuntern und in einen Zustand der Aufmerksamkeit versetzen. Sind die Babys hingegen unruhig und schreien, scheint ein langsamer, abgestimmter Berührungsreiz eine Einschränkung ihrer Aktivität zur Folge zu haben. Wie das Neugeborene reagiert, hängt außerdem davon ab, welche Körperregion man berührt. Eine Stimulation um den Mund herum löst die Such- und Saugreflexe sowie Bewegungen des oberen Verdauungstrakts aus. Der Druck auf eine Handfläche veranlaßt das Baby, den Kopf auf die Seite zu drehen, auf der der Druck erfolgt, und dabei den Mund zu öffnen (Babkin-Reflex). Streichelt man einen Mundwinkel, wird die Hand auf derselben Körperseite zum Fäustchen geballt und zum Mund geführt. Diese durch Berührung ausgelösten Hand-zu-Mund-Reaktionen sind bereits vor der Geburt vorhanden und haben verschiedene Funktionen – sie dienen zur Selbstberuhigung, zur Kontrolle der motorischen Aktivität und zur Selbststimulierung.

7 Verhaltenszustände

Vor noch gar nicht langer Zeit war man der Ansicht, daß das Baby mit einem neurologischen Defizit zur Welt kommt und die Hirnrinde auf sein Verhalten keinen Einfluß ausübt. Diese Auffassung übersieht all jene vorhersagbaren, direkten Reaktionen, die man beim Neugeborenen in der sozialen Interaktion mit einem Erwachsenen beobachtet, der sich seiner liebevoll annimmt. Auf positive, nicht überwältigende Reize kann das Neugeborene erstaunlich lebhaft und aufmerksam reagieren; es ist sogar in der Lage, Reflexmechanismen zu unterdrücken, die seine Konzentration auf einen Reiz beeinträchtigen könnten. Von Geburt an reagieren Neugeborene auf ihre Umgebung und interagieren mit ihr. Damit ein Erwachsener jedoch auf diese Reaktionen eingehen kann, muß er wissen, welche Verhaltenszustände für das Neugeborene charakteristisch sind. Die Reaktionen eines Neugeborenen werden nämlich nur vor dem Hintergrund dieser Verhaltenszustände verständlich. Je nach der augenblicklichen Verfassung des Neugeborenen ist eine Stimulation angemessen oder aber unangemessen. Wird ein dem Verhaltenszustand angemessener Reiz angeboten, kann man ein intaktes und anpassungsfähiges Zentralnervensystem selbst bei einem sehr unreifen Frühgeborenen beobachten. Es wäre vermutlich übertrieben zu behaupten, daß neugeborene Babys ihren Aufmerksamkeits- oder Verhaltenszustand aktiv steuern – allerdings scheint eine solche Steuerung im Rahmen der Fähigkeiten eines gesunden, normalen Neugeborenen möglich zu sein (Brazelton, 1984).

Die Definition der Verhaltenszustände bezieht sich auf den Ansprechbarkeits- oder Wachheitsgrad des Neugeborenen. Die Zustände reichen von tiefem und leichtem Schlaf über ein zunächst halbbewußtes, später aufmerksames und sehr gut ansprechbares Verhalten bis hin zu Unruhe und Schreien; in diesem Zustand ist das Kind völlig unzugänglich. Durch unsere Forschung am Child Development Unit des Boston Children's Hospital haben wir (T. B. B.) festgestellt, daß die Bandbreite der Verhaltenszustände und die Zustandskontrolle des Neugeborenen die verläßlichsten Voraussagen auf sein kognitives und soziales Verhalten im Alter von achtzehn Monaten erlauben (Lester et al., 1985). Der Verhaltenszustand ist nicht nur ausschlaggebend für die

Fähigkeit der Babys, Informationen aufzunehmen und sich zunutze zu machen, er beeinflußt überdies Art und Intensität ihrer Reaktion. Ein erfahrener Beobachter benötigt nicht viel Zeit, um vorherzusagen, wie das Baby in jedem Verhaltenszustand auf einen negativen und auf einen positiven Stimulus reagieren wird. Neugeborene sind nämlich dann nicht „unberechenbar“, wenn man die Verhaltenszustände berücksichtigt, in denen ihre Reaktion erfolgt. Folglich stellt der Verhaltenszustand ein grundlegendes Regulationssystem dar. Wenn Neugeborene ihre Verhaltenszustände kontrollieren können, können sie auch regulieren, wann und ob sie Informationen aufnehmen und auf ihre Umwelt reagieren. In einer geräuschvollen, überstimulierenden Umgebung beispielsweise werden Neugeborene entweder in Tiefschlaf fallen oder so sehr schreien, daß sie nicht mehr ansprechbar sind.

Eine der ersten Aufgaben der Eltern besteht darin, die Verhaltenszustände ihres Babys kennenzulernen und vorhersagen zu können, damit sie wissen, ob es ansprechbar ist – um gefüttert oder schlafen gelegt zu werden oder zu interagieren. Im allgemeinen unterscheidet man die folgenden sechs Verhaltenszustände:

Die sechs Verhaltenszustände

1. Tiefschlaf. Die Augenlider sind fest geschlossen, die Atmung ist tief und gleichmäßig; es findet keine motorische Aktivität statt. In regelmäßigen Abständen von mehreren Sekunden kann das Baby kurz zusammenschrecken, ohne jedoch aufzuwachen. In diesem Zustand ist das Baby für äußere Reize verhältnismäßig unzugänglich. Er tritt bei ausgetragenen Neugeborenen in Zyklen von ungefähr vier Stunden auf. Die Tiefschlafzyklen frühgeborener Säuglinge sind weniger deutlich ausgeprägt; ihre allmähliche Entwicklung ist bei einem behinderten Baby oder einem Risikobaby ein Zeichen für Reife und ein gutes Funktionieren des Nervensystems. Es liegt auf der Hand, daß dieser Zustand einen wichtigen Zweck erfüllt – er beruhigt und organisiert das unreife und schnell überlastete Nervensystem. Den Babys tut es gut, wenn sie mehrmals am Tag für kurze Zeit tief schlafen. Je reifer sie werden, desto länger können sie das Bedürfnis nach Tiefschlaf hinausschieben (vgl. S. 85, Schlafzyklen).

2. Traumphasenschlaf (REM-Schlaf). In diesem leichten oder aktiven Schlaf sind Babys für die Außenwelt empfänglicher. Ihre Augen sind geschlossen, zeigen aber langsame, kreisende Bewegungen. Die motorische Aktivität reicht von kleinen Zuckungen bis hin zu Drehungen des Körpers und Ausstrecken der Arme und Beine. Die Atmung ist unregelmäßig, zuweilen recht flach und schneller als im Tiefschlaf. Das Baby runzelt die Stirn, grimassiert oder lächelt; zuckende Bewegungen des Gesichts und Saugbewegungen der Lippen sind zu beobachten. Aufgrund der Dominanz des REM-Schlafs bei normalen Neugeborenen hat man die These entwickelt, daß Gehirnwachstum und -differenzierung in diesem Zustand stattfinden.

3. Halbschlaf. Abwechselnd öffnet und schließt der Säugling die Augen; mitunter sind sie teilweise oder ganz geöffnet, sein Blick aber wirkt abwesend. Zuweilen vollführt das Baby sanfte Bewegungen mit den Armen oder Beinen. Seine Atmung ist regelmäßig, aber schneller und flacher als im Tiefschlaf. Stimuliert man das Baby in diesem Zustand, wird es wahrscheinlich ganz erwachen, aufmerksamer und reaktionsfähiger werden.

4. Wacher Aufmerksamkeitszustand. Körper und Gesicht des Säuglings sind relativ ruhig und inaktiv, aber seine Augen strahlen. Optische und akustische Reize lösen vorhersagbare Reaktionen aus. Ganz kleine Säuglinge verharren in diesem Zustand noch nicht lange, im Alter von zwei bis drei Wochen aber kann ihn das Baby unter Umständen jeweils zwanzig bis dreißig Minuten lang beibehalten. Den Eltern bringen diese Phasen die größte Befriedigung.

5. Aufmerksamer, aber quengeliger Zustand. Er stellt einen Übergangszustand vor dem Weinen dar. Die Babys sind für äußere Reize zugänglich; möglicherweise kann ein attraktiver Reiz sie immer noch beruhigen oder ihre Aufmerksamkeit erregen. Werden sie jedoch überstimuliert, so reagieren sie erneut quengelig. Ihre Bewegungen wirken ruckartig, sie sind unkoordiniert und versetzen die Babys in noch größere Unruhe, weil sie sie erschrecken.

6. Schreien. Das Schreien erfüllt für das Baby vielerlei Funktionen. Erstens ist es das durchschlagendste Mittel, die Bezugsperson herbeizurufen. Schon in einer sehr frühen Lebensphase des Babys können wir nicht allein zwischen mindestens vier verschiedenen Arten zu schreien unterscheiden (Schmerz, Hunger, Langeweile, Unbehagen). Es scheint vielmehr, als sei das Baby bereits in der Lage zu versuchen, sich durch die verschiedenen Arten des Schreiens mitzuteilen. Ein schreiendes Baby löst in den Eltern automatisch eine Reaktion aus – Besorgnis, Verantwortlichkeits- und Schuldgefühle. Sie fühlen sich gezwungen, etwas zu tun, um herauszufinden, weshalb das Baby weint. Wenn sie Erfolg haben, fühlen sie sich als Eltern bestätigt.

Eine Mutter ist nach drei Tagen in der Lage, das Schreien ihres Babys von dem anderer Neugeborener zu unterscheiden (Boukydis, 1979). Gegen Ende der zweiten Woche lernt sie allmählich, zwischen dem Schreien vor Schmerz, Hunger und aus Langeweile zu unterscheiden. Dem Vater gelingt dies nach drei Wochen. Das Schreien ist folglich für alle Beteiligten ein wichtiges Kommunikationssystem, das den Babys die Möglichkeit gibt, ihre Bedürfnisse von Beginn an durch differenzierte Mitteilungsformen auszudrücken (Lester & Zeskind, 1982).

Im Laufe der zweiten oder dritten Lebenswoche wird das Baby tagsüber immer wieder – zumeist in bestimmten Zyklen – in ein unzufriedenes Geschrei ausbrechen, das offenbar als Spannungsabfuhr dient und die Verhaltenszustände zu regulieren hilft. Nachdem es eine Zeitlang geschrien hat, ist das Neugeborene unter Umständen eine Weile zufriedener und wird tiefer schlafen.

Obwohl die Eltern rasch lernen, zwischen verschiedenen Arten des Schreiens zu unterscheiden, passiert es mitunter dennoch, daß sie das Geschrei ihres Babys nicht richtig verstehen. Die Folgen derartiger Mißdeutungen werden wir im fünften Teil darstellen.

Schlafzyklen

Normalerweise verändert sich die Länge der Schlafzyklen (REM- oder aktiver Schlaf und Tiefschlaf), wenn das Nervensystem reifer wird. Wie bereits gesagt, wechseln in Zyklen von annähernd vier Stunden Schlaf und Wachphasen beim ausgetragenen Baby einander ab. Innerhalb eines solchen Zyklus befindet sich das Baby 45–50 Minuten lang im Tiefschlaf, dann wird es unruhig und aktiv, bleibt aber weiterhin in einem leichten Schlaf. Nach einer Weile wird es erneut tief schlafen. Diese Zyklen treten tagsüber wie in der Nacht immer dann auf, wenn das Baby schläft. Unregelmäßige Schlafzyklen weisen unter Umständen auf Störungen in der Entwicklung des Nervensystems hin (Thomann, 1975). Um vier Stunden lang schlafen zu können, muß das Baby bereits in der Lage sein, mit den REM- und Tiefschlaf-Zyklen zurechtzukommen.

Noch schwieriger ist es zu lernen, nachts länger als drei bis vier Stunden zu schlafen. Zunächst einmal muß das Nervensystem reif genug sein, damit das Baby Reize aus der Umgebung verarbeiten kann, ohne dabei aufzuwachen. Um die Drei-bis-vier-Stunden-Zyklen verlängern zu können, müssen Babys zuverlässige Verhaltensmuster entwickelt haben, mit deren Hilfe sie sich selbst beruhigen können, wenn sie versuchen, vom leichten in einen tieferen Schlaf zu finden. Zu diesen Selbstberuhigungsmaßnahmen gehört es, daß die Babys an ihren Fingern saugen oder im Bettchen herumwühlen, um es sich bequem zu machen.

Unreife oder übersensible Babys brauchen mehr Zeit, um ihren Nachtschlaf zu verlängern. Ihre Schlafzyklen sind kürzer, und überdies können sich diese Babys gegen äußere Reize weniger erfolgreich absperren, um vom leichten Schlaf zurück in den Tiefschlaf zu finden. Sie brauchen mehr Zeit und leichten Druck seitens ihrer Umgebung, bevor sie selbst verhindern können, in jeder REM-Schlafphase aufzuwachen.

Die Fähigkeit, nachts zu schlafen, hängt eng mit dem Tagesrhythmus zusammen. Regelmäßige Nickerchen und regelmäßige Mahlzeiten wirken unterstützend. Sobald die Babys tagsüber beginnen, frustrierende Situationen allein zu bewältigen, werden sie mit höherer Wahrscheinlichkeit auch die Verhaltensmuster erlernen, auf die sie nachts angewiesen sind. Wenn die Eltern die Bedürfnisse und Reaktionsweisen ihres Babys erst einmal verstehen, können sie seine Mahlzeiten mit größerer Gelassenheit hinausschieben, um den Säugling allmählich an einen regelmäßigen und zuverlässigen Rhythmus zu gewöhnen. Auf diese Weise wird er lernen, nachts länger durchzuschlafen. Sind die Eltern nicht in der Lage, die Verhaltensmuster des Babys zu verstehen, wird die Interaktion immer ängstlicher und gestörter. Beispiele für derartige Mißverständnisse werden wir im fünften Teil kennenlernen.

Habituation

Die Habituation [Gewöhnung] stellt eine Schutzreaktion dar – das Nervensystem sperrt sich gegen zu starke äußere Stimulation ab. Sie ist für die Überlebensfähigkeit der Neugeborenen unerläßlich, da sie ihnen dabei hilft, mit Anforderungen fertigzuwerden, die ihr noch unreifes Nervensystem möglicherweise überwältigen würden. Zeigt man Babys nacheinander mehrere helle Lichtquellen, werden sie zunächst erschrecken, allmählich aber immer schwächer reagieren. Schließlich sind keine motorischen Reaktionen mehr zu beobachten. Herzfrequenz und Atmung, die der erste Reiz verändert hatte, normalisieren sich wieder. Die Babys beginnen, tief und regelmäßig zu atmen, bis sie schließlich den Eindruck erwecken, tief zu schlafen. Die Messung der elektrischen Hirnaktivität zeigt Veränderungen, die den für den Schlaf charakteristischen Werten entsprechen.

Diese Habituationsreaktion kann durch auditive, optische oder taktile Reize herbeigeführt werden. Bietet man diese Reize wiederholt dar, so werden die Neugeborenen immer schwächer reagieren, bis es so aussieht, als schliefen sie ein. Eine nur geringfügige Veränderung des Reizes weckt jedoch erneut ihr Interesse, sie werden aufmerksam, und gleichzeitig erhöht sich ihr Herzschlag. Durch Aufzeichnungen der Herzfrequenz während der Untersuchung kann man tatsächlich die Fähigkeit des Neugeborenen nachweisen, Unterschiede in Dauer und Intensität eines Reizes wahrzunehmen.

Wenn die Habituation auch einen schlafähnlichen Zustand hervorruft, so gibt es doch Abweichungen. Diese Säuglinge haben angespannte, ausgestreckte Extremitäten, bewegen sich – von plötzlichem, ruckartigem Zusammenschrecken abgesehen – nur wenig und zwinkern nicht mit den Augen. Die Babys schlafen nicht entspannt ein, sondern scheinen im Gegenteil ihre Umgebung aktiv zu beobachten.

Die Habituationsfähigkeit behinderter oder unreifer Neugeborener ist herabgesetzt, und so sind diese Säuglinge in stärkerem Maß allen Arten von Reizen ausgeliefert, die aus ihrer Umgebung auf sie einstürmen. Auch Medikamente, die die Mutter zum Zeitpunkt der Entbindung einnimmt, beispielsweise Barbiturate, können sich negativ auf diese Fähigkeit auswirken. Die Habituation ist nicht nur ein wichtiger Selbstschutzmechanismus, sondern läßt auch vermuten, daß das Baby in der Neugeborenenphase seinen Verhaltenszustand aktiv regulieren kann. Der Säugling schaltet gegenüber äußeren Reizen ab und kann sich denen, die ihm geeigneter erscheinen, mit größerer Aufmerksamkeit zuwenden. Die frühe Interaktion zwischen Eltern und Säuglingen wird außerordentlich bereichert, wenn die Eltern diese wichtige Schutzreaktion richtig verstehen.

8 Die Beurteilung des Neugeborenen

Wenn wir davon ausgehen, daß das Neugeborene sich an der frühen Interaktion bereits aktiv beteiligt, dann sollte die sorgfältige Beurteilung des individuellen Säuglings uns helfen, seinen Beitrag zum Eltern-Kind-Dialog zu verstehen. Darüber hinaus wird es jedem, der sich beruflich mit Säuglingen beschäftigt und die frühe Bindung stärken möchte, nützlich erscheinen, den Eltern Charakter und Fähigkeiten ihres Babys erklären zu können.

Im Uterus ist das Verhalten eines Neugeborenen bereits neun Monate lang geprägt worden. Wir müssen uns über den gewaltigen Einfluß im klaren sein, den akute Infektionen, vorübergehende Kontakte mit Giftstoffen oder eine Blutung der Mutter auf die fötale Entwicklung ausüben können; ebenso bedeutsam ist die dauernde Beeinflussung durch Ernährung, Hormone, Medikamente, Drogen, Alkohol, Koffein, Nikotin, ja selbst durch Aktivität und innere Einstellung der Mutter. Obgleich zahlreiche dieser Faktoren die Gehirnentwicklung beeinträchtigen können, ist das Nervensystem des Fötus doch unglaublich widerstandsfähig, so daß es es sich nach einem Anfall erholen kann und dann scheinbar normal funktioniert. Nichtsdestoweniger lassen sich bei sorgfältiger Beobachtung unter Umständen schwache Hinweise erkennen, die nach besonderer Wachsamkeit und Sorgfalt verlangen, beispielsweise übersensible Verhaltensreaktionen oder eine problematische Organisation der Verhaltenszustände.

Mitunter besteht der größte Nutzen der Beurteilung darin, den Eltern zu versichern, daß die Zukunft des Babys durch keinerlei Vorgänge beeinträchtigt ist, die außerhalb ihrer Einflußmöglichkeiten liegen. Glücklicherweise kommt es nur selten vor, daß ein einmaliges Ereignis oder ein einzelner Faktor die Entwicklung des Babys in Mitleidenschaft zieht. Normalerweise müssen mehrere Faktoren zusammenwirken, um die Entwicklung des fötalen Nervensystems ernsthaft zu gefährden. Die Eltern müssen jedoch über alle wesentlichen Abweichungen im Verhalten des Babys informiert werden, die eventuell eine besondere Aufmerksamkeit und spezielle Untersuchung nötig erscheinen lassen.

Das Schwangerschaftsalter ist ein wesentlicher Faktor, will man das Verhalten des Babys verstehen (Dubowicz, Dubowicz & Goldberg,

1970). Selbst eine um nur zwei Wochen verkürzte Schwangerschaft kann zu Verhaltensabweichungen führen, die ihrerseits die Reaktion der Eltern auf ihr Baby beeinflussen, wenn sie ihren Grund nicht verstehen. Ein Baby, dessen Fett- und Zucker- sowie Flüssigkeitsreserven aufgrund einer unzureichend funktionierenden Plazenta abgebaut worden sind, wird mit einem langen, mageren Körper zur Welt kommen, seine Haut schält sich, das Kind ist nervös und hat einen sorgenvollen und ängstlichen Gesichtsausdruck. Es kann sein, daß ein solcher Säugling auf alle normalen Reize übersensibel reagiert, sich zurückzieht und jeder Unterstützung durch die Eltern verweigert – indem er einschläft, schreit oder die Stirn runzelt. Man kann den Eltern die Gründe für die Übersensibilität und Überreaktivität ihres Babys verständlich machen, so daß sie sein Verhalten nicht als Zurückweisung begreifen. Dann werden sie in der Lage sein, mit dem Baby sanfter umzugehen, weil sie wissen, daß es im Laufe der Zeit ausgeglichener werden wird.

Die Apgar-Werte spiegeln die unmittelbaren Reaktionen des Neugeborenen auf Wehen und Geburt sowie seine neue Umgebung wider; für sich allein genommen, stellen sie jedoch keinen sicheren Gradmesser für den Geburtsstreß dar. Wenn diese Werke nach einer Minute, nach fünf und nach fünfzehn Minuten zu niedrig sind, muß man u. U. in Zukunft mit neurologischen Problemen rechnen; niedrige Werte können aber auch ein Indiz für einen schwierigen Geburtsverlauf sein. Wir wissen heute allerdings, daß ein Baby, das als Fötus vor einer schwierigen Entbindung bei guter Verfassung gewesen ist, ein erstaunliches Maß an Streß und sogar einen Sauerstoffmangel verkraften kann, ohne unbedingt eine Hirnschädigung zu erleiden. Möglicherweise ist der Zustand des fötalen Gehirns vor einer schwierigen Entbindung von größerer Bedeutung, als es die anstrengenden Vorgänge selbst sind.

Solange man der Ansicht war, daß nur der Hirnstamm das Verhalten des Neugeborenen steuert und Hirnrinde oder höhere Zentren noch keine Rolle spielen, ließ die Beurteilung Neugeborener kaum Vorhersagen auf die spätere Entwicklung zu. Nachdem man jedoch festgestellt hatte, daß das Neugeborene mit einem komplexen und hochentwickelten Nervensystem zur Welt kommt, wurden differenziertere Methoden zur Säuglingsbeurteilung erarbeitet. Eine neurologische Beurteilung, die sich auf das vom Mittelhirn gesteuerte Verhalten konzentriert, gibt für das Erholungspotential nicht genügend Anhaltspunkte. Offensichtlich liefern Beurteilungen des Verhaltens nützlichere Informationen und stellen eine zuverlässigere Methode zur Vorhersage der späteren Entwicklung dar.

Neonatal Behavioral Assessment Scale

Die Neonatal Behavioral Assessment Scale (NBAS; Skala zur Verhaltensbeurteilung von Neugeborenen) wurde entwickelt, um die Verhaltensreaktionen Neugeborener auf ihre neue Umgebung zu registrieren (Brazelton, 1984). Um einige der Fähigkeiten erfassen und auswerten zu können, die das Neugeborene im Umgang mit einem geschickten Beobachter oder seinen Eltern beweist, haben wir einen Verhaltenstest entwickelt, der die Reaktionen des Säuglings auf Vorgänge in seiner Umgebung unter Berücksichtigung des jeweiligen Verhaltenszustands untersucht. Er bietet die Möglichkeit, das Interaktionsverhalten zu beurteilen. Der Säugling wird nicht allein untersucht, sondern als aktiver Teilnehmer in einer dynamischen Interaktionssituation. Die NBAS enthält zwar einige wenige grundlegende neurologische Beobachtungen, stellt aber keine formale neurologische Beurteilung dar.

Die NBAS legt das Schwergewicht der Beobachtung vor allem auf Veränderungen der Verhaltenszustände während der Untersuchung – ihre Labilität und Richtung. Inwieweit der Säugling seinen jeweiligen Zustand benutzen kann, um die Umgebung zu kontrollieren, und mit ihr zu interagieren versucht, läßt Rückschlüsse auf seine Fähigkeit zur Selbstorganisation zu. Die Beurteilung mißt die Fähigkeit des Neugeborenen zur Selbstberuhigung und Bewältigung von Reizen.

Die NBAS arbeitet mit Reizen – Berührung, Wiegen, Stimme, Mienenspiel –, die auch die Eltern benutzen, wenn sie versuchen, ihrem Kind die Anpassung an die neue Umgebung zu erleichtern. Der Untersucher beobachtet die Reaktionen des Säuglings auf eine Reihe abgestufter Manöver – er spricht mit dem Neugeborenen, legt eine Hand fest auf seinen Bauch, nimmt es in die Arme und wiegt es; all diese Maßnahmen können den Säugling beruhigen oder aber seine Aufmerksamkeit wecken. Beurteilt wird die Reaktionsfähigkeit des Neugeborenen gegenüber menschlichen Reizen – zum Beispiel der

Stimme und dem Gesicht – sowie gegenüber leblosen Reizen – beispielsweise einer leisen Rassel, einer Glocke, einem leuchtend roten Ball, einem hellen Licht, seine Reaktion auf Berührung und Temperaturveränderungen. Energie- und Erregbarkeitsniveau werden ebenso bestimmt wie die motorische Aktivität, der Muskeltonus und die Hautveränderungen, die auftreten, wenn der Säugling von einem Verhaltenszustand in einen anderen wechselt.

Die NBAS umfaßt achtundzwanzig Verhaltensitems. Anhand dieser Kriterien erfolgt eine Beurteilung der Fähigkeit des Neugeborenen, (1) Verhaltenszustände zu kontrollieren, (2) sich an störende Vorgänge zu gewöhnen (Habituation), (3) sich einfachen und, in einigen Fällen, komplexen Vorgängen in der Umgebung zuzuwenden sowie sie zu beobachten, (4) motorische Spannung und Aktivität während der Beobachtung dieser Vorgänge zu kontrollieren und (5) integrierte motorische Aktivitäten auszuführen, zum Beispiel eine Hand in den Mund zu stecken, den Kopf im Sitzen aufrecht zu halten oder ein Tuch wegzuschlagen, mit dem sein Gesicht bedeckt wurde. All diese Verhaltensweisen spiegeln die dem normalen Neugeborenen zur Verfügung stehende Bandbreite an Verhaltensmöglichkeiten wider. Sie scheinen eine Kontrolle über das Herz- und Atmungssystems vorauszusetzen und von der Hirnrinde oder höheren Hirnzentren gesteuert zu werden. Um eine solche Kontrollfähigkeit überhaupt erlangen zu können, müssen Neugeborene die physiologischen Umstellungen in der frühen Anpassungsphase unmittelbar nach der Entbindung erfolgreich bewältigt haben. Die Fähigkeit des Neugeborenen, sich den vom Untersucher angebotenen komplexen Reizen aufmerksam zuzuwenden, zwischen verschiedenen Reizen zu unterscheiden und sich an sie zu gewöhnen, läßt unter Umständen wichtige Vorhersagen auf die zukünftige Organisation des Zentralnervensystems sowie das individuelle Temperament zu.

Die NBAS umfaßt folgende Verhaltensitems:

1. Nachlassen der Reaktion auf Licht (der Strahl einer Taschenlampe wird kurz auf die Augen des Kindes gerichtet)
2. Nachlassen der Reaktion auf eine Rassel (die in einer Entfernung von 25–30 cm vom Säugling geschüttelt wird)
3. Nachlassen der Reaktion auf eine Glocke (die in 30–35 cm Entfernung vom Säugling geläutet wird)

4. Nachlassen der Reaktion auf einen leichten Nadelstich in die Ferse
5. Orientierungsreaktion auf einen unbelebten Reiz (roter Ball)
6. Orientierungsreaktion auf einen unbelebten akustischen Reiz (eine leise Rassel)
7. Orientierungsreaktion auf einen belebten optischen Reiz (Gesicht des Untersuchers)
8. Orientierungsreaktion auf einen belebten akustischen Reiz (Stimme des Untersuchers)
9. Orientierungsreaktion auf einen unbelebten optischen und akustischen Reiz (rote Rassel)
10. Orientierungsreaktion auf einen belebten optischen und akustischen Reiz (Gesicht und Stimme des Untersuchers)
11. Qualität und Dauer der Aufmerksamkeitsphasen
12. Allgemeiner Muskeltonus im Ruhezustand und während der Untersuchung (passiv und aktiv)
13. Motorische Reife (wie fließend und kräftig sind die Bewegungen des Neugeborenen)
14. Reaktionen der Arme, Schultern und des Kopfes, wenn das Neugeborene zum Sitzen hochgezogen wird
15. Anschmiegsamkeit (Reaktionen auf Kuschelverhalten des Untersuchers)
16. Abwehrverhalten (Reaktion auf ein Tuch über dem Gesicht)
17. Tröstbarkeit (Anzahl der Manöver, die der Untersucher durchführen muß, um das erregte Neugeborene zu beruhigen)
18. Höhe der Erregbarkeit und Fähigkeit zur Selbstkontrolle (während der gesamten Untersuchung)
19. Wie schnell baut sich eine Schreiphase auf?
20. Erregbarkeit während der Untersuchung
21. Art und Ausmaß der Aktivität (während der gesamten Untersuchung)
22. Nervosität (während der gesamten Untersuchung)
23. Ausmaß der Schreckreaktionen (während der gesamten Untersuchung)
24. Veränderungen der Hautfarbe
25. Anzahl der Zustandsveränderungen während der gesamten Untersuchung
26. Selbstberuhigungsverhalten (beobachtbare Anstrengungen und Erfolge)
27. Hand-zu-Mund-Aktivität
28. Lächeln (sowohl Grimassieren als auch offenkundige Nachahmung des sozialen Lächelns)

Die NBAS wird seit 1973 in den Vereinigten Staaten und anderen Ländern in großem Umfang eingesetzt. Sie wurde entwickelt, um Neugeborene darin zu unterstützen, ihre bestmöglichen Reaktionen auf Stimulation zu entfalten, und um ihre Fähigkeit zu bewerten, die Anstrengungen der Geburtsarbeit und die Belastung durch eine neue, schwierige Umgebung zu bewältigen. Zur Vorhersage der zukünftigen Anpassung reicht eine einzige Beurteilung allein nicht aus, da jede Untersuchung im Zusammenhang mit der Gesamterholung von vorangegangenen Anstrengungen betrachtet werden sollte. Mehrere Untersuchungen, die sich gezielt auf die bekannten Streßfaktoren konzentrieren, denen das Neugeborene ausgesetzt ist (zum Beispiel Dauer einer medikamentösen Behandlung und Betäubung der Mutter, Streß durch niedrige Sauerstoffversorgung, Geburtsdauer, Schwierigkeiten des Geburtsverlaufs sowie Wiederbelebungsmaßnahmen), schaffen eine bessere Grundlage zur Beurteilung der Fähigkeit des Babys, mit zukünftigem Streß fertigzuwerden. Wir haben gemeinsam mit Kollegen (Lester et al., 1985) anhand des Erholungsverlaufs des gesamten Verhaltens während der ersten Lebenswochen den Entwicklungsstand im Alter von achtzehn Monaten vorhergesagt. Bestimmte Verhaltensmuster, wie zum Beispiel motorische Reflexmechanismen, sind unveränderlich und können durch die Umgebung weniger beeinflußt werden. Die Art und Weise, wie das Neugeborene Verhaltenszustände steuert und auf soziale Stimulation eingeht, ist in stärkerem Maße von Umweltfaktoren abhängig und verändert sich am deutlichsten während der ersten Lebenstage und -wochen. Diese Reaktionen lassen mit beträchtlicher Zuverlässigkeit den Entwicklungsstand vorhersagen, den das Kind mit achtzehn Monaten erreicht haben wird. Anhand der NBAS wurden solche Einflüsse, die sich möglicherweise auf die Zukunft eines Babys auswirken, in zahlreichen unterschiedlichen Situationen und Kulturen untersucht. In Guatemala beispielsweise hat man die Auswirkungen einer Unterernährung der Mutter erforscht. In den Vereinigten Staaten wurden anhand der NBAS die Beeinflussung des Säuglings durch Medikamente untersucht, die der Mutter während der Geburt verabreicht worden waren, sowie die Auswirkungen von Alkohol- und Drogenabhängigkeit während der Schwangerschaft. Auch die Folgen einer aufgrund erhöhter Bilirubinwerte erfolgenden Phototherapie sind mit den Möglichkeiten, die die NBAS bietet, untersucht worden (Brazelton, 1984).

Für das vorliegende Buch sind jedoch besonders zwei Anwendungsmöglichkeiten der Beurteilung wichtig – zum einen hilft sie den Eltern, ihr eigenes Baby besser zu verstehen; darüber hinaus erleichtert sie es, Neugeborene zu identifizieren, deren Verhaltensmuster die Interaktion möglicherweise beeinträchtigen. Ein ruhiges Neugeborenes zum Beispiel, das lange braucht, um überhaupt zu reagieren, wird für die Eltern nicht so einfach zu verstehen sein. Wenn ein solches Baby nicht eindeutig zu erkennen gibt, daß es sich aufmerksam konzentrieren kann, werden die Eltern sich unweigerlich über eine eventuelle Hirnschädigung Sorgen machen. Stimmen diese Babys, wenn sie hungrig sind, kein lautes Protestgeschrei an, so werden die Eltern sie möglicherweise nicht in der ihnen angemessenen Weise füttern und versorgen. Ein Säugling mit verzögerten Zustandsveränderungen wirkt schwerfällig; Erwachsene werden sich von einem solchen Baby auf subtile, aber folgenreiche Weise abwenden. Übersensible, unruhige oder labile Babys kann man mitunter praktisch nicht verstehen. Sie zeigen nicht nur Überreaktionen auf Reize, sondern möglicherweise negative Reaktionen wie anhaltendes Schreien oder Habituation, wenn sie versuchen, eine äußere Einwirkung zu bewältigen. Ihr Zustand verändert sich abrupt – die Babys fallen innerhalb von Sekunden von einem Zustand in den anderen, vom Schlaf- in den Schreizustand und umgekehrt, ohne daß die Eltern Zeit finden, beruhigend auf sie einzuwirken oder auf ihre Signale zu reagieren (Brazelton et al., 1971). Angesichts derart extremer Babys entwickeln die Eltern leicht das Gefühl, ausgeschlossen und zu nichts nutze zu sein. Wenn ihnen niemand hilft, ihr Baby zu verstehen, kann die zukünftige Interaktion durchaus in Gefahr geraten. Die NBAS wurde als Unterstützung für den Personenkreis entwickelt, der beruflich mit Säuglingen und ihren Eltern zu tun hat; sie soll dabei helfen, den Reaktionsstil des Babys zu beurteilen und auf diese Weise die Interaktionsbemühungen der Eltern zu unterstützen. Ihr größter Nutzen besteht vielleicht weniger in ihrer Anwendung als Test als vielmehr in der Möglichkeit, den Eltern das Verhalten des Neugeborenen vor Augen zu führen, so daß sie das Baby und ihre eigene Aufgabe von Anfang an besser verstehen können.

9 Individuelle Unterschiede

Im Laufe unserer langjährigen Erfahrung in der Beurteilung neugeborener Babys haben uns ihre deutlichen individuellen Unterschiede immer wieder beeindruckt. Diese Unterschiede beeinflussen sowohl die Art und Weise, wie der Säugling an der frühen Interaktion teilnimmt, als auch die Reaktionen der Eltern. Die Bedeutung dieser individuellen Unterschiede für die frühe Eltern-Kind-Beziehung darf nicht unterschätzt werden. Dank der während der Schwangerschaft mobilisierten psychischen Energie ist die Fähigkeit der Eltern, das Baby zu verstehen und sich in ihr Kind einzufühlen, glücklicherweise erhöht. Grundsätzlich scheinen Eltern die individuellen Besonderheiten ihres eigenen Babys zu suchen und zu schätzen. Je stärker man Väter und Mütter ermutigen kann, diese gewaltige psychische Energie zu aktivieren, um die charakteristischen Reaktionen und Stärken ihrer Babys kennenzulernen, desto intensiver wird ihre Beziehung von Anfang an sein.

Am glücklichsten sind die Familien, in denen Zuwendungsbedürfnis und Zuwendungsfähigkeit der Eltern den individuellen Bedürfnissen und Anlagen des Babys gerecht werden. Was die Wünsche und Erwartungen betrifft, so gibt es von Familie zu Familie gewaltige Unterschiede. Überdies sind die Eltern aufgrund ihrer eigenen Persönlichkeitsstruktur nicht unbedingt in der Lage, mit jedem Baby gut auszukommen. Energische, lebhafte Eltern fühlen sich mit einem aktiven Kind vermutlich wohler. Dasselbe Kind aber würde eine stille, empfindliche Mutter möglicherweise überfordern und sie in Wut versetzen. Ein ruhiges Baby, das langsamer reagiert, paßt zu einer solchen Mutter vielleicht besser. Es gibt reaktionsbereite und ausgeglichene Babys, die für alle Eltern problemlos wären; die meisten Eltern aber kostet es einige Anstrengung, ihr Baby so gut verstehen zu lernen, daß sich eine harmonische Übereinstimmung entwickelt. Die drei folgenden Fälle* deuten die Bandbreite möglicher Eltern-Kind-Kombinationen an und lassen ahnen, welche Herausforderung sie jeweils darstellen.

* Namen und andere persönliche Angaben wurden in sämtlichen Fallgeschichten dieses Buches verändert.

Robert war ein muskulöses, gut proportioniertes und gleich nach der Entbindung aktives Baby. Er wog knapp acht Pfund, hatte einen kräftigen Knochenbau und machte einen robusten Eindruck. Seine Mutter hatte sich innerlich auf ein großes Baby eingestellt, aber als sie ihn zum ersten Mal auf dem Untersuchungstisch liegen sah, meinte sie: „Mein Gott, dieses Riesenkind soll in meinem Bauch gewesen sein?" Er hatte einen dunklen, verklebten Haarschopf und ein rundes Gesicht mit großen, forschenden Augen, die neugierig im Kreißsaal umherblickten. Gesicht und Kopf waren aufgrund seiner Lage im Mutterleib auf der linken Seite ein wenig eingedrückt. Beide Ohren lagen eng am Kopf an. Seine großes, weiches Gesicht mit den sanften Zügen wirkte äußerst ansprechend und babyhaft. Eigentlich sah er aus wie ein vier Wochen altes Baby.

Als man ihn seiner Mutter auf den Bauch legte, damit sie ihn betrachten konnte, wurde er ruhig. Vorher hatten seine Arme und Beine ununterbrochen langsame, kreisende Bewegungen vollführt; mit gerunzelter Miene hatte er seine nähere Umgebung erforscht. Nun lag er bäuchlings auf der Mutter, seinen Kopf auf ihrer Brust, und vollführte Krabbelbewegungen mit den Beinen, bis er schließlich seine Hand zum Mund führte. Als seine Mutter ihn hochnahm, um ihm ins Gesicht zu sehen, blickte er sie mit weitgeöffneten Augen und neugierigem, lebhaftem Ausdruck an. Seine Gesichtszüge wurden weicher, als sie leise mit ihm sprach, der Körper war gespannt, und er betrachtete sie nun mit erhöhter Konzentration. Sie sagte: „Ich glaube, du kannst mein Gesicht schon erkennen und meine Stimme hören! Was bist du doch für ein wunderbares Kerlchen!" Sie legte ihn aufs Bett, um ihn ausführlich betrachten zu können. Er umklammerte ihre Finger mit seinen Fäustchen, zog die Füße bis an den Unterleib, um ihre Hand wegzustoßen, und als sie ihn zum Sitzen hochzog, reagierte er mit energischer Kopfkontrolle – er hielt den Kopf beinahe aufrecht und in Mittellinie. Als er so dasaß, öffneten seine Augen sich wieder weit und er untersuchte das Zimmer.

Niemanden im Kreißsaal ließ dieser aufmerksame kleine Junge unbeeindruckt, der Minuten nach der Geburt so zielgerichtet und kontrolliert reagierte. Sein Vater beugte sich zu ihm nieder und flüsterte ihm etwas ins Ohr. Augenblicklich schien Robert innezuhalten, dann wandte er den Kopf dem Klang der Stimme zu und suchte mit den Augen nach ihrer Quelle. Als er das Gesicht seines Vaters entdeckt hatte, erhellte sich seine Miene, als ob er ihn wiedererkannt hätte. Der Vater sagte: „Ach, was für ein wunderbarer, großer, hübscher Junge!" Er nahm Robert auf den Arm, um mit ihm zu schmusen. Robert schmiegte seinen Körper an die Brust seines Vaters und schien ihn mit seinen Beinchen zu umklammern. Als er ein Ärmchen hochstreckte, sich am Kittel seines Vaters festhielt und ihm ins Gesicht blickte, platzte dieser fast vor Stolz und Freude. Er legte sich Robert auf die Schulter, und das „brandneue", noch klebrige Baby kuschelte sich an seinen Vater, schien sich mit seinen Beinchen an ihm festzuklammern, während es Hände und Ärmchen auf die Schultern des Vaters legte und seinen Kopf eng an dessen Hals schmiegte. Strahlend zog der Vater Robert noch enger an sich, um ihn festzuhalten und mit ihm zu schmusen. Obwohl er mittlerweile seit einer Viertelstunde nackt war, blieb Roberts Farbe rosig, und er schien das Gehaltenwerden und Schmusen zu genießen. Nicht eines dieser Manöver brachte ihn aus der Fassung.

Schließlich nahm die Krankenschwester ihn, um ihn von der Käseschmiere, der „Vernix", zu reinigen, die ihm das Ausschlüpfen aus dem Geburtskanal erleichtert hatte. Als sie ihn wusch, begann er zu quengeln, er schreckte zusammen und schrie dann noch lauter. Sein Schreien klang ziemlich tief, aber kräftig. Sie sagte: „Es tut ihm gut, wenn er schreit. Es öffnet seine Lungen", als wolle sie sich für ihren Einbruch in diese idyllische Familienatmosphäre entschuldigen. Eilig verabreichte sie ihm die vorgeschriebene Vitamin-K-Injektion, band ihm das Namensschildchen um Hand- und Fußgelenke und träufelte Silbernitrat in jedes Auge. Mit jeder einzelnen Maßnahme regte Robert sich ein wenig mehr auf, bis er lauthals protestierte. Als sie schließlich seine Augen behandelte, verlor er wirklich die Fassung und schrie aus vollem Hals. Seine Hautfarbe hatte sich nun noch stärker gerötet.

Als sie ihn in eine Windel wickelte, beruhigte er sich und führte das rechte Fäustchen zum Mund, als wolle er saugen; langsam wurde er wieder ruhig und friedlich. Er schien froh zu sein, daß man ihn alleine ließ. Sein gleichmäßiger Atem, sein friedliches Gesicht und der entspannte Körper schienen zu verstehen zu geben, daß er sein Ziel endlich erreicht hatte. Seine Hand blieb in der Nähe des Mundes, als wolle er jederzeit über sie verfügen können, um sich selbst zu beruhigen. Die hochrote Haut wurde wieder blasser.

Beide Eltern hatten die Aktivitäten der Krankenschwester ungeduldig verfolgt. Als Robert ruhiger wurde, seufzten sie voller Erleichterung auf. Nun betrachtete seine Mutter ihren leeren Bauch und das zerwühlte Bett, als wolle sie sagen: „Jetzt kann ich mich auch einmal um mich kümmern." Seinem Vater wurde bewußt, daß Roberts Verhalten sie beide derart gefesselt und das Wunder, ihn endlich sehen zu können, sie so in Anspruch genommen hatte, daß die Bedürfnisse seiner Frau zu kurz gekommen waren.

Ein rundum gesundes Baby wie Robert vermittelt ein Gefühl der Sicherheit und Erleichterung. Durch seine Stärke, Vollkommenheit und Ganzheit bestärkt er die Eltern in allem, was sie tun. Schon während dieser ersten, kurzen Phase teilt er den Eltern mit, daß er „es schaffen" wird. Sie können aufdringlich sein (wie die Krankenschwester); sie können Fehler machen; sie können ihn selbst in einer für ihn schwierigen Phase (unmittelbar nach der Entbindung) zu Reaktionen zwingen. Er wird damit fertig, ohne zu desintegrieren oder „auseinanderzufallen“. Seine Art, langsam aber sicher von einem Verhaltenszustand in einen anderen überzuwechseln, ist für einen erfahrenen Beobachter das beruhigendste Zeichen. Für die Eltern sind seine bemerkenswerte Fähigkeit, sie anzusehen, eine Reaktion wahrzunehmen, auf ihre Stimmen zu lauschen und seine auditiven und visuellen Reaktionen miteinander zu verbinden, sobald er ihre Gesichter entdeckt, eine unbezahlbare Entschädigung für die Mühen der langen Schwangerschaftsmonate. Seine koordinierten Bewegungsabläufe vermitteln ihnen den Eindruck, daß er bereits eine Persönlichkeit ist, die mit sich selbst zurechtkommt. Seine Fähigkeit, sich zu beruhigen – mit ihrer Hilfe, aber auch alleine –, ist dafür ein sicheres Indiz. Mit diesem Baby wird es sicher keine Anfangsschwierigkeiten geben. Robert jedenfalls wird seine Sache gut machen.

Wir wollen uns nun ein ganz anderes Baby ansehen, an dessen Verhaltensmustern die frühe Interaktion durchaus scheitern könnte, wenn seine Eltern nicht beraten und unterstützt werden.

Chris wurde gegen Ende der einundvierzigsten Schwangerschaftswoche, eine Woche nach dem errechneten Termin, geboren und war ein langes, mageres Baby. Seine Mutter wußte, daß er in den vergangenen drei Wochen nicht mehr zugenommen hatte, bei der Ultraschalluntersuchung aber machte er einen völlig normalen Eindruck, und niemand hatte ihre Bemerkung, er „bewege sich weniger“, wirklich ernstgenommen. Bei der Geburt wog er fünfeinhalb Pfund und sah halbverhungert aus. Seine Haut war runzlig, schälte sich an Händen und Füßen sowie, wenn auch nur leicht, am Bauch. Er hatte feines, recht dünnes Haar. Das auffälligste an seiner Erscheinung aber war sein Gesicht: das Gesicht eines alten Mannes mit sehr sorgenvollem Ausdruck. Als er in seinem Bettchen lag, starrten seine weit geöffneten Augen ängstlich in den Raum. Er lag ruhig, atmete aber tief und verhältnismäßig geräuschvoll. Es klang beinahe, als sei er erkältet; sobald man ihn aufnahm, mit ihm sprach oder ihn auf andere Weise stimulierte, atmete er noch schneller und tiefer. Man hatte den Eindruck, daß er in Ruhe gelassen werden wollte.

Unmittelbar nach seiner Geburt waren Säuglingsschwester wie auch Geburtshelfer wegen seiner Farbe und mangelnden Reaktivität beunruhigt. Sie untersuchten ihn gründlich, wickelten und stimulierten ihn, bevor sie ihn seinen Eltern gaben. Diese Verzögerung steigerte deren Angst, so daß sie sich besorgt fragten, ob vielleicht nicht alles in Ordnung wäre. Säuglingsschwester und Geburtshelfer versicherten zwar, daß er wohlauf sei, nichtsdestoweniger aber verließ sie der Mut, als sie sein verhutzeltes Gesicht sahen, die abstehenden Ohren und den langgezogenen, fast kahlen Kopf. Seiner Mutter war nach Weinen zumute, und – ohne es laut auszusprechen – fragte sie sich, was sie ihrem Baby wohl angetan hatte. Ganz still begannen nun beide Eltern, nach Anzeichen dafür zu suchen, daß er doch normal war. „Armes Baby", sagte sein Vater, der sich ebenfalls fragte, ob sie ihm irgendetwas angetan hatten, was ihn so bemitleidenswert aussehen ließ. Solange er, in Tücher gewickelt, in ihren Armen lag, machte er einen recht zufriedenen Eindruck. Sobald man ihn aber nur leicht bewegte, runzelte er die Stirn, das Gesicht wurde faltig, und er sah aus wie ein erschrockenes kleines Tier. Dann stimmte er ein schrilles und durchdringendes Geschrei an. Sie waren erleichtert, als die Säuglingsschwestern ihn nahmen, „um ihn zu versorgen".

Im Laufe der folgenden Tage wurden seine Verhaltensmuster zwar verständlicher, wirkten jedoch nicht unbedingt beruhigender. Seine Mutter bemühte sich verzweifelt, ihn anzulegen, aber da sie natürlich noch keine Milch hatte und er überdies nur zögernde Saugversuche unternahm, waren diese Tage für sie beide eine einzige Enttäuschung. Seine Bewegungen bestanden vorwiegend aus Schreckreaktionen. Dann wurde er so zitterig, daß das Pflegepersonal darauf bestand, ihn alle paar Stunden mit Zuckerwasser zu füttern, um seinem niedrigen Blutzuckerwert entgegenzuwirken. Seiner Mutter erklärten die Ärzte, er sei eine typische Mangelgeburt mit zu geringen Fett- und Zuckerreserven. Ohne ihre Schuld habe die Plazenta gegen Ende der Schwangerschaft nicht mehr ausreichend funktioniert, so daß er nicht gut versorgt worden sei. Deshalb habe er vermutlich in den vergangenen drei Wochen an Gewicht verloren, und von seinen geringen Energiereserven könne er nun kaum zehren. Obwohl die Ärzte versuchten, sie zu beruhigen, schürten sie gerade mit ihren Fragen die Schuldgefühle der Mutter: Hatte sie geraucht, war sie alkohol- oder drogenabhängig? War sie während der Schwangerschaft erkrankt? Ihr beharrliches „Nein!" klang fast wie ein Hilfeschrei, stellte sie sich doch unentwegt selbst die Frage, wie sie dieses beinahe angsteinflößende, „alte" Baby zustande gebracht hatte.

Solange Chris in seinem Kinderbettchen liegen durfte, schien er zurechtzukommen – schwer atmend, mit weit geöffneten Augen und leerem Blick sah er in die Ferne. Ständig lag auf seinem faltigen Gesicht der sorgenvolle Ausdruck. Wenn irgend jemand nahe an sein Bettchen trat, es wiegte, ihn berührte oder gar mit ihm sprach, schien er es entweder zu „verschlafen" oder aber er runzelte – wenn er wach war – die Stirn noch stärker, schreckte zusammen und schien sich zurückziehen zu wollen. Wenn seine Mutter ihn auf den Arm nahm, ihn wickelte oder zu liebkosen versuchte, wandte er sich unweigerlich von ihr ab. Er schien ihrem Gesicht, ihrer Stimme, ihrer Berührung auszuweichen. Versuchte sie weiterhin, einen Kontakt herzustellen, indem sie mit ihm schmuste oder sprach oder ihn wiegte, verfärbte er sich um den Mund herum bläulich, er spuckte und bäumte sich von ihr weg. Jede Reaktion schien negativ zu sein. Als seine Zittrigkeit zunahm und das Pflegepersonal sich wegen seiner Hypoglykämie (Absinken des Blutzuckergehalts unter den Normalwert) immer größere Sorgen machte, versuchte jeder, ihm zu helfen. Die Säuglingsschwestern fütterten ihn stündlich; an der Brust saugte er immer weniger. Sie weckten ihn, wenn er schläfrig war. Sie wickelten ihn und ließen ihn anschließend allein, wenn er wach und munter war. Alles, was er tat, schien „verkehrt" zu sein, und die allgemeine Besorgnis um ihn steigerte die Sorgen seiner Eltern. Es war schwer, ihn zu wecken, wenn er schlief, wachte er aber schließlich auf, geriet er in Sekundenschnelle in einen Erregungszustand. Es gab einfach keine Phasen, in denen diese Mutter ein aufmerksames Kind im Arm halten konnte, das auf ihre Kommunikationsversuche reagierte. Ihr blutete das Herz. Wenn er weinte, schrie er gellend und schmerzlich. Hörte er auf zu schreien, um nach Luft zu schnappen, fiel er im wahrsten Sinne des Wortes in einen tiefen Schlaf und war dann völlig unzugänglich.

Am Children's Hospital untersuchten wir (T. B. B. und Mitarbeiter) eine Gruppe von „Small-for-gestational-age-Babys" (Säuglinge, die wesentlich kleiner und leichter sind, als es der Schwangerschaftsdauer entspricht; auch als „Mangelgeburten" bezeichnet), die leichter waren als 95 % aller Babys mit gleicher Körpergröße (Als, Tronick, Adamson & Brazelton, 1976). Diese Kinder waren von einer akuten Plazentainsuffizienz gegen Ende einer ansonsten unproblematischen Schwangerschaft betroffen gewesen. Ihr motorisches Reflexverhalten (Kriech-, Such-, Saug-, Moro- und Schreitreflexe) wich am 1., 3., 5. und 10. Lebenstag auffällig von dem normalgewichtiger Babys ab; für ihre Eltern aber wog womöglich noch schwerer, daß sie sich auch hinsichtlich ihrer Anziehungskraft, ihres Umgangs mit äußeren Reizen und der in der Interaktion gemessenen visuellen, auditiven und taktilen Kommunikation deutlich unterschieden. Diese Babys schienen von Beginn an übersensibel zu reagieren und für ihre Eltern nur schwer zu verstehen zu sein. Während der ersten vier Monate ließen sie sich häufig nicht beruhigen und schienen ungewöhnlich lange zu schreien; als sie mit neun Monaten erneut untersucht wurden, zeigten sie nach wie vor Überreaktionen, waren hypersensibel und leicht ablenkbar. Obwohl ihre sensorischen Fähigkeit denen der normalgewichtigen Kontrollgruppe entsprachen, war es aufgrund ihrer Ablenkbarkeit und Übererregbarkeit gegenüber Reizen schwieriger, sie zu testen. Ihre Eltern schilderten uns die gewaltigen Probleme, die mit ihrer innerlichen

Anpassung an diese Säuglinge verbunden gewesen waren. Diese Untersuchung half uns zu verstehen, weshalb in der Interaktion zwischen solchen Babys und ihren Eltern so häufig gravierende Probleme entstehen, die in Entwicklungsstörungen, Kindesmißhandlung und psychischen Störungen manifest werden.

Bei diesen Babys ist der Streß während ihres fötalen Daseins die Ursache für mangelnde Energiereserven und Hypoglykämie (vgl. S. 100), die vermutlich mit weiteren Störungen einhergehen. Diese wiederum führen zu einer Art Überempfindlichkeit gegenüber sensorischen Reizen, zu schlechter Zustandskontrolle, verbunden mit einem vorsichtig abwartenden Verhalten, bevor die Babys eine Reaktion überhaupt „zulassen" können. Diese äußert sich dann als Überreaktion, von der das gesamte sensorische, motorische und Verdauungssystem sowie das übrige vegetative Nervensystem betroffen ist. Jede Reaktion ist für diese Babys selbst mit Schmerzen verbunden und löst schmerzhafte Empfindungen bei den Eltern aus.

Wir haben festgestellt, daß sich die mit dieser Stoffwechselstörung einhergehenden charakteristischen Verhaltensmerkmale noch lange Zeit beobachten lassen, nachdem der Blutzuckergehalt des Babys sich normalisiert hat. Ob die weiterhin bestehende sensorische Überempfindlichkeit, schlechte Statuskontrolle und die nach wie vor auftretenden motorischen Überreaktionen auf fortdauernden Schwierigkeiten des Neurotransmittersystems beruhen oder durch ängstliche Eltern und andere Bezugspersonen gefördert werden, läßt sich noch nicht mit Bestimmtheit sagen. Wenn man die allgemeine Verfassung des Babys in der Neugeborenenperiode mit den Eltern besprechen kann, sehen sie zumindest, daß „es nicht ihre Schuld" ist, und haben die Chance, ihre Rolle diesem schwierigen Baby gegenüber neu zu überdenken. Andernfalls werden die primitiven Gefühle der Mittäterschaft ihren Eindruck, versagt zu haben, noch vertiefen.

Robert und Chris sind extreme Beispiele: Es gibt Babys, die scheinbar für sich selbst sorgen können, während es anderen überhaupt nicht gelingt. Die weitaus meisten Babys stellen eine gewisse Herausforderung dar, eine Herausforderung allerdings, die aufmerksame und liebevolle Eltern für gewöhnlich meistern können.

Emily war das dritte Baby – das erste Mädchen – einer vierundzwanzigjährigen Schwarzen, die diese Schwangerschaft „nicht eingeplant" hatte, da sie ganztägig als Lehrerin arbeitete. Obwohl auch ihr Mann berufstätig war, war ihr Gehalt zur Finanzierung des in jeder Hinsicht unabhängigen und komfortablen Lebensstils notwendig. Beide waren sie in relativer Armut aufgewachsen und hatten schwer gearbeitet, um sich zu etablieren. Sie wollten ihren Kindern eine wirkliche Zukunft ermöglichen. Die Jungen waren sechs und vier Jahre alt und besuchten die Schule bzw. den Kindergarten. Vor dieser Schwangerschaft hatte in der Familie alles reibungslos funktioniert. Nun mußte man umplanen: vier Wochen Mutterschaftsurlaub, Krankmeldung für weitere vier Wochen – danach würden sie sich nach einer Tagesmutter umsehen müssen. Der Vater konnte weitgehend mithelfen, wenn seine Arbeit ihn nicht allzu sehr in Anspruch nahm.

An Emilys drittem Lebenstag fiel der Unterschied zwischen ihr und den Brüdern deutlich ins Auge. Die Jungen waren beide ein Pfund schwerer gewesen. Emily hatte einen zarten Knochenbau und ein ausdrucksvolles Gesicht mit großen, weit geöffneten und suchend blickenden Augen. Sie zog ihre zierlichen Ärmchen und Beinchen dicht an den Körper, wenn sie im Bett lag, als wolle sie keine überflüssige Energie verschwenden. Jede Störung löste eine Schreckreaktion aus. Sie pflegte unvermittelt, mit einem Schrei, aufzuwachen und vollführte dann ruckartige und zittrige Bewegungen mit Armen und Beinen. Während sie sich in Rage steigerte, unternahm sie erfolglose Selbstberuhigungsversuche. Sie führte die Hand zum Gesicht, mit der nächsten Schreckreaktion aber verlor sie erneut die Kontrolle über ihren Arm. Dann versetzten die ausgestreckten Arme ihren ganzen Körper in unkontrollierte Bewegungen. Die Säuglingsschwestern im Krankenhaus hatten gemerkt, daß sie sich beruhigen ließ, wenn man sie wickelte oder auf den Bauch legte. Sie nannten sie „kleine Rakete“.

Ihre Mutter war bereits ein wenig eingeschüchtert. Die beiden Söhne hatten es ihr so leicht gemacht, daß sie auf etwas anderes überhaupt nicht eingestellt war. Wie sie mit einem fordernden, anspruchsvollen Baby fertig werden sollte, ausgerechnet zu diesem Zeitpunkt, wo die Grenzen ihrer Belastbarkeit erreicht waren, überstieg ihre Vorstellungskraft. Ein Gefühl der Verzweiflung überkam sie, das sie aber nachdrücklich beiseite zu schieben versuchte.

Wenn Emily ihr zum Stillen gebracht wurde, wickelte sie das zerbrechliche kleine Mädchen in mehrere Bettlaken und eine Decke, unter denen Arme und Beine verschwanden. Die ruckartigen Schreckbewegungen wurden auf diese Weise unterbunden. Die Mutter sah Emily nun mit ganz anderen Augen. Als sei sie erleichtert, nicht länger den eigenen fuchtelnden Bewegungen ausgeliefert zu sein, blickte Emily um sich und lauschte mit spürbarer Neugierde auf alles, was in ihrer Umgebung vor sich ging. Sie beobachtete das Gesicht ihrer Mutter, während sie trank. Wenn die Mutter sich bewegte oder etwas sagte oder wenn Emily irgendein anderes Geräusch vernahm, hörte sie auf zu trinken und wandte sich von der Brust ab.

Emily wollte sanft behandelt werden und zog gedämpfte Laute vor. Von einem lauten Geräusch oder einem abrupten Reiz wandte sie sich ab, einem sanfteren, leiseren hingegen wandte sie sich zu. Ihre Mutter fragte sich, wie sie zu Hause mit den zwei lebhaften, lauten Brüdern jemals zurechtkommen sollte. Sie begann, Emilys Fähigkeit zu testen, Geräusche und Berührungen zu verarbeiten. Sprach sie leise mit ihr, wenn Emily heftig zu schreien begann, konnte sie sie besänftigen und in einen ruhigen, aufmerksamen Zustand bringen. Wenn sie sie leicht tätschelte oder ihr einen Finger zum Saugen gab, gelang es Emily, sich selbst zu trösten. Schon bald stellte ihre Mutter fest, daß sie Emilys Verhalten besser strukturieren und sie beruhigen konnte, wenn sie sie aufnahm, fest umschlungen hielt und in ihren Armen wiegte oder sie aufstellte und spielerisch auf ihren Beinchen hüpfen ließ. Sie machte sich nun weniger Sorgen, wäre aber froh gewesen, mehr Zeit mit Emily allein verbringen zu können, um Gelegenheit zu haben, sich gegenseitig noch etwas besser kennenzulernen. Sie wußte, welches Chaos zu Hause auf sie beide wartete.

Die Fähigkeit dieses Babys, sich die von seiner Mutter angebotenen Reize zunutze zu machen, ist sein größtes Kapital. Emilys Reaktion auf die Aufmerksamkeit ihrer Mutter steht in deutlichem Gegensatz zu ihrer eigenen offenkundigen Unfähigkeit, sich selbst zu beruhigen; diese Unfähigkeit macht sie für ihre Mutter aber besonders anziehend. Wenn es der Mutter gelingt, sie bei der Bewältigung der Zustandsveränderungen zu unterstützen, wird dieses zarte und hilfsbedürftige Baby sie für ihre Mühen entschädigen. Sollten Emilys Empfindlichkeit und Labilität sich aber noch steigern, könnte dies die Beziehung der beiden erschweren. Vorausgesetzt, daß ihre Mutter genügend Zeit und Kraft findet, um auf Emily einzugehen, und die Kontrollfähigkeit des Babys sich mit der Zeit verbessert, wird sie weiterhin viel Freude an ihm haben, so daß ihre Beziehung sich immer besser gestalten wird. Im folgenden Teil wollen wir diese frühe Interaktion und die Phasen, in denen die individuellen Temperaments- und Anpassungsunterschiede sich entfalten, näher betrachten.

Dritter Teil

Die Beobachtung der frühen Interaktion

„Ein Baby kann allein nicht leben,
denn es ist vor allem Teil einer Beziehung.“
D. W. Winnicott,
Kind, Familie und Umwelt

Einleitung

Das Zwiegespräch des drei oder vier Monate alten Babys mit seinen Eltern, ihr Gurren und Lächeln, das den Beobachter in seinen Bann schlägt, stellt sowohl einen neuen Beginn als auch eine Errungenschaft mit einer ganz eigenen Vorgeschichte dar. Wie wir gesehen haben, nimmt diese Geschichte schon vor der Empfängnis in den Träumen und Sehnsüchten der zukünftigen Eltern ihren Anfang. Im Augenblick der Geburt treffen die differenzierten sensorischen und motorischen Anlagen des Neugeborenen und die intensiven Phantasien der Eltern aufeinander. Beide müssen nun in Übereinstimmung gebracht werden.

Sowohl die Erwachsenen als auch das Baby bringen in diese entscheidende Anpassungsarbeit gewaltige Energiereserven ein. Im ersten Teil wurde dargestellt, daß der mit der Schwangerschaft einhergehende innerliche Aufruhr die emotionale Energie der Eltern mobilisiert hat. Die ambivalenten Empfindungen aus dieser Phase werden zur Antriebskraft, nach den individuellen Eigenschaften ihres Babys zu suchen und sie auch dann zu akzeptieren, wenn sie ihren Traumvorstellungen nicht voll und ganz entsprechen. Dieses Bestreben zeigt sich in der Art, wie die Eltern sich auf jedes Detail der äußeren Erscheinung des Babys stürzen: „Sie ist deiner Mutter wie aus dem Gesicht geschnitten.“ „Er hat die Ohren meiner Familie.“ Ebenso gründlich wird das Verhalten des Babys unter die Lupe genommen.

Im Neugeborenen sind all die komplexen sensorischen und motorischen Verhaltensweisen angelegt, die im zweiten Teil beschrieben wurden. Nach neunmonatigem Leben in der Gebärmutter sind die Babys auf die spezifische Umgebung, in die sie hineingeboren werden, vorbereitet. Die mütterlichen Signale, die sie im Uterus empfangen haben, haben ihre Reaktionen mitgeprägt, so daß sie auf die Rhythmen und Signale ihrer Mutter nach der Geburt antworten können.

Die bemerkenswerte Fähigkeit Neugeborener zu reagieren und zu interagieren, wenn sie von einem Erwachsenen gestützt und umhegt werden, wurde uns in unserer eigenen Forschung und Praxis wie durch die Arbeiten zahlreicher anderer Autoren immer deutlicher. Wir betrachten den Säugling nicht als hilflose, chaotische oder unberechenbare Kreatur, sondern sind der Ansicht, daß er über außerordentlich zuverlässig vorhersagbare Reaktionen auf positive (dem Säugling angemessene) wie auch auf negative (unangemessene oder überlastende) Reize aus der Umwelt verfügt. Diese Reaktionen gestalten ihrerseits das Verhalten der Bezugspersonen mit, so daß sich ein dem Baby angemessenes Rückkopplungssystem entwickelt. Ererbtes und Anerzogenes werden vom Augenblick der Geburt an in jeder Interaktion durch die wechselseitige Rückkopplung untrennbar miteinander verflochten.

10 Interaktionsforschung: Ein Überblick

Bevor wir unsere eigenen Beobachtungen und unser Entwicklungsmodell der Eltern-Säugling-Interaktion darstellen, wollen wir einen kurzen Überblick über einige der wichtigsten Untersuchungen geben, die dem Verständnis der Neugeborenenphase den Weg bereitet und unsere eigene Forschung vorangetrieben haben. Die Beobachtung und Analyse von Eltern-Säugling-Interaktionen hat eine recht kurze Geschichte – sie ist ist noch keine fünfzig Jahre alt.

Psychoanalytische Untersuchungen

Im psychoanalytischen Bereich hat die unmittelbare Beobachtung von Kindern und Müttern in den späten vierziger Jahren eingesetzt. René Spitz und Anna Freud untersuchten das Verhalten von Kindern, die getrennt von ihren Eltern in Heimen bzw. unter Kriegsbedingungen lebten (Spitz, 1946, 1964; A. Freud, 1936). Ihre Forschungen brachten den Beobachtern die Abwehrmechanismen zu Bewußtsein, die diese Belastungssituationen in den Kindern auslösten. Die ersten Erkenntnisse über den Charakter der kindlichen Abhängigkeit von wichtigen erwachsenen Menschen sind also das Ergebnis von Studien über Kinder, die ohne ihre Mütter aufwachsen mußten. Diese drastischen Verhältnisse unterstrichen die vorrangigen Bedeutung der Bindung zwischen Mutter und Kind. Darstellungen der schweren Pathologie, die sich aufgrund fehlender Mutterliebe (Deprivation) entwickelt, vertieften unser Verständnis für die Bedeutsamkeit dieser ersten Beziehung.

Auf diese pathologische Entwicklung konzentrierte sich die Forschung bis Mitte der sechziger Jahre. Zu den einflußreichsten Untersuchungen gehören die Arbeiten von Sally Provence und Rose Lipton (1962), James Robertson (1962), John Bowlby (1958, 1959) sowie Myriam David und Genevieve Appell (1961). Heinz Hartmann (1939, 1960) gelangte mit Hilfe vergleichbarer Studien zur Formulierung seines Konzepts der Ich-Entwicklung des Säuglings, das deren Abhängigkeit von der Qualität der Bindung an die Eltern betont.

Margaret Mahlers Untersuchung des beobachtbaren Interaktionsverhaltens in zwischenmenschlichen Beziehungen der sehr frühen Kindheit ist eine der ersten ihrer Art, besonders im Hinblick auf die sogenannte „symbiotische Phase“ (Mahler et al., 1975, 1980). Mahler untersuchte zwar keine Säuglinge, die jünger als vier Monate alt waren, zahlreiche ihrer Beschreibungen aber haben Interaktionsaspekte zum Gegenstand, die für dieses jüngere Alter relevant sind. Ein typisches Beispiel ist das Konzept des „Auftankens“. Psychoanalytiker haben den Begriff *Beziehung* dem der *Interaktion* immer vorgezogen, ihr Untersuchungsobjekt jedoch war der *intra*psychische Aspekt von Beziehungen. Spitz (1965; 1967, S. 144) schrieb, daß der Prozeß der „Formung . . . aus einer Serie von Wechselwirkungen zwischen zwei Partnern, der Mutter und dem Kind, [bestehe] die einander wie in einem Kreislauf wechselseitig beeinflussen“. Einige Autoren bezeichneten diese Wechselwirkungen als „Transaktionen“, heutzutage sprechen wir von „Interaktionen“.

Die Psychoanalyse hat darüber hinaus dazu beigetragen, den gewaltigen Aufruhr bewußt zu machen, den die innerliche Anpassung an jedes Baby – ob es als schwierig eingestuft wird oder auch nicht – für seine Eltern mit sich bringt. Im vierten und fünften Teil werden wir sehen, daß dieser Aufruhr nicht nur ein Bedürfnis nach Unterstützung weckt, sondern auch eine einzigartige Gelegenheit zu Veränderung und Weiterentwicklung darstellt.

Der Begriff „Interaktion“ selbst wurde erstmals von Bowlby in seinem berühmten Aufsatz „Über das Wesen der Mutter-Kind-Bindung“ benutzt, der im Jahre 1958 erschien (Bowlby, 1958, 1959). Seine Arbeit übte auf alle Wissenschaftler einen nachhaltigen Einfluß aus, die den Bindungsprozeß erforschten, und hatte zur Folge, daß die Eltern-Säuglingsforschung in zunehmendem Maß auf Beobachtungen der vergleichenden Verhaltensforschung zurückgriff. Im Gegensatz zu früheren Psychoanalytikern vertrat Bowlby die Ansicht, daß die Kommunikation mit der Mutter nicht allein auf einfacher oraler Befriedigung und der mit ihr verbundenen Spannungsminderung berut. Seiner Meinung nach verfügt der Säugling über fünf grundlegende, *primäre* Verhaltensweisen gegenüber menschlichen Partnern. Diese Reaktionsweisen bezeichnete er als „Triebreaktionen“, eine Formulierung, die ihre angeborene Gesetzmäßigkeit unterstreicht. Aus der vergleichenden Verhaltensforschung entlehnte er die Vorstellung von „artspezifischen", angeborenen Verhaltensweisen. Bowlby zufolge sind das „Saugen, Sich-Anklammern, Nachfolgen, Schreien und Lächeln" grundlegende und angeborene Interaktionsweisen, die die Bindung an die Mutter suchen und fördern. Er verknüpfte diese These einer primären Bindung mit Melanie Kleins späterem Werk, das, wie er betont, in der Beziehung des Säuglings zu seiner Mutter mehr sah als nur eine Befriedigung physiologischer Bedürfnisse.

Das Werk D. W. Winnicotts betonte die entscheidende Bedeutung, die der Beziehung zwischen Mutter und Säugling in der frühkindlichen Entwicklung zukommt. Das Wort „Brust" benutzte er, um sowohl „die Technik des Bemutterns" als auch die anatomische Brust, den Körperteil, zu bezeichnen. Die Nahrungsaufnahme stellt in seinen Augen nur einen von mehreren wichtigen Interaktionsbereichen dar. Er betonte die Bedeutung der Erfahrung einer wechselseitigen Gemeinsamkeit zwischen Säugling und Mutter (Winnicott 1970). Darüber hinaus vertrat Winnicott die Ansicht, daß Babys zusammen *mit* ihren Müttern untersucht werden sollten. Er „würde nicht gern über das Neugeborene allein referieren müssen", denn er meint, „daß wir, wenn wir ein Baby vor uns haben, immer auch seine Versorgung durch die Umwelt und dahinter die Mutter sehen" (Winnicott, 1986, 1990). Bowlbys Betonung des angeborenen Verhaltensrepertoires, mit dem das Neugeborene die soziale Kommunikation mit seiner Bezugsperson aufnehmen kann, und Winnicotts Betrachtungsweise von Mutter und Kind als einer einzigen, ineinander greifenden Einheit haben die Interaktionsforschung, einschließlich unserer eigenen, bis zum heutigen Tag grundlegend beeinflußt.

Beobachtungen der vergleichenden Verhaltensforschung

Die ethologische Betrachtungsweise hat uns die Leistungsfähigkeit des Neugeborenen und seine aktive Anpassung an die Interaktion vor Augen geführt. Unter Einbeziehung der in der vergleichenden Verhaltensforschung gewonnenen Erkenntnisse beschrieb Bowlby den zielgerichteten Charakter des kindlichen Bindungsverhaltens. Aus der vergleichenden Verhaltensforschung stammt das Konzept des kompetenten Säuglingsverhaltens und seines Einflusses auf die Bezugsperson. Die Psychoanalyse hingegen betonte in ihrer Frühzeit die *Abhängigkeit* des Säuglings von der Mutter, sein Bedürfnis nach Gratifikationen, um die Triebspannung zu verringern. Da man die Mutter als entscheidende Gratifikationsquelle betrachtete, führte man Störungen der Interaktion auf unzulängliches Verhalten ihrerseits zurück.

Nachdem man die in der Tierforschung entwickelte exakte Beobachtung auf die Erforschung des Säuglingsverhaltens übertragen hatte, erkannte man, daß der Säugling mit seinem Verhalten (zum Beispiel, wenn er schreit) mütterliche Reaktionen auslöst. Die Betonung liegt nicht auf der Hilflosigkeit, sondern der Aktivität; auf dem Auslösen von Verhaltensweisen, nicht auf Passivität. In diesem Licht betrachtet, formt der Säugling die Eltern-Säugling-Beziehung als aktiver Teilnehmer mit. Vergleichbare Beobachtungen führten zu der Erkenntnis, daß Säuglinge sich selbst Gratifikationen verschaffen. Diese Erkenntnis förderte die Wahrnehmung des Säuglings als einen zu gewissem Grad unabhängigen, aktiven Träger der Beziehung.

Weitere Beiträge der Tierbeobachtung sind Konrad Lorenz' Konzepte der *kritischen Phase*, der *Prägung* und der *angeborenen Auslösemechanismen* (Lorenz, 1935). Kritische Phasen sind solche, in denen sowohl der Säugling als auch die Eltern über hohe Energien verfügen, um die Signale des anderen aufzunehmen und sich einander anzupassen. Die Stunden unmittelbar nach der Geburt ebenso wie andere Perioden rapider Veränderung kann man als „kritische Phasen" betrachten. Das Phänomen der „Prägung" ist aus Lorenz' Untersuchungen von Gänsen hergeleitet, die alle Signale, die sie von einer Elternfigur unmittelbar nach dem Ausschlüpfen empfangen, besonders aufmerksam verfolgen und besonders gut im Gedächtnis behalten. Angeborene Auslösemechanismen stellen die ererbten Verhaltensreaktionen dar, die durch entsprechende Signale der Eltern im Baby ausgelöst werden. Diese verhaltenspsychologischen, in Tierstudien entwickelten Konzepte konnten erfolgreich auf das Säuglingsalter des Menschen übertragen werden. Auch wenn die Anpassungsfähigkeit des menschlichen Säuglings und seiner Mutter wesentlich plastischer und eher beeinflußbar ist, beschreiben diese Konzepte doch zutreffend die gewaltigen angeborenen Kräfte und die erhöhte Energie der jungen Mutter und des kleinen Babys, die ihre Bindung und das gegenseitige Kennenlernen fördern.

Die Untersuchungsmethode der vergleichenden Verhaltensforschung beeinflußte die Eltern-Säugling-Forschung ebenso wie ihre

Konzepte. Die Beobachtung in natürlicher Umgebung unter besonderer Berücksichtigung des Austauschs von Signalen hat eine Fülle von Erkenntnissen zutage gefördert. „Ethogramme“, Kataloge des Verhaltensrepertoires einer Art, werden durch detaillierte Analyse des beobachteten Verhaltens erstellt. Sie wurden in der Absicht weiterentwikkelt, das menschliche Verhalten mit Hilfe mikroanalytischer Techniken zu beobachten und zu protokollieren. Robert Hinde, führender Forscher auf diesem Gebiet, stellt fest, daß „die erste Phase der Untersuchung von Interaktionsbeziehungen die Beschreibung und Klassifikation“ sein sollte. Er betont, daß in der Tierforschung der „Vernetzung der Ziele“ – Reziprozität und Komplementarität, Konzepte, die auch für die Untersuchungen menschlicher Interaktionen wichtig sind – grundlegende Bedeutung zukommt (Hinde, 1976).

Der Einfluß der vergleichenden Verhaltensforschung führte zu Interaktionsstudien, die sich auf Beschreibungen des beobachtbaren oder oberflächlichen Verhaltens beschränkten, ohne daß Rückschlüsse auf verborgene Motive oder Bedeutungen gezogen wurden. Hinde betont jedoch, daß „wir auch daran denken müssen, daß objektive Verhaltensdaten irreführend sein können, wenn sie in keinem Bedeutungszusammenhang stehen. Der schnellste – und manchmal einzige – Weg, ihre Bedeutung zu erkennen, führt unter Umständen über die Introspektion“. Wie das vorliegende Buch zeigt, bewegt der Erforscher zwischenmenschlicher Beziehungen sich immer auf Messers Schneide: Objektive Daten sind für die Beschreibung und Mitteilung unerläßlich, immer aber besteht die Gefahr, daß sie die allen Beziehungen eigene Komplexität und Intersubjektivität ignorieren. So muß die Beobachtung des selbstbefriedigenden Verhaltens eines Säuglings, zum Beispiel des Fingersaugens, einhergehen mit der Erkenntnis, was diese Unabhängigkeit, diese frühere Lockerung der symbiotischen Verbindung, für die Mutter bedeutet. Vor diese Herausforderung sehen sich nach wie vor alle Eltern-Säugling-Untersuchungen gestellt.

Hinde war auch der Ansicht, daß eine Beschreibung von Interaktionen sich nicht allein auf das beschränken dürfe, was die Partner tun, sondern darüber hinaus zu berücksichtigen habe, wie sie es tun, da die Qualität menschlicher Interaktionen unter Umständen wichtiger sein kann als das, was tatsächlich stattfindet. Untersuchungen der vergleichenden Verhaltensforschung machen überdies deutlich, daß es notwendig ist, die zeitliche Abfolge dieser Interaktionen zu beschreiben – das heißt, ihre absolute und relative Häufigkeit sowie die Art und Weise, wie sie einander gegenseitig beeinflussen.

Lernen und Interaktion

Auch von der Lerntheorie entwickelte Konzepte haben zum Verständnis der frühen Eltern-Säugling-Beziehung beigetragen. Obwohl die frühe Interaktion unserer Ansicht nach weit mehr umfaßt, als die klassische Lerntheorie beschreiben konnte, sind Konzepte wie Nachahmung, positive und negative Konditionierung, Verstärkung und Erinnerung durchaus anwendbar.

In einer Dissertation aus dem Jahre 1973 hat Olga Maratos die Fähigkeit Neugeborener nachgewiesen, das Mienenspiel eines Erwachsenen zu *imitieren*, sobald sie in eine konzentrierte Interaktion einbezogen sind (in jüngerer Zeit bestätigt durch Maratos, 1982; Meltzoff & Moore, 1977). Das Baby muß sich in einem ruhigen, aufmerksamen Zustand befinden; der Erwachsene muß sich innerlich ebenso konzentriert auf das Baby einstellen, wie dieses sich umgekehrt ihm anpaßt. Dann zeigt sich, daß der Säugling sich uneingeschränkt auf die Nachahmung eines vorgegebenen Verhaltens – das Herausstrecken der Zunge oder andere mimische Bewegungen – konzentrieren kann.

Konditionierung und *Verstärkung* spielen zweifellos vom ersten Tag an eine Rolle. Der Säugling zeigt zunächst zufällig ein bestimmtes Verhalten (Lächeln, Lautäußerung oder eine Bewegung); die Mutter verstärkt und ermutigt es durch eine positive Reaktion. Dem Säugling wird in diesem Augenblick signalisiert, daß sein Verhalten bedeutsam war. Wenn neugeborene Babys beginnen, die Brust oder die Flasche als Nahrungsquelle oder Gratifikationsspender zu erkennen, bereiten sie sich mit all den Verhaltensweisen, die zum Füttern notwendig sind, auf die Befriedigung vor – Körperhaltung, innerliche Einstellung, Aufmerksamkeit, Saugen und Koordinierung der Atmung. Später werden sie sich ebenso konzentriert am Interaktionsverhalten beteiligen und positive Interaktionen der Bezugsperson als Quelle dieser Befriedigung erwarten.

Eine der ersten Untersuchungen über die Konditionierung Neugeborener wurde von Anderson Aldrich (1928) durchgeführt. Er ließ eine Glocke ertönen, während er gleichzeitig mit einer Nadel in die Fußsohle des Säuglings stach. Natürlich veranlaßte der Nadelstich den Säugling, seinen Fuß zurückzuziehen. Nachdem der Vorgang ein Dutzend Mal wiederholt worden war, zog der Säugling den Fuß zurück, sobald nur die Glocke ertönte. H. Kaye (1967) untersuchte die Konditionierung mit Hilfe des Babkin-Reflexes. Dieser Reflex, definiert als Abfolge von Bewegungen, bei denen Neugeborene ihre Hand zum Saugen an den Mund bringen, kann ausgelöst werden, indem man Druck auf die Handfläche des Neugeborenen ausübt. Kaye führte die Arme des Säuglings, unmittelbar bevor er auf die Handfläche drückte, neben den Kopf des Babys. Schon bald löste allein diese Bewegung der Arme das gesamte Reflexverhalten aus, ohne daß die Handflächen stimuliert wurden. Auch Kevin Connolly und Peter Stratton (1968) konditionierten diesen Reflex. Sie läuteten eine Glocke, während sie die Hand des Babys zu seinem Mund führten. Bald war es möglich, die Hand-zu-Mund-Bewegung durch Läuten der Glocke auszulösen. Diese und spätere Untersuchungen zeigen zwar, daß schon der ganz kleine Säugling lernfähig ist, lassen aber die emotionalen Reaktionen gänzlich außer acht, die sich mit jeder Reiz-Reaktionsverbindung im Baby entwickeln. Wie früh sie eine Rolle spielen, wissen wir heute noch nicht.

Die Fähigkeit des Babys, die Bedeutung jeder noch so schwachen Bestätigung zu erkennen, zeigt sich schon bei der Geburt. In einer Vielzahl von Experimenten konnte das normale Saugverhalten neugeborener Babys durch positive Anreize verändert werden. Indem man das Baby zum Beispiel aufmuntert und den Unterdruck im Mund verändert (Sameroff, 1968) oder indem man von neutralen auf süße Flüssigkeiten wechselt (Kobre & Lipsitt, 1972), kann man das neugeborene Baby zu verstärkter Saugaktivität veranlassen.

Eine der beeindruckendsten Untersuchungen, die die rasche Lernfähigkeit des Neugeborenen illustriert, wurde von Ernest Siqueland und Lewis Lipsitt (1966) durchgeführt. Am ersten Tag nach der Geburt schafften Neugeborene es in 83 % der Fälle, den Kopf seitwärts zu drehen, wenn man ihnen nach der Kopfdrehung Zuckerwasser anbot. Sobald sie diese Kopfdrehung beherrschten, brachte man denselben Säuglingen bei, den Kopf bei Erklingen einer Glocke nach links und bei Ertönen eines Summers nach rechts zu drehen, indem man nur ihre „richtigen“ Seitwärtsdrehungen mit Zuckerwasser belohnte. Daraufhin wurde die Aufgabe durch einen kompletten „Seitenwechsel“ erschwert: Glocke und Summer wurden vertauscht, eine Belohnung gab es nur für die entgegengesetzten Drehungen. Das war eine schwierige Aufgabe – sie setzte die Unterscheidung zwischen den verschiedenen Geräuschen voraus, die Wendung des Kopfes nach links und rechts sowie das Erlernen der neuen Versuchsanordnung. Die Säuglinge, die sich „Glocke/linke Seite, Summer/rechte Seite“ eingeprägt hatten, mußten dies nun vergessen und umlernen: Glocke/rechte Seite, Summer/linke Seite. Binnen Kürze – nach ca. dreißig Minuten – hatten alle Babys die Aufgabe gelöst. Diese eindrucksvolle Untersuchung ist ein Beispiel für den gewaltigen Einfluß einer positiven Konditionierung durch Verstärkung erlernter Verhaltensweisen in den ganz frühen Lebenswochen.

Die Eltern wiederum fühlen sich durch die sofort abrufbaren Reaktionen des Säuglings bestätigt. Für sie ist es zutiefst beglückend zu sehen, daß das Baby sie eindeutig erkennt. Die Eltern lernen, ihr eigenes Verhalten an den Reaktionen des Säuglings – Zustandsveränderung von Schläfrigkeit zu wacher Aufmerksamkeit, Aufhellen des Gesichts, Ruhigwerden seiner Bewegungen in Reaktion auf ihr Verhalten – zu orientieren. Zeigt der Säugling negative oder gar keine Reaktionen, wird die Unsicherheit seiner Mutter wachsen. Wenn sie ihn nun mit Reizen überlastet, erhöht sie das Risiko, daß die Reaktionslosigkeit noch verstärkt wird. Wenngleich die daraus resultierende Interaktionsstörung auf das Verlangen der Mutter zurückzuführen ist, den Kontakt zu ihrem Baby herzustellen, wird der Beobachter (und das Baby) sie als Resultat einer unsensiblen und unangemessenen Kontaktaufnahme betrachten.

Das *Erinnerungsvermögen* spielt für sämtliche Aktivitäten eine Rolle, bei denen Neugeborene durch Erfahrung lernen. Wenn sie ihre Vorlieben zum Ausdruck bringen oder sich an einen Reiz gewöhnen, lassen sie damit eine Art primitiver Erinnerung erkennen. Peter Eimas, Ernest Siqueland und ihre Mitarbeiter (1971) testeten die Erinnerung Neugeborener an bestimmte Worte. Sie ließen die Mütter, sobald die Babys vierzehn Tage alt waren, zwei Wochen lang zehn Mal hintereinander zu sechs verschiedenen Tageszeiten ungewohnte Worte (z. B. „zärtlich“ oder „betrügen“) wiederholen. 42 Stunden nach Beendigung des Trainings zeigten die Säuglinge durch Augenaktivität, Kopfdrehen und hochgezogene Augenbrauen deutlich, daß sie die Worte wiedererkannten. Da in dieser Phase nur die Testwörter die beschriebenen Reaktionen auszulösen vermochten (nicht jedoch die Vornamen der Säuglinge), geht man davon aus, das die häufige und regelmäßige Wiederholung der Worte entscheidend war für die Kodierung und Speicherung der Information.

Experimente mit Säuglingen, die bereits einige Monate alt waren, zeigten, daß sie sowohl über ein Kurzzeit- als auch über ein Langzeitgedächtnis verfügen (Cohen & Salapatek, 1975). Versuche, ihr Erinnerungsvermögen absichtlich durch Einblenden von irrelevantem Material zu stören, haben gezeigt, daß (1) die Erinnerung des Säuglings relativ zuverlässig und unempfindlich gegenüber zahlreichen störenden Reizen ist, (2) die Erinnerung über einen langen Zeitraum hinweg gespeichert werden kann und (3) Säuglinge die Tendenz haben, sich diejenigen Merkmale von Objekten am längsten zu merken, die ihnen am deutlichsten ins Auge springen und für sie wichtig sind.

Durch keines dieser Experimente aber wird die Erinnerungsfähigkeit eines Säuglings so erfolgreich gefördert, wie es in den Phasen geschieht, in denen Mutter und Baby spontan und wechselseitig interagieren und jeder die Reaktionen des anderen durch eigene Signale bestätigt. Wenn die Mutter ein Signal gibt, beispielsweise einen hellklingenden Laut, mit dem sie dem Baby zuvor eine Reaktion entlocken konnte, hegt sie bereits die Erwartung, daß sein Gesichtsausdruck sich auf denselben Laut hin erhellen wird, seine Bewegungen ruhiger werden und es den Kopf ihrer Stimme zuwendet. Dreht das Baby sich ihr augenblicklich zu und reagiert, als könne es sich erinnern, fühlt sie sich doppelt bestätigt. „Er kennt meine Stimme!“ „Schau, wie aufmerksam sie zuhört!“ Ihre Anstrengungen, diese Reaktionen hervorzurufen, werden sich verdoppeln. Im Laufe der Zeit gelingt es ihr immer besser, dem Baby Reaktionen zu entlocken; diese wachsende Fähigkeit beflügelt ihre Motivation und macht es ihr leicht, das Baby für sein Verhalten zu belohnen.

Quantifizierende Interaktionsforschung

Die quantifizierende Erforschung des Verhaltens von Säuglingen und Eltern hatte eine Entfremdung zwischen den Theoretikern einerseits und Kinderärzten und Psychoanalytikern andererseits zur Folge. Wissenschaftler werden bemüht sein, ihre Beobachtungen auf die meßbaren Verhaltensaspekte zu begrenzen; Ärzte werden sich eher mit der Qualität des Verhaltens und den feineren Bedeutungsnuancen auseinandersetzen, die von Quantifizierungsversuchen nicht erfaßt werden. Für den Arzt mag das Auftreten einer bestimmten Verhaltensweise weniger wichtig sein als ihre Bedeutung, ihre Intensität und ihre Eigenschaft, den Partner zu Reaktionen oder Antworten zu bewegen.

Die ersten quantifizierenden Untersuchungen konzentrierten sich vorrangig auf die Häufigkeit verschiedener Verhaltensweisen. Harriet Rheingold beispielsweise protokollierte anhand einer Checkliste, was die Säuglinge machten und auf welche Art und Weise ihre Bezugsperson reagierten (Rheingold, 1961). Die Beobachtungen erfolgten in konstanten Intervallen: alle fünfzehn Sekunden während der ersten zehn Minuten jeder Viertelstunde über einen Gesamtzeitraum von vier Stunden. Protokolliert wurde die Häufigkeit: Die Mutter spricht ihr Baby zum Beispiel zehn Mal im Laufe einer Stunde an, das Baby reagiert drei Mal mit Lautäußerungen. Rheingolds Arbeit ist ein typisches Beispiel für die ersten Interaktionsstudien.

Diese Arbeitsmethode wurde im Laufe der Zeit weiterentwickelt, und zunehmend erkannte man die aktive Rolle, die die Säuglinge selbst für die Gestaltung der Interaktion spielen. Richard Bell zeigte, daß das herkömmliche Sozialisationsmodell mit seiner Betonung des Verhaltens der Mutter gegenüber ihrem Kind die anhand neuerer Untersuchungen gewonnenen Daten nicht erklären kann. „Wir müssen uns bewußt machen, welchen Einfluß die Kinder auf ihre Eltern ausüben“ (Bell, 1968). Als Beispiel führt Bell die typisch „babyhaften“ Merkmale des Neugeborenen an (die unkontrollierten, zappelnden Bewegungen, die Form des Kopfes usw.), durch die die frischgebakkene Mutter sich gedrängt fühlt, den neuen, zerbrechlichen Nachwuchs zu schützen und zärtlich zu hegen. Er war der erste, der die Bindungstheorie kritisierte, weil sie den Charakter jedes einzelnen an der Interaktion beteiligten Partners nicht ausreichend berücksichtigte. Nun begann man subtilere, aber möglicherweise bedeutsamere Verhaltensweisen zu untersuchen, mit denen Babys die Aufmerksamkeit der Mutter möglicherweise auf sich lenken. Die dringende Notwendigkeit, objektive, quantifizierende Beschreibungen jedes Partners zu erstellen, gab den Anstoß zur Entwicklung mikroanalytischer Techniken zur Beurteilung von Mutter-Säuling-Interaktionen.

Die Quantifizierung hat die Interaktionsforschung beträchtlich erweitert. Die Quantifizierung des Verhaltens deckt Tendenzen auf und schafft die Grundlage zur *Qualifizierung* des Verhaltens (aufdringlich [intrusiv], ausweichend, hyperaktiv, reziprok usw.). Die Objektivierung *aufeinanderfolgender Reaktionsweisen in der Interaktion* läßt „Ursache- und Wirkungs"-Relationen zwischen den Partnern sowie zwischen einzelnen Verhaltenskategorien erkennen. Durch Beobachtung des zeitlichen Auftretens lassen sich Zyklen und Rhythmen erfassen. Und schließlich kann man mit Hilfe quantitativer Daten „Absichten" und „Bedeutungen" interpretieren. Eine häufige Vermeidung des Blickkontakts zum Beispiel kann auf Kontaktvermeidung hinweisen, die eine Interaktion unmöglich macht, oder auf ein autismusähnliches Verhalten. Selbst in geringfügigen Abweichungen können sich Konflikte oder aggressive Absichten äußern. Das quantitative Material muß selbstverständlich durch andere Beobachtungsmethoden ergänzt werden, um als Bestätigung derartiger Deutungen dienen zu können.

Manche Verhaltensweisen sind mit dem bloßen Auge nicht wahrnehmbar. Man erkennt sie nur anhand einzelner Zeiteinheiten; so geht man zum Beispiel bei einem Videofilm vor, der Bild für Bild analysiert wird. Die Analyse von Interaktionsmaterial führte zur Anwendung immer komplizierterer Apparaturen. Mit Hilfe von Geräusch-Spektrographen wird das Heben und Senken der Stimme dargestellt. Die Reihenfolge von Verhaltensweisen wird in Filmanalysen Bild für Bild untersucht. Manche Verhaltensmuster lassen sich überhaupt *nur* anhand dieser technischen Aufzeichnungen erkennen. Colwyn Trevarthan, der Bewegungsabläufe analysierte, meint: „Vor der Erfindung der Filmtechnik waren die Details der Bewegungen vom menschlichen Auge ebenso weit entfernt wie die Planeten vor der Erfindung des Teleskops" (Trevarthan, 1977).

11 Interaktion im Kontext

Neuere Untersuchungen der Mutter-Kind-Interaktion – so auch unsere eigenen Arbeiten – konzentrieren sich nicht mehr auf die Analyse isolierter Verhaltensweisen und kleinster Zeiteinheiten, sondern bedienen sich ganzheitlicher Methoden, die den Gesamtkontext berücksichtigen. Werden einzelne Verhaltensweisen zusammengefügt, lassen sich Verhaltensmuster und Reaktionen deuten. „Bündel“ (cluster) von Verhaltensweisen der Mutter können dann als ein Reiz betrachtet werden, „Bündel“ von Verhaltensweisen des Säuglings als Reaktion auf den Reiz. Eingebettet in bestimmte Interaktionsphasen kommt den Verhaltensweisen (wie auch den emotionalen Reaktionen jedes Beteiligten) eine unterschiedliche Bedeutung zu. Eine Interaktion läßt sich zum Beispiel gliedern in Einleitung, Regulation, Aufrechterhaltung und Beendigung. In jeder einzelnen dieser Phasen hat ein und dasselbe Verhalten eine andere Bedeutung. Aus diesem Grund muß die Interaktion als ein Prozeß betrachtet werden, in dem Aufmerksamkeit und Nicht-Aufmerksamkeit zyklisch abwechseln. Innerhalb eines jeden Zyklus kann die Verhaltensqualität definiert werden – intrusiv, gegenseitig (reziprok), einfühlsam oder verletzend.

Dieses Modell geht von einer wechselseitigen Beeinflussung aus – jeder Interaktionsteilnehmer wirkt auf den anderen ein, prägt sein Verhalten und wird seinerseits *durch den Partner* geprägt. Jeder Teilnehmer hat eine Erinnerung oder hegt eine bestimmte Erwartung an den anderen, die seine Reaktionen mitprägt. All die individuellen Unterschiede der Säuglinge, die wir im zweiten Teil beschrieben haben, beeinflussen die Eltern, von deren eigener Lebensgeschichte und Phantasie wiederum – wie wir im ersten Teil sahen – ihre Fähigkeit abhängt, sich prägen zu lassen und selbst zu reagieren.

Auch der Kommunikationsaspekt der Interaktion ist untersucht worden. Man kann das Verhalten als Signal betrachten, das die Reaktion des Partners festlegt. Gesichtsausdruck, Spiel oder Höhe der Stimme dienen jedem Partner als Indikatoren. Die Intensität des affektiven Ausdrucks enthält eine Botschaft. Diese Botschaften haben zwei Aspekte: einen inhaltlichen und einen Regulationsaspekt (Brazelton, 1976). Der Inhaltsaspekt bezieht sich auf einen Vorgang oder ein Objekt und ist dem vergleichbar, was Watzlawick, Beavin und Jackson

(1967, 1969) als „Report“ bezeichnet haben. Der Regulationsaspekt enthält die Information, ob der Kommunikant den aktuellen Interaktionszustand akzeptiert, zurückweist oder modifizieren will. Dies ist eine „Metakommunikation“ (das heißt eine Kommunikation über eine Kommunikation).

Zwar ist jede einzelne Geste oder Äußerung eine Kommunikation, dennoch aber teilen Zeitpunkt des Verhaltens und sensible Bündelung der Verhaltensweisen mehr mit als das Verhalten selbst. Zum Beispiel beugt die Mutter sich zu ihrem Baby hinunter, erfaßt ein fuchtelndes Bein oder ein unruhiges Ärmchen, legt eine Hand fest unter den Po des Babys und schafft mit ihrem intensiven Blick und ihrer sanften Stimme eine Hülle, die das Baby umschließt. Einem Element dieser fünf verschiedenen Verhaltensweisen, nämlich ihrer Stimme, wird sie besonderen Nachdruck verleihen, um das Baby zu einer Reaktion zu veranlassen. Sie spricht freundlich, aber mit zunehmender Eindringlichkeit, und der Säugling reagiert mit einem Bündel von Verhaltensweisen – der gesamte Körper entspannt, die Gesichtszüge werden weicher, er betrachtet sie konzentriert und antwortet dann mit einem zarten Gurren. All die Verhaltensweisen, in die jede Lautäußerung der Mutter eingebettet ist, sind für das Hervorrufen einer Reaktion ebenso wichtig wie die Lautäußerung selbst. Das Baby muß sich geborgen fühlen, um der Mutter zuhören zu können. Auch sie muß das Gesamtverhalten ihres Babys kennenlernen. Die Fähigkeit der Mutter, durch ihr Verhalten eine das Baby umschließende Hülle zu schaffen, den Aufmerksamkeitszustand des Babys zu stützen und die notwendigen Rhythmen von Aufmerksamkeit und Rückzug zu ermöglichen, ist entscheidend für ihre Kommunikationsfähigkeit. Überdies ist es wichtig, daß sie nun zu einem Rollenwechsel in der Lage ist. Wenn ihr Verhalten im Säugling eine Erwartungshaltung weckt und es für ihn vorhersehbar wird, so daß das Baby zwischen wichtigen und unwichtigen Signalen zu unterscheiden lernt, dann hat sie die notwendige Voraussetzung dafür geschaffen, daß es auch lernen kann, mit ihr zu kommunizieren.

Die nonverbale Kommunikation setzt beim Säugling eine gewisse Steuerung der neuromotorischen und psychophysiologischen Funktionen voraus. Säuglinge müssen in der Lage sein, Aufmerksamkeit für kognitive und affektive Signale von außen zu entwickeln und längere Zeit zu bewahren. Zugleich müssen die Säuglinge mit sich selbst genügend vertraut sein, um durch äußere Reize nicht überwältigt zu werden. Das heranreifende Zentralnervensystem bewirkt, daß sie sich selbst und ihre Welt zu kontrollieren versuchen. Sobald sie ein bestimmtes Kontrollniveau erreicht haben, suchen sie nach einer Art Homöostase, bis das Nervensystem sie zum nächsten Niveau vorantreibt. Das innere Gleichgewicht wird durch jede Unausgewogenheit gestört, die die Reifung des Nervensystems mit sich bringt. Parallel zur wachsenden Differenzierung ihrer Fähigkeiten veranlaßt die Reifung des Nervensystems die Säuglinge, ihre Kontrollsysteme neu zu organisieren. Jedem einzelnen Schritt müssen auch die Eltern sich anpassen und eine neue, angemessenere Form finden, den Säugling anzusprechen.

Diese ineinander verschränkte Rückkopplung in einem wechselseitig regulierten System scheint nach wie vor am besten durch die Kybernetik erfaßt zu werden (Walcher & Peters, 1971). Innerhalb eines ununterbrochenen Rückkopplungszyklus lassen sich die Mutter-Säugling-Dyade und die Vater-Säugling-Dyade ebenso wie die Mutter-Vater-Säugling-Triade beschreiben (Tronick et al., 1977; Brazelton, 1979; Dixon et al., 1981). Synchronisierungs- und Differenzierungsvorgänge werden dem Baby durch die Eltern, diesen wiederum durch das Baby vermittelt. Jede Unterbrechung des Systems ermöglicht dem einzelnen Mitglied der Triade Separation, Differenzierung und Individuation. Die Reorganisation schafft in jedem Mitglied ein Gefühl der Ausgewogenheit und Resynchronisierung.

Antriebsquellen

Diese komplizierte Reifung des Rückkopplungssystems hat zwei Antriebsquellen (Brazelton & Yogman, 1986). Energiekreisläufe, die sich bei Vollendung einer erwarteten Leistung schließen, beeinflussen das Baby von innen heraus. Zusammengefaßt formuliert: Die Erwartung produziert Energie; die vorbewußte Erkenntnis, daß der Schritt vollendet ist, schafft eine Befriedigung. Auf diese Weise verinnerlicht der heranwachsende Säugling ein Gefühl für sein Kontroll- und Leistungsvermögen. Dadurch wiederum werden Energien freigesetzt, die ihn zur nächsten Leistung vorantreiben.

Zugleich wird seine Entwicklung durch eine fördernde Umwelt unterstützt, die jede seiner Erfahrungen erweitert. Wenn das Baby zum Beispiel „ooh" sagt, sagen die Eltern: „So ist's schön", und nach dem dritten „ooh" werden sie wahrscheinlich sagen: „Du bist wunderbar!" Jede Lautäußerung des Säuglings wird durch eine ermutigende Reaktion bestärkt. Die Eltern erkennen die Leistung des Säuglings nicht nur an, sondern fügen ihrem zustimmenden Verhalten häufig noch weitere Signale hinzu. In Verbindung mit der positiven Verstärkung spornen diese Signale den Säugling an, den Erwartungen der Eltern zu entsprechen. Wenn der Säugling „ooh" sagt, antwortet die Mutter vielleicht mit „Oh, ja!" Auf diese Weise bestärken die Eltern den Säugling und setzen ihm gleichzeitig ein neues Ziel.

Unter idealen Bedingungen befinden sich diese zwei Antriebsquellen – die innere wie die äußere – im Gleichgewicht und liefern die Energie für die weitere Entwicklung. Der Einfluß dieser zwei Antriebsquellen auf den Säugling erweitert die vorbewußte Wahrnehmung seiner Kontrollfähigkeit, sein Kompetenzgefühl, das sich allmählich entwickelt. Diese innere Vorstellung wird in Verbindung mit der Schließung des Rückkopplungskreislaufs nach jeder gelungenen Kontrolleistung des vegetativen und zentralen Nervensystems zu einem Vorläufer der emotionalen und später kognitiven Kompetenzwahrnehmung und fördert auf diese Weise die Ich-Entwicklung des Säuglings.

Wenn alles gut geht, werden die Säuglinge für jede neue Leistung also doppelt belohnt. Die genetische Ausstattung bestimmt jedoch, welche Art innerer und äußerer Rückkopplungssysteme zur Verfügung stehen. Wenn jedes System nur mangelhaft ist, kann die Fähigkeit des Säuglings, affektive und kognitive Zustände zu kontrollieren, beeinträchtigt sein. Dies ist der Fall, wenn ein Säugling (1) aus einer Reihe von Gründen auf Reize nicht reagiert oder wenn (2) seine Reizschwelle niedrig ist, so daß er von den aufgenommenen Reizen überwältigt wird. Wenn nun auch die Umwelt unangemessen (zu heftig oder aber zu schwach) auf ihn reagiert, findet er in den Interaktionen weder Verstärkung noch Belohnung. Bleibt eine solche Störung unverändert fortbestehen, kann der Säugling sich in entscheidenden Aspekten unter Umständen nicht richtig entwickeln. In einem solchen Fall wird er sich zurückziehen, apathisch werden oder nicht gut gedeihen.

Der gewaltige Einfluß, den eine weitere Antriebskraft auf diese frühesten Interaktionen ausübt – nämlich die Erfahrungen, die die Eltern in ihrer Vergangenheit gemacht haben –, wurde im ersten Teil erörtert. Im vierten Teil werden wir die Vielfalt elterlicher Phantasien mitsamt ihren Auswirkungen sowie die verschiedenartigen Szenarien untersuchen, in denen diese Phantasien ausgelebt werden können.

Säugling und Gegenstand

Das Regulationssystem, das der Aufmerksamkeit gegenüber jedem Gegenstand zugrunde liegt, wurde erstmals von T. G. Bower (1969), Jerome Bruner (1969) und Colwyn Trevarthan (1977) näher beschrieben, als sie das Verhalten von Säuglingen studierten, die einen Gegenstand zu greifen versuchten. Sie beobachteten Säuglinge, die sich auf einen Gegenstand konzentrierten, der sich innerhalb ihrer „Reichweite" befand (ca. 25–30 cm in der Mittellinie des Säuglings von ihnen entfernt). Sie stellten fest, daß das gesamte Verhalten der Säuglinge, während sie einen Gegenstand anschauen, ihre konzentrierte, gespannte Aufmerksamkeit widerspiegelt. Sie entwickeln nicht nur einen beobachtbaren, vorhersagbaren Zustand „gebannter" Aufmerksamkeit – der ganze Körper reagiert in einer angemessenen und vorhersagbaren Art und Weise, sobald sie den Gegenstand beobachten.

In diesen Untersuchungen blickten sechs Wochen alte Säuglinge den Gegenstand mit weitgeöffneten Augen an und fixierten ihn zwei Minuten lang, ohne den Blick abzuwenden. Mit gebanntem Gesichtsausdruck, angespannter Gesichtsmuskulatur und gespitzten Lippen blikken sie ihn unverwandt an. Dann und wann sind kleine Zuckungen der Gesichtsmuskulatur zu beobachten. Der Säugling streckt die Zunge heraus, dem Objekt entgegen, und zieht sie augenblicklich wieder zurück. Gelegentlich kommt es zu kurzen Lautäußerungen. Während dieser langen Aufmerksamkeitsphasen zwinkert er zuweilen mit den Augen. Der Säugling bleibt gespannt und unbeweglich sitzen, so daß der Gegenstand genau in Mittellinie bleibt. Sobald man ihn zur Seite bewegt, versuchen die Säuglinge, ihre Körperhaltung zu verändern. Sie ziehen die Schultern hoch, als wollten sie sich auf ihn „stürzen". Die Extremitäten sind angespannt, in den Ellbogen und Knien gebeugt, Finger und Zehen sind auf das Objekt ausgerichtet. Die Hände sind halb oder fest zusammengeballt, aber Finger und Zehen zucken immer wieder und „weisen" auf den Gegenstand. Von Zeit zu

Zeit stößt das Baby mit einem Arm oder Bein ruckartig in seine Richtung. Während dieser Phase scheint der Säugling alle störenden Reaktionen zu unterdrücken, die diesen andauernden Aufmerksamkeitszustand unterbrechen könnten. Nach und nach baut die Spannung sich in allen Körperteilen auf, bis ein abruptes Nachlassen der Aufmerksamkeit dem Säugling zwangsläufig die notwendige Entspannung bringt.

Das hier beschriebene Verhalten ist bei 12-16 Wochen alten Babys noch auffälliger; es läßt sich aber auch schon bei vier Wochen alten Säuglingen beobachten – lange bevor sie in der Lage sind, nach dem Gegenstand zu greifen.

Säugling und Mutter

Schon bei vier Wochen alten Säuglingen sind Verhalten und Aufmerksamkeit einem unbelebten Objekt gegenüber deutlich anders als in der Interaktion mit der Mutter.

Selbstverständlich weckt ein unbeweglicher Gegenstand völlig andere Erwartungen als ein reaktionsbereiter Mensch (Piaget, 1951, 1954). Überraschend ist, wie früh diese Erwartungshaltung sich offenbar im Verhalten des Säuglings und in der Nutzung seiner Aufmerksamkeit widerspiegelt (Brazelton, 1976). In der Interaktion zwischen Säuglingen und ihren Müttern entwickelt sich offenbar ein Zyklus von Aufmerksamkeit und Abzug der Aufmerksamkeit – ein Zyklus, der sich bei jedem Partner beobachten läßt: Kontaktaufnahme, Rückzug und Warten auf eine Reaktion des Partners. Innerhalb dieses Zyklus wirkt nicht der einzelne Verhaltensakt als Reiz, vielmehr bestimmen Verhaltensbündel den Zeitpunkt, zu dem eine Reaktion des Partners erfolgt. Ein Lächeln allein ruft nicht unbedingt ein Lächeln hervor; das Gleiche gilt für eine isolierte Lautäußerung. Wenn diese Verhaltensakte jedoch in verschiedene andere Handlungen eingebettet sind, steigt die Wahrscheinlichkeit einer entsprechenden Reaktion deutlich an. Um zu begreifen, welche Verhaltensbündel eine Gruppe entsprechender Verhaltensweisen des anderen Mitglieds der Dyade zur Folge haben wird, muß man überdies die affektive Aufmerksamkeit beider Partner füreinander verstehen. Anders gesagt: Die Intensität der Interaktion selbst ist für die Bedeutung des Verhaltens beider Teilnehmer ausschlaggebend. Wenn die Mutter auf eine bestimmte Art und Weise reagiert, entwickelt sich die Interaktionsenergie; reagiert sie anders, wendet das Baby sich möglicherweise ab. Das Gleiche gilt für ihre Reaktionen gegenüber dem Verhalten des Babys. Vorhersagen über das Interaktionsverhalten sind folglich wesentlich komplexer als Vorhersagen über die Aufmerksamkeit, die der Säugling einem Gegenstand widmet.

Diese Komplexität der Interaktion von Mutter und Kind läßt sich am besten graphisch darstellen (Brazelton, Koslowski & Main, 1974). Die Abbildungen 1-3 veranschaulichen den Verlauf der Mutter-Säugling-Interaktionsphasen. Die Zeit wird auf der waagerechten Achse abgetragen, die Anzahl der Verhaltenseinheiten auf der senkrechten. Die Kurven oberhalb der waagerechten Achse zeigen an, daß der Interaktionsteilnehmer, dessen Verhalten die Kurve darstellt, seinen Partner ansah. Die Kurven unterhalb dieser Achse zeigen an, daß er wegsah. Durchgezogene Linien stellen das Verhalten der Mutter dar, gestrichelte das des Babys. Eine gestrichelte Kurve unterhalb der Horizontalachse zeigt folglich an, daß das Baby von der Mutter *wegsah* und etwas anderes machte.

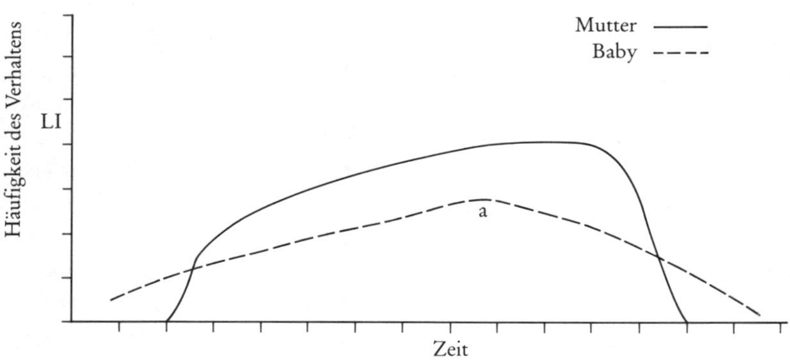

Abbildung 1

Abbildung 1 (Interaktionsdauer: 16 Sekunden) zeigt, daß die Mutter das Baby ansieht, nachdem dieses sich ihr zugewendet hat. Über diesen Blickkontakt hinaus lächelt die Mutter das Baby an, spricht mit ihm, berührt seine Hand und hält eines seiner Beinchen fest, um den Interaktionsverlauf zu beschleunigen. Das Baby reagiert, indem Anzahl eigener Verhaltenseinheiten (Lächeln, Lautäußerungen, Kreisen der Arme und Beine) zunimmt bis zu dem mit a bezeichneten Höhepunkt. Von diesem Moment an verringert das Baby die Anzahl seiner Verhaltensakte und schränkt sie gegen Ende ihrer Interaktion allmählich ganz ein. Die Mutter paßt sich dem Verhalten des Babys durch eine noch raschere Verringerung ihrer Verhaltensakte an und beschließt ihren Teil des Zyklus, indem sie wegsieht, unmittelbar bevor das Baby seinen Blick abwendet.

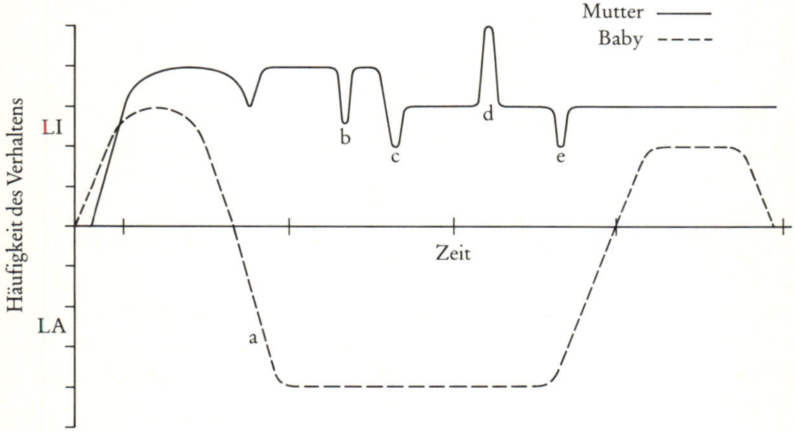

Abbildung 2

Abbildung 2 (Interaktionsdauer: 5 Sekunden) zeigt ein Baby, das einen Interaktionszyklus aufnimmt, indem es die Mutter ansieht. Sie reagiert, indem sie das Baby ansieht, und fügt dem Blickkontakt vier weitere, rasch aufeinander folgende Verhaltenseinheiten hinzu: Berührung, Lächeln, Sprechen und Kopfnicken. Das Baby beobachtet sie, „erzählt", lächelt zurück, vollführt einen Moment lang kreisende Bewegungen mit Armen und Beinen, und reagiert dann immer weniger, bis es sich an Punkt a abwendet. Die Mutter hört auf zu lächeln, sobald das Baby sich abzuwenden beginnt, versucht aber, bis zu Punkt b sein Interesse durch verstärktes Mienenspiel erneut zu fesseln. An diesem Punkt stellt sie das mimische Gebärdenspiel ein und beginnt statt dessen, das Baby zu tätscheln. An Punkt c hört sie kurz auf zu sprechen und beendet das Kopfnicken. An Punkt d ergänzt sie ihr mimisches Gebärdenspiel durch Gesten der Hand, bricht dann aber beides ab. An Punkt e hört sie auf zu sprechen, und das Baby wendet ihr wieder seinen Blick zu. Es „erzählt" kurz und schaut erneut weg, während die Mutter ihre Aktivitäten fortsetzt.

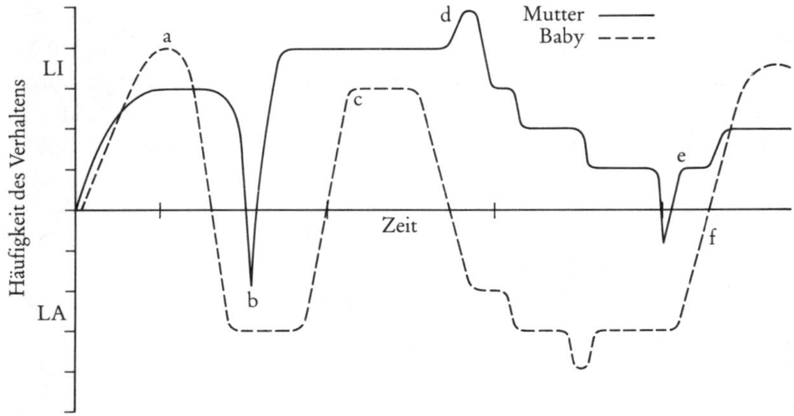

Abbildung 3

In Abbildung 3 (Interaktionsdauer ebenfalls 5 Sekunden) schauen Mutter und Baby einander an, lächeln und „erzählen". Das Baby beginnt, Arme und Beine kreisend zu bewegen und nach der Mutter zu greifen. An Punkt a beginnt das Baby, sich von ihr abzuwenden. Sie reagiert, indem sie auf ihre Hände hinuntersieht, und hält in ihrer Aktivität einen Moment lang inne. Dies veranlaßt das Baby, sie anzusehen (Punkt c). Sie lächelt, spricht, beugt sich zum Baby vor und löst damit ein Lächeln aus. Zusätzlich kreisen Arme und Beine des Babys, und es gurrt zufrieden, während es sie beobachtet. Als das Baby sich abzuwenden beginnt, fügt die Mutter weitere Verhaltensweisen und Gesten hinzu. Das Baby verstärkt jedoch seine Aktivität, ignoriert ihre Versuche, sich in Erinnerung zu bringen, und wendet sich von ihr ab. Nach und nach gibt die Mutter sämtliche Aktivitäten auf, bis sie an Punkt e ihren Blick vom Baby abwendet. Unmittelbar danach sieht das Baby sie erneut an, und der Zyklus des gegenseitigen Ansehens setzt an Punkt f wieder ein.

Wie nachhaltig die Interaktion das Verhalten des einzelnen Teilnehmers prägt, läßt sich auf zahlreichen Ebenen beobachten. Benutzt man Ansehen und Nicht-Ansehen als Beurteilungskriterium von Aufmerksamkeit und Nicht-Aufmerksamkeit, so kristallisierten sich in einer einminütigen Interaktion durchschnittlich 4,4 erkennbare Zyklen von Aufmerksamkeit und Nicht-Aufmerksamkeit heraus. Aufmerksamkeitsintervalle und Zeitdauer der Blickabkehr waren in der

Interaktion mit der Mutter nicht nur kürzer als gegenüber leblosen Objekten – die Aufmerksamkeit steigerte sich auch langsamer bis zum Konzentrationshöhepunkt, um danach nur allmählich abzusinken.

Die wirkungsvollste Möglichkeit der Mutter, die Interaktionsdauer positiv zu beeinflussen, besteht offenbar in ihrer Einfühlung in die Konzentrationsfähigkeit des Säuglings und sein Bedürfnis, sich nach einer Phase, in der es sich mit ihr beschäftigt hat, – teilweise oder ganz – zurückzuziehen. Allen Phasen verlängerter Interaktion scheinen kurze Zyklen von Aufmerksamkeit und Nicht-Aufmerksamkeit zugrunde zu liegen. Obgleich der Säugling scheinbar unentwegt auf die Mutter konzentriert ist, läßt die mikroanalytische Untersuchung von Videobildern den zyklischen Charakter des Ansehens und Wegsehens seitens des Säuglings erkennen. Indem sie wegsehen, bewahren die Säuglinge sich eine gewisse Kontrolle über das Ausmaß der Stimulation, der sie sich in den Phasen intensiver Interaktion aussetzen.

Dieses rhythmische Auftreten von Aufmerksamkeit/Nicht-Aufmerksamkeit ist wesentlich für das zuvor beschriebene Homöostase-Modell. Die Mütter müssen ein Gefühl für das Bedürfnis der Säuglinge entwikkeln, ihr inneres Gleichgewicht durch die erforderlichen Regulationsmaßnahmen aufrechtzuerhalten. Sie müssen dieses Bedürfnis respektieren, weil sie das unreife psychophysiologische System der Säuglinge sonst überbelasten; die Babys müssen sich dann selbst schützen, indem sie sich vollständig von der Mutter abwenden (Brazelton, Tronick, Adamson, Als & Wise, 1975). Innerhalb dieser rhythmischen, fest gefügten Struktur können Mutter und Säugling variable Kommunikationselemente einbringen: Lächeln, Lautäußerungen, Körperhaltungen und Berührungssignale. Diese Kommunikationselemente können nach Belieben ausgetauscht werden, solange sie sich im Rahmen der rhythmischen Struktur bewegen. Die individuellen Unterschiede des Tempos einer solchen Struktur legen die Grenzen fest. Die Mutter hat also die Möglichkeit, ihr Tempo innerhalb dieser Grenzen anzupassen. Wenn sie ihr Tempo beschleunigt, kann sie die Kommunikationsintensität des Babys herabsetzen. Verlangsamt sie ihr eigenes Tempo, kann sie davon ausgehen, daß der Säugling sich mit erhöhter Konzentration und intensiviertem Kommunikationsverhalten an der Interaktion beteiligt (Stern, 1974 a). Die Art und Weise, wie sie durch ihr eigenes Tempo die Reaktion des Babys beeinflußt, schafft vermutlich die Voraussetzung dafür, das das Baby seine eigenen Steuerungsmöglichkeiten kennenlernen kann. Indem sie das Stimulationsniveau vorsichtig variiert, macht das Baby sich mit elementaren Selbstregulationsvorgängen vertraut.

Die Mutter ihrerseits sammelt Erfahrungen über sich selbst und ihre Rolle. Mütter müssen lernen, eine ruhige, regulative Grundlage zu schaffen und zu bewahren, die das Baby nicht durch allzu intensive Stimulierung überbelastet; sie müssen ihre eigene Aktivität gegenüber dem Baby soweit reduzieren, daß sie dessen Bedürfnissen nach Abkehr und Selbstregulation angemessen ist. In jeder einzelnen Phase sammelt die Mutter zahlreiche neue Erkenntnisse über die Möglichkeit, den Entwicklungsprozeß ihres Säuglings zu fördern.

Unterschiedliches Interaktionsverhalten von Müttern und Vätern

Das unterschiedliche Interaktionsverhalten von Müttern und Vätern im Umgang mit ihren Babys ist bereits in den ersten Lebenswochen erkennbar. Die Unterschiede sind vorwiegend qualitativer Art (Yogman et al., 1976). Väter neigen eher zu lebhaften, animierenden Spielen. Sie knuffen und berühren das Baby und steigern auf diese Weise seine Erregung. Wenn ein Baby die Stimme seines Vaters hört, sein Gesicht und andere charakteristische Signale erkennt, reagiert es normalerweise, indem es die Schultern hochzieht, als wolle es zum Sprung ansetzen. Zunächst beobachtet es den Vater aufmerksam, dann beginnt es voller Aufregung zu kichern oder zu kreischen, um sich daran anschließend kurz zurückzuziehen, bevor es erneut in eine Erregungsphase gerät. Die Interaktionen zwischen Säuglingen und ihren Vätern sind im Vergleich zur Mutter-Säugling-Interaktion durch höhere Erregbarkeitsgrade und längere Erholungsphasen gekennzeichnet.

Diese Unterschiede bleiben im Laufe der Zeit konstant und kommen in vorhersagbaren Gruppen von Verhaltensweisen (Verhaltensbündel) zum Ausdruck. Sie signalisieren dem erwachsenen Partner, daß das Baby ihn erkennt und ganz bestimmte Reaktionsmuster von ihm erwartet. Darüber hinaus weisen sie den Erwachsenen unterschiedliche Rollen zu – die Mutter soll eine Hülle für das Interaktionsverhalten schaffen, der Vater die Grundlage, auf der sich ein Spiel entwickeln kann. Die Konstanz dieser Erwartungsmuster läßt auch auf ein Bedürfnis des Säuglings nach vorhersehbaren Reaktionen beider Eltern schließen. Zwei unterschiedliche Gruppen von Reaktionsweisen werden die kognitive und affektive Erwartung bereichern, die das Baby an die Welt hegt.

Ebenso wie die Mutter lernt auch der Vater, welche Rolle von ihm erwartet wird. Er paßt sein Verhalten, seine eigenen Rhythmen denen des Babys an und lernt dabei seine eigene Fähigkeit kennen, auf das Kind zu reagieren und seine Entwicklung zu fördern. Die allein ihm vorbehaltenen, spezifischen Verhaltensweisen geben ihm das Gefühl, wichtig zu sein, und bestätigen ihn in seiner Rolle. Auch der Vater entwickelt seine Hingabefähigkeit allmählich, kaum anders als die Mutter. Beide Eltern lernen sich selbst als Pflegepersonen immer besser kennen, indem sie auf die nonverbalen Signale ihres Säuglings eingehen und reagieren.

12 Still-face-Untersuchungen

Anders als durch die Beobachtung der harmonischen Mutter-Säugling-Interaktion lassen sich umfangreiche neue Erkenntnisse gewinnen, wenn man eine genau definierte Variante in diese Interaktion einführt. Die sogenannte „Still-face"-Situation* gehört zu den bekanntesten dieser Untersuchungsmethoden und ist wohl auch am gründlichsten erforscht worden. Gemeinsam mit Mitarbeitern des Child Development Unit des Boston Children's Hospital haben wir [T. B. B.] diese Versuchsanordnung seit 1978 wiederholt analysiert und in Videofilmen festgehalten (Tronick, Als, Adamson, Wise & Brazelton, 1978).

In der Ausgangsuntersuchung benutzten wir zwei Kameras, von denen die eine auf Gesicht und Oberkörper des Babys, die andere auf Gesicht und Oberkörper der Mutter gerichtet war. Die Kameras waren so programmiert, daß eine Digitalanzeige die reale Interaktionsdauer Sekunde für Sekunde festhielt.

Das Baby wurde in ruhiger und zufriedener Verfassung in einen Babysitz mit verstellbarer Lehne gesetzt, der in einer durch einen Vorhang abgetrennten Nische auf einem Tisch stand. Wir baten die Mutter, die Nische zu betreten und „mit dem Baby im Kinderstuhl genauso zu spielen, wie sie es zu Hause tun würde" – mit einer Einschränkung: sie durfte das Baby nicht aus dem Sitz herausheben. Drei Minuten lang sollte sie mit dem Baby spielen und sich dann kurz zurückzuziehen. Nach Ablauf einer Minute baten wir die Mutter, erneut zum Baby hineinzugehen und sich noch einmal drei Minuten lang in der Nische aufzuhalten. Diesmal aber sollte sie eine vollkommen unbewegliche Miene aufsetzen und in keiner Weise auf das Baby reagieren. Auf diese Weise verletzte sie die Erwartungshaltung, die ihr Säugling in der vorangegangenen Spielphase entwickelt hatte. Mit Hilfe dieser Versuchsanordnung wollten wir untersuchen, wie hoch die Erwartungshaltung des Babys war und durch welche Verhaltensweisen sie zum Ausdruck gebracht wurde. Im Laufe der vergangenen 10 Jahre haben wir mehrere hundert Mutter-Kind-Paare beobachtet und analysiert. Die Säuglinge dieser Untersuchungen waren zwischen einem

* Still-face bedeutet starrer, unbeweglicher Gesichtsausdruck.

Monat und vier Monaten alt. In jüngerer Zeit haben wir gemeinsam mit Suzanne Dixon und Michael Yogman (Dixon et al., 1981) Väter und ihre Säuglinge in derselben Situation beobachtet. Außerdem haben wir die Versuchsanordnung auf blinde Säuglinge mit sehenden Eltern, blinde Eltern mit sehenden Säuglingen (Als et al., 1980), hirngeschädigte Säuglinge und Säuglinge mit angeborenen Gesichtsanomalien erweitert. Noch jüngeren Datums sind entsprechende Untersuchungen, die wir mit Frühgeborenen und ihren Eltern durchgeführt haben (Als & Brazelton, 1981).

Betrachten wir die Reaktionen eines drei Monate alten Mädchens in der typischen Untersuchungssituation. Vor der zweiten dreiminütigen Begegnung mit der Mutter betrachtet das Baby, das allein in der Nische sitzt, nachdenklich seine Hände und spielt mit den Fingern. Sobald die Mutter eintritt, stellt es sein Spiel ein. Die Kleine schaut zur Mutter auf, stellt einen Blickkontakt her und lächelt. Der maskenhafte Gesichtsausdruck der Mutter bleibt unverändert. Das Baby schaut rasch zur Seite, bleibt ruhig, sein Gesichtsausdruck ist ernst. 20 Sekunden lang bleibt sein Blick abgewendet. Dann sieht es der Mutter mit hochgezogenen Brauen und weit geöffneten Augen erneut ins Gesicht und streckt ihr kaum wahrnehmbar die Arme entgegen. Als die Mutter daraufhin keine Reaktion zeigt, schaut die Kleine wieder hinunter auf ihre Händchen, zupft ca. 8 Sekunden lang an den Fingern und schaut die Mutter dann noch einmal prüfend an. Ihr Blick wird durch ein Gähnen unterbrochen. Dabei legt sie den Kopf nach hinten. Sie zupft an ihren Fingern, während der ganze übrige Körper bewegungslos bleibt. Gähnen und Halsstrecken nehmen ungefähr fünf Sekunden in Anspruch. Das Baby macht eine erschreckte Armbewegung und schaut der Mutter kurz ins Gesicht. Seine Arme bewegen sich unruhig und ruckartig. Es verzieht die Mundwinkel nach unten, die Augen werden klein und sind halbgeschlossen. Es dreht den Kopf zur Seite, sieht die Mutter jedoch aus den Augenwinkeln an. Wieder spielt es mit den Fingern, streckt die Beine der Mutter entgegen und zieht sie augenblicklich wieder zurück. Es beugt sich vor, fällt fast vornüber und preßt das Kinn auf eine Schulter, schaut aber mit gesenktem Kopf zum Gesicht der Mutter auf. In dieser Haltung verharrt es länger als eine Minute; zwischendurch schaut es die Mutter fast alle 10 Sekunden kurz an. Es verzieht das Gesicht, blickt noch ernster und runzelt die Augenbrauen. Schließlich zieht das Baby sich innerlich ganz zurück, beugt den Körper vor und läßt den Kopf hängen. Es sieht die Mutter nicht mehr an. Die Kleine führt eine Hand zum Mund, lutscht am Finger und wiegt den Kopf hin und her. Dabei schaut sie hinunter auf ihre Füße. Sie macht einen niedergeschlagenen, hilflosen und ganz zurückgezogen Eindruck. Als die Mutter nach Ablauf von drei Minuten die Nische verläßt, sieht das Baby halb hoch, schaut in ihre Richtung, sein melancholischer Gesichtsausdruck und die gebeugte Körperhaltung aber bleiben unverändert.

Das übereinstimmende Verhalten der Säuglinge in der Still-face-Situation besteht aus wiederholten Versuchen, der Mutter eine Reaktion zu entlocken, Niedergeschlagenheit, Abwendung von der Mutter und Rückzug. All dies findet in weniger als drei Minuten statt. Die Tatsache, daß Säuglinge in dieser Situation so übereinstimmend und nachweisbar enttäuscht auf das Scheitern ihrer Fähigkeit, die Aufmerksamkeit der Mutter zurückzuerobern, und so verletzt auf das reagieren, was sie als Zurückweisung begreifen, beweist die überragende Bedeutung ihrer Abhängigkeit von der „Hülle“, die die Mutter schafft, und von ihrer vorhersagbaren Reaktion auf das Baby. Nach anfänglichen Versuchen und ansatzweisem Protest verfallen die Babys in einen Zustand, in dem sie sich selbst schützen. Zunächst versuchen sie, ihr Bedürfnis zu verleugnen, die Mutter anzusehen. Danach versuchen sie, keinerlei Notiz mehr von ihrer Umgebung zu nehmen. Schließlich nehmen sie zu ihren eigenen Selbstberuhigungsmaßnahmen Zuflucht. Diese aufeinander folgenden Verhaltensweisen lassen erkennen, wie verletzlich sie sind und wie gespannt sie auf diejenigen Interaktionsebenen warten, mit denen ihre Mütter sie vertraut gemacht haben. Die drei Reaktionsebenen wurden mit den Verhaltensfolgen bei Säuglingen verglichen, die durch einen Krankenhausaufenthalt von ihren Müttern getrennt waren (Bowlby, 1969).

Dieses Still-face-Experiment ist mit zahlreichen Variationen durchgeführt worden. Wenn die Mütter gebeten wurden, sich – während sie ihre Säuglinge ansahen – vorzustellen, sie seien übermüdet und depri- miert, veränderte das Verhalten der Babys sich markant. Sie versuchten flüchtig, die Aufmerksamkeit der Mütter zu erregen, und zeigten danach zunehmend negative Reaktionen in Form von Protest oder Müdigkeit (Cohn & Tronick, 1983).

Wir begannen diese Untersuchungen in der Erwartung, ein Vertrauen des Babys in vorhersagbare Reaktionen seiner Mutter nachweisen zu können. Was die offenkundige Enttäuschung des Babys für die Eltern bedeutet, hatten wir in unsere Vorüberlegungen nicht einbezogen. Wir stellten fest, daß auch die Mutter aufgeregt und niedergeschlagen wurde, wenn das Baby sich enttäuscht zurückzog. Die Mütter, die sich an unseren Untersuchungen beteiligten, erzählten uns, wie sehr das Erlebnis sie mitgenommen hatte. Wenn sie vor ihren Babys saßen, ohne auf deren Kontaktversuche reagieren zu können, erregte sie sowohl die Erkenntnis, wie wichtig sie den Säuglingen waren, als auch die Zielgerichtetheit und Bestimmtheit ihrer Kontaktversuche, zugleich aber hatten sie das Gefühl, wirklich etwas zu verlieren. Jede Mutter sagte dasselbe: „Alles, was ich tun durfte, war, nicht zu reagieren. Ich hatte das Gefühl, mein Baby im Stich zu lassen. Es war, als würde ich von ihm weggerissen, und ich hatte das Gefühl, ein Stück meiner selbst zu verlieren. Ich war abwechselnd traurig, wütend und verzweifelt. Das will ich nie wieder erleben. Als ich zurückgehen und reagieren durfte, war ich ungeheuer erleichtert – und ich hatte auch das Gefühl, daß wir zusammen wirklich etwas geschafft haben und einander sehr viel bedeuten. Wir haben uns schon sehr gut kennengelernt!“

Diese kurze Unterbrechung der Kommunikation vermittelt der Mutter zunächst ein Gefühl der Hilflosigkeit, sie fühlt sich nutzlos und bekommt sogar Angst. Gleichzeitig ist sie nach wie vor verwundbar und unsicher, ob sie eine Interaktion wirklich herstellen und aufrechterhalten kann. Bei erfolgreichem Verlauf wirkt die „Rückmeldung“ des Babys anspornend. Sie belohnt sie für ihre Anstrengungen. In der Still-face-Situation werden ihr sowohl die Verwundbarkeit des Babys als auch die Unsicherheit ihrer eigenen bisherigen Leistungen bewußt, wenn sie sieht, wie das Baby vor ihren Augen „auseinanderfällt“. Ihr Vertrauen in die Stabilität ihrer ersten Dialogstufen wird bedroht. Die Erleichterung, die sie nach diesem Erlebnis empfindet, ist beinahe euphorisch. Sie spürt, wie sehr sie gebraucht wird und wie stark sie beide zusammen sind – stark genug, um mit der Verwundbarkeit des Babys umgehen zu können, stark genug, um die geeigneten Signale auszutauschen, die es ihr ermöglichen, sich als Mutter weiterzuentwickeln. Der kurze „Abbruch“ ihrer Kommunikation unterstreicht die Bedeutung dessen, was sie gemeinsam bereits erreicht haben.

Als uns bewußt wurde, wie schmerzhaft es für die Mütter war, tatenlos zusehen zu müssen, wie ihre Babys überreagierten und sich danach ganz zurückzogen, baten wir sie, sich im Anschluß an das Experiment mit uns gemeinsam die Videofilme anzusehen. Als sie das Verhalten ihrer Babys beobachteten, sagten sie als erstes: „Ich habe überhaupt nicht gewußt, daß ich für mein Kind so wichtig bin." Dann eilten sie zu den Babys zurück, um es wiedergutzumachen. Sobald die normale Interaktion wiederhergestellt ist, zeigen sich die Auswirkungen; im allgemeinen beobachten die Säuglinge ihre Mütter anfänglich voller Argwohn. Gelegentlich bäumen sie sich sogar von ihnen weg. Die Mütter pflegen sich bei ihren Babys zu entschuldigen, indem sie etwa sagen: „Jetzt bin ich wieder so, wie ich eigentlich bin." Innerhalb von 30 Sekunden ließen die Säuglinge sich wieder auf die normale Interaktion ein.

Im fünften Teil werden wir sehen, daß depressive Mütter die Erwartung ihrer Babys häufig auf diese gewaltsame Art und Weise verletzen. Wenn sie in der Lage sind, von Zeit zu Zeit normal zu interagieren, lassen sie in ihren Babys eine bestimmte Erwartungshaltung entstehen. Zu anderen Zeiten führen ihre eigenen Bedürfnisse dazu, daß sie sich zurückziehen und die Babys einem depressiven und hoffnungslosen Zustand überlassen. Wenn ein solches Muster sich regelmäßig wiederholt, entwickeln sich unter Umständen die klassischen Symptome: Vermeidung des Blickkontakts (weil es schmerzhaft ist zuzulassen, daß die Erwartung sich wieder entwickelt), verstärkte Bewegung im Magen-Darm-Trakt (unter Streß), Unsicherheit (aufgrund der entstandenen Angst), Unfähigkeit oder mangelnde Bereitschaft zu sozialer Interaktion mit einem Kontakt knüpfenden Erwachsenen. Die Still-face-Forschung hilft uns, die normalen Interaktionsprozesse wie unter einem Vergrößerungsglas zu beobachten.

Die soziale Interaktion ist ein bestimmten Regeln unterliegendes, zielorientiertes System, das von beiden Partnern gemeinsam entwickelt und in Gang gehalten wird. Die Still-face-Situation verletzt die Regeln dieses Systems, da widersprüchliche Informationen über Ziel oder Absicht des Partners vermittelt werden. In dem Augenblick, in dem die Mutter die Nische betritt und ihrem Baby gegenüber Platz nimmt, scheint sie eine Interaktion einzuleiten und vorzubereiten, ihre unbewegte Miene aber verweist zugleich auf Interesselosigkeit oder innerlichen Rückzug. Sie sagt in ein und demselben Moment „Hallo" und „Auf Wiedersehen". Wenn die Säuglinge diese signalisierten Absichten wahrnehmen, entsteht für sie ein Widerspruch. Sie reagieren auf die scheinbare Interaktionsabsicht und begrüßen die Mutter, wenden sich dann ab und ziehen sich vorübergehend zurück, um dann erneut zu versuchen, einen Kontakt herzustellen. Wenn die Bemühungen des Babys scheitern, die Interaktion wieder ins rechte Gleis zu bringen und eine Gegenseitigkeit herzustellen, kommt es schließlich zum vollständigen Rückzug.

13 Vier Entwicklungsstufen der frühen Interaktion

Nachdem wir die charakteristischen Merkmale der frühen Interaktion untersucht und darüber hinaus die Methoden beschrieben haben, die unser Verständnis dieser Beziehung verbessern halfen, können wir uns den unterschiedlichen Stufen ihrer Entwicklung zuwenden. An anderem Ort haben wir (T. B. B.) vier Entwicklungsstufen der Mutter-Säugling-Interaktion beschrieben (Brazelton & Als, 1979). Ausgehend von dem im vorangegangenen Kapitel erläuterten Modell der wechselseitigen Rückkopplung und den im ersten und zweiten Teil dargestellten Fähigkeiten und Voraussetzungen, die Eltern und Säugling jeweils mitbringen, wollen wir den Entwicklungsfortschritt zu definieren versuchen, der für jede dieser Stufen charakteristisch sind. Die einzelnen Stufen können folgendermaßen beschrieben werden: homöostatische Kontrolle, Verlängerung der Aufmerksamkeits- und Interaktionsdauer, Erprobung der Grenzen und schließlich die Entwicklung der Selbständigkeit. Da wir uns mit Müttern und ihren Säuglingen beschäftigt haben, beschreiben wir Mutter-Säugling-Paare. Selbstverständlich aber entfaltet sich eine intensive Vater-Säugling-Beziehung in ähnlicher Weise.

Homöostatische Kontrolle

Die erste Aufgabe Neugeborener besteht darin, die Fähigkeit zu entwickeln, zwischen der Aufnahme von Reizen [Input] und den eigenen Verhaltenweisen und Reaktionen [Output] ein Gleichgewicht herzustellen. Sie müssen einerseits in der Lage sein, sich gegen Reize abzusperren, andererseits aber müssen sie Reize auch aufnehmen und zugleich ihre eigenen Verhaltenszustände und physiologischen Funktionen steuern können. Säuglinge können sich nur dann aufmerksam auf die Interaktionsangebote eines Erwachsenen konzentrieren, wenn sie zur Steuerung ihrer motorischen Aktivität, ihrer Verhaltenszustände und vegetativen Vorgänge in der Lage sind. Diese Steuerung schafft die Voraussetzungen für eine aufmerksame Beschäftigung mit den von einer erwachsenen Person ausgehenden Reizsignalen. Um einen Aufmerksamkeitszustand entwickeln zu können, müssen die Säuglinge sowohl mit diesen Voraussetzungen vertraut sein als auch mit den ihnen entsprechenden Verhaltensreaktionen. Gesunde Säuglinge lernen dies in der ersten Lebenswoche oder im Laufe der ersten zehn Tage. Die Eltern müssen, wie wir gesehen haben, lernen, ihrem Baby Ruhe und Geborgenheit zu vermitteln; sie dürfen das Baby nicht mit Reizen überfluten, weil sie sein labiles Gleichgewicht dadurch zerstören würden, und müssen ihre eigenen Verhaltensweisen der individuellen Reizschwelle ihres Babys angleichen. Ein Baby angemessen zu versorgen, erfordert seitens der Eltern einen Lernprozeß – die Abstimmung des eigenen Verhaltens auf das des Babys ist hierbei der erste Schritt.

Mütter können die Versuche ihrer Babys, ihre Reaktionen zu kontrollieren, nachempfinden, weil sie sich tief in sie einfühlen. Eine Mutter beschrieb diese Erfahrung mit den Worten: „Ich hatte das Gefühl, selbst in der Haut meines Babys zu stecken – als ob ich selbst wieder ein Baby wäre, als wäre ich selbst dieses Baby. Wenn ich dann aber sehe, wie gut sie zurecht kommt, merke ich, daß es eher das Gefühl ist mitzuerleben, was sie leisten muß, um sich zu kontrollieren und eine ruhige Aufmerksamkeit zu entwickeln. Zunächst einmal will ich ihr alles abnehmen; wenn ich sie jedoch beobachte, sehe ich, daß es viel wichtiger ist, ihr zu „helfen", es selbst zu machen. Sie rackert sich ab, und ich kämpfe mit ihr gemeinsam. Ich muß mich wirklich beherrschen, um sie nicht die ganze Zeit festzuhalten."

Diese intensive Identifizierung, die wir im ersten Teil beschrieben haben, hilft der Mutter, ihr Baby zu verstehen, das sich in dieser Phase nach Kräften bemüht, seine desorganisierten Zustände zu kontrollieren. Für die Mutter, die nach den Anstrengungen der Wehen und Geburt mit ihren eigenen Trennungsgefühlen, mit Niedergeschlagenheit und Labilität zu kämpfen hat, muß es eine beruhigende Erfahrung sein zu sehen, daß ihr Baby allmählich immer besser zurecht kommt. Wenn wir die NBAS im Beisein der jungen Mutter durchführen, erkennen wir, wie wichtig es für sie ist, sich das kompetente Verhalten ihres Babys bewußt zu machen. Ihre Identifizierung mit dem Baby gibt ihr Kraft für die schwierige Aufgabe, die körperliche Trennung zu akzeptieren und den Bedürfnissen eines von ihr getrennten Individuums gerecht zu werden.

Verlängerung der Aufmerksamkeitsdauer

Sobald Säuglinge eine gewisse Kontrollfähigkeit erlangt haben, können sie sich auf soziale Signale konzentrieren, um die Dauer ihrer Aufmerksamkeit zu verlängern und komplexere Botschaften zu empfangen und zu verinnerlichen. In dieser Phase beginnen die Säuglinge selbst, die Interaktion mit einem für sie wichtigen erwachsenen Menschen zu verlängern. Indem sie die motorischen und vegetativen Funktionen zu steuern lernen, um in ihrer Aufmerksamkeit nicht gestört zu werden, wird ihnen ihre Fähigkeit bewußt, diese Aufgabe zu meistern. Sie lernen, mit Hilfe der Signale des Erwachsenen ihre Konzentration zu wahren. Überdies setzten sie ihre eigenen, schnell wachsenden Fähigkeiten – Lächeln, Lautäußerungen, Mimik und motorische Signale – ein, um ihre Aufnahmebereitschaft zu erkennen zu geben und der Mutter Reaktionen zu entlocken. Sie lernen, sich auf das abwechselnde Geben und Nehmen einer synchronisierten Beziehung einzustellen. Diese Entwicklung findet im Laufe der ersten acht Lebenswochen statt und gipfelt im sozialen Lächeln und den Lautäußerungen gegen Ende des zweiten Monats. Zu diesem Zeitpunkt beherrschen sowohl die Mutter als auch das Baby die Kommunikationsformen, die zur Entwicklung einer für beide Partner gewinnbringenden und ausgedehnteren Interaktion notwendig sind.

Die Mutter hat während dieser Wochen im Umgang mit ihrem Säugling vieles gelernt und ein neues Selbstbild entwickelt. All die durch die Schwangerschaft bewirkten Veränderungen haben ihr Bedürfnis verstärkt, in die neue Rolle hineinzuwachsen. Die negativen Aspekte ihrer Ambivalenzgefühle sorgen dafür, daß Unsicherheit und Selbstzweifel in gewissem Grad gewahrt bleiben. Sie sind auch der Grund für ihren Wunsch, bei anderen Menschen Bestätigung und Bestärkung zu finden. In diesen Wochen kann sie sich unmöglich selbstzufrieden „zurücklehnen". Sie wendet sich nicht nur an alle Menschen ihrer Umgebung – ihren Mann, ihre eigene Mutter, an den Arzt, die Säuglingsschwester, an Freunde und andere junge Mütter –, sondern reagiert auch überaus sensibel auf die Reaktionen ihres Babys. Jedes Signal, wie schwach es auch sein mag, entschädigt sie für ihre Bemühungen – eine Stimmungsaufhellung, die Unterdrückung motorischer Aktivität, von einem Lächeln ganz zu schweigen! Da sie nach solchen Bestätigungen geradezu hungert, lernt sie die Grenzen ihres Babys, sein Temperament und seinen Reaktionsstil immer besser kennen. Sie durchlebt ihre eigene Vergangenheit noch einmal, wenn sie gespannt und erwartungsvoll ihre Mutter oder Freundinnen im Spiel mit ihrem Baby beobachtet. Sie sucht Halt in jeder Erfahrung, jeder überlieferten Weisheit, auf die sie sich stützen könnte.

Wenn die Mutter merkt, daß die Fähigkeit ihres Babys, sich ihr aufmerksam zuzuwenden, von seinem individuellen Rhythmus abhängig ist, gleicht sie ihr Verhalten dem des Säuglings an. Sie lernt, auf die Signale des Säuglings zu antworten und zum richtigen Zeitpunkt zu reagieren. Sie lernt, sich abzuwenden oder ihre Reaktionen zu dämpfen, wenn das Baby das Gleiche tut. Und sie lernt, daß sie jede Verhaltensweise ein wenig erweitern und das Baby auf diese Weise „mitziehen" kann. Wenn das Baby lächelt, lächelt sie noch ein wenig länger und intensiver und zeigt ihm so, daß es mehr als nur ein flüchtiges Lächeln gibt. Wenn der Säugling „erzählt", setzt sie ein Wort oder einen Buchstaben hinzu; auf diese Weise fordert sie ihn zur Nachahmung heraus. Indem sie ihren Rhythmus und ihre Verhaltensweisen denen des Babys anpaßt, begibt sie sich in seine Welt hinein und spornt es an, ihr nachzueifern. Und im Laufe dieser Entwicklung merkt sie allmählich, daß ihr Wunsch in Erfüllung geht, ihrem Baby eine unentbehrliche und geliebte Mutter zu sein. Unter Umständen wird ihr sogar bewußt, daß sie sich mit ihrer eigenen Mutter identifiziert.

Erprobung der Grenzen

Sobald es möglich ist, einen längeren Dialog miteinander zu führen, beginnen sowohl die Eltern als auch die Säuglinge, die Grenzen des Babys zu testen und zu erweitern. Sie versuchen, die Fähigkeit des Babys zu steigern, (1) Informationen aufzunehmen und auf sie zu reagieren, und (2) sich zurückzuziehen und sein Gleichgewicht wiederzugewinnen. Im Laufe des dritten und vierten Lebensmonats bringen sensible Erwachsene das Baby an die Grenzen dieser beiden Fähigkeiten und geben ihm dabei Zeit und Gelegenheit wahrzunehmen, daß sie diese gesteigerten Fähigkeiten in ihr eigenes Verhaltensrepertoire aufgenommen haben. Die Mutter hat ihre Rolle gelernt; jetzt kann das Baby „üben".

Da Mutter und Säugling nun über einen längeren Zeitraum hinweg in harmonischem Einklang kommunizieren, können sie miteinander spielen: auf jedes Lächeln, jede Lautäußerung und jede Berührung erfolgt die entsprechende Antwort. Daniel Stern (1974b, 1977; 1979; 1985) hat diese „Spiele“ beschrieben und gezeigt, daß sowohl die Mutter und als auch das Baby lernen, sich der Intensität, mit der der Partner am Spiel beteiligt ist, anzugleichen, dem Takt, Rhythmus, der Dauer und der Ausdrucksform seines Verhaltens. Dabei lernt jeder Partner nicht nur sich selbst besser kennen, sondern erlebt außerdem, wie beglückend der soziale Kontakt sein kann. Diese „Spiele“ werden für das Baby zu einer Möglichkeit, sein inneres Kontrollvermögen und seine Fähigkeit zu erforschen, sich emotional auf sein Gegenüber einzustellen. Der Mutter wird durch das Spiel bestätigt, daß sie fähig ist, ihr Kind zu verstehen, und daß sie vor allem auch in der Lage ist, seine Entwicklung zu fördern.

Wenn Mutter und Kind miteinander spielen, merken beide, daß sie etwas „leisten“. Das Baby kann sein Verhalten steuern und Signale geben. Auch die Mutter entwickelt ein Gefühl der Kontrolle – sie beeinflußt nicht nur die Reaktionen des Babys, sondern steuert auch ihr eigenes Verhalten und beherrscht ihre Ungeduld, ihr Bedürfnis, sich abzuwenden und in eine erwachsene Welt hineinzubegeben. Sie merkt, daß sie sich einem anderen Wesen voll und ganz zur Verfügung stellen kann. Sie erprobt ihre Fähigkeit, eine wirklich hinwendungsvolle, zuverlässige Mutter zu sein – fähig, sich auf mehreren Ebenen mit einem von ihr abhängigen Wesen zu identifizieren. Die Ängste vor der eigenen Unzulänglichkeit werden allmählich geringer und treten in diesen kurzen Spielphasen beinahe völlig in den Hintergrund. In demselben Zeitraum wird der Mutter häufig deutlicher denn je bewußt, daß sie ein liebender Mensch ist. Sie kann ihren Mann und ihre eigene Mutter mit noch größerer Innigkeit lieben. Sobald ihr diese Kraft und Stärke bewußt werden, weichen die depressiven Gefühle, die sich nach der Entbindung eingestellt haben, so daß sie ihre Mutterschaft in vollen Zügen genießen kann. Wenn sie später zurückblicken, ist gerade diese Zeit für die Mütter der Höhepunkt ihrer Bindung und Verliebtheit in ihr Baby.

Wenn die Interaktion während der ersten drei oder vier Monate nicht als belohnend empfunden wird, Mutter und Säugling einander nicht erproben und nicht miteinander spielen können, ist die Harmonie ihrer Beziehung stark gefährdet. Das beste Zeichen für eine harmonische Übereinstimmung ist es, wenn das Spiel beiden Spaß macht. Im fünften Teil werden wir sehen, daß Beurteilung und Intervention in dieser Phase auf solche Hinweise angewiesen sind.

Entwicklung der Selbständigkeit

Sobald die Mutter oder der Vater es zulassen können, daß das Baby sie führt oder die Signale gibt, sobald der Erwachsene erkennt, daß das Baby von sich aus nach Signalen und Spielen verlangt und unaufgefordert auf seine Umwelt reagiert – sie imitiert, nach Gegenständen greift und mit ihnen spielt –, und sobald er diese aufkeimende Unabhängigkeit fördern kann, ist ein entscheidender Punkt der Entwicklung erreicht. Der Säugling entwickelt eine wachsende innere Sicherheit, daß er seine Umgebung aus eigenem Antrieb heraus beeinflussen und kontrollieren kann. Ein sehr häufig vorkommendes Zeichen für diese Entwicklung läßt sich bei normalen Säuglingen im Alter von vier bis fünf Monaten während der Mahlzeiten beobachten, wenn sie aufhören zu essen, herumschauen und Interesse an ihrer Umgebung bekunden. Die Mutter fördert die aufkeimende Selbständigkeit ihres Babys, wenn sie dieses Verhalten zulassen und sogar unterstützen kann.

Diese spontanen Regungen des Babys gehen mit einer sprunghaften Entwicklung seiner kognitiven Fähigkeiten im Alter von vier bis fünf Monaten einher. Das Baby weiß nun genau, wie bestimmte Dinge und Menschen aussehen und sich anfühlen, und ist mit den Geräuschen seiner Umgebung vertraut. Da ihm die Anwesenheit oder Abwesenheit der Eltern mittlerweile bewußt ist, beginnt es, auf Hinweise zu achten, die ihr Weggehen ankündigen könnten. Es schreit nun, um ihre Aufmerksamkeit auf sich zu lenken. Mittlerweile ahnt es auch, daß Dinge nicht ganz und gar verschwinden können, und schaut konzentriert auf die Stelle, an der sich der Gegenstand befunden hat, bevor der Säugling ihn aus den Augen verlor (Objektpermanenz). Diese wachsende Sensibilität für seine Umwelt ist auch der Grund dafür, daß dem Baby die Bedeutung seiner Eltern bewußt wird. Einhergehend mit diesem wachsenden Bewußtsein beginnt das Baby, ihre Zuwendung spielerisch zu testen, indem es sie abwechselnd animiert und ihnen seine Aufmerksamkeit entzieht. Wenn es in der Lage ist, ihre

Aufmerksamkeit zu manipulieren, kann es beginnen, sich zu lösen und seine Unabhängigkeit zu entfalten.

Diese vierte Stufe unseres Interaktionsmodells entwickelt sich im Anschluß an die intensive Spielphase des dritten und vierten Lebensmonats, wenn der Säugling ungefähr vier bis viereinhalb Monate alt ist. In dieser Phase, die Margaret Mahler als „Ausschlüpfen" bezeichnet hat, entwickeln sowohl das Baby als auch seine Mutter eine Art Bewußtsein für die Eigenständigkeit des Säuglings (Mahler et al., 1975, 1980). Bis zu diesem Zeitpunkt hat die Mutter (oder der Vater) die aktive Rolle in der Interaktion übernommen. Die Mehrzahl der „Spiele" wurde von den Eltern unter Berücksichtigung der Verhaltensweisen des Babys gestaltet. Unsere Analysen des vierten Lebensmonats zeigen, daß das Baby im Spiel ebenso häufig wie die Mutter die Führungsrolle übernimmt (Brazelton & Als, 1979).

Eine typische Interaktion könnte folgenden Verlauf nehmen: Die Mutter hält ihren kleinen Sohn auf dem Schoß, so daß sie einander ins Gesicht sehen; eine leise, einladende Geste der Mutter beantwortet das Baby mit einem Lächeln oder einer anderen mimischen Reaktion. Die Mutter lächelt aufmunternd zurück. Zehn bis fünfzehn Sekunden lang tauschen sie in konzentrierter Interaktion Signale aus. Jeder nimmt den Bewegungsrhythmus des anderen wahr und berücksichtigt den Grad seiner Aufmerksamkeit. Schließlich bricht das Baby die Interaktion ab. Der Kleine sieht – wie zufällig – von der Mutter weg. Oft betrachtet das Baby einen seiner Schuhe. Die Mutter versucht, seinen Blick wiederaufzufangen, indem sie ihre Signale intensiviert. Das Baby sieht an ihr vorbei auf den anderen Schuh. Sie versucht, sich in sein Blickfeld zu schieben. Das Baby windet sich geschickt zur Seite, um wieder den ersten Schuh zu betrachten. Volle drei Minuten lang bestimmt das Baby ihr Verhalten, indem es sie veranlaßt, sich zurückzulehnen und vorzubeugen, während es selbst abwechselnd den rechten und linken Schuh untersucht. Gibt sie aber auf und sieht weg, läßt es augenblicklich von den Schuhen ab, sieht ihr ins Gesicht und fängt ihren Blick wieder ein. Im verläßlichen Rahmen ihrer Interaktion hat das Baby seine aufkeimende, aber noch unsichere Selbständigkeit erprobt.

Bislang hat die Mutter gelernt, ihr Baby anzuleiten und zu Reaktionen zu ermuntern. Sie hat verschiedene Mittel ausprobiert, die ihr vermutlich aus der eigenen Kindheit vertraut sind, und auch aus ihren

Fehlern gelernt. Wenn es ihr gelingt, das Baby für längere Zeit auf ein „Spiel“ zu konzentrieren, fühlt sie sich außerordentlich belohnt. Wenn sie dem Baby ein Lächeln entlocken oder es dazu bewegen kann, ihr etwas „zu erzählen“, wird ihr warm ums Herz. Das Wissen um ihre Fähigkeit, auf die Reaktionen des Babys einwirken zu können, gibt ihr das Gefühl, ihm eng verbunden zu sein. Selbst seine negativen Reaktionen – Schreien oder Quengeln, wenn es unausgeglichen ist – werden in ihren Augen abgemildert, weil sie in der Lage ist, ihm zu helfen. Im Laufe dieser ersten vier Monate ist das Verhalten des Babys ausschlaggebend für das Gefühl der Mutter, es gut und erfolgreich zu versorgen.

In dieser vierten Phase ihrer Interaktion, in der das Baby „ausschlüpft“ und selbständiger wird, ist sie plötzlich nicht mehr in der Lage, das Verhalten ihres Babys vorherzusagen. All die Signale, die sie als negative Zeichen zu deuten gelernt hat – Vermeiden des Blickkontakts, Ausweichen, Abwenden –, werden sie schwer treffen. Bis sie in der Lage ist, sie als Zeichen der Stärke und als Beweis für die Selbständigkeit des Babys zu betrachten, fühlt sie sich wahrscheinlich im Stich gelassen. Ihre normalen Ambivalenzgefühle veranlassen sie, ihr eigenes Selbstbild in Frage zu stellen. Wenn sie das manipulative Verhalten des Babys ernst nimmt, fühlt sie sich in gewissem Sinn abgelehnt. Stillende Mütter rufen ihren Kinderarzt in dieser Phase an und fragen: „Ist es nicht an der Zeit, das Baby abzustillen?“ Wenn man nachfragt, erfährt man, daß das nun mit aller Macht erwachte Interesse des Babys an seiner Umgebung in Konkurrenz zur Stillsituation tritt. Diese Konkurrenz trifft die Mutter wie ein Schlag. Die intensive Gegenseitigkeit, der aufeinander abgestimmte Austausch von Botschaften zwischen Mutter und Säugling sind sehr wichtig geworden. Da sie auf eine Rückkopplung, auf Reaktionen ihres Babys angewiesen ist, wird die Mutter ihre Anstrengungen wahrscheinlich verdoppeln, die enge Verbindung zu ihrem Baby zu erhalten. Einerseits bestätigen diese verstärkten Bemühungen den Säugling, der spielerisch seine Selbständigkeit erprobt. Da sie ihn andererseits aber auch überlasten, wird es für ihn noch wichtiger, die Mutter hin und wieder überhaupt nicht zur Kenntnis zu nehmen. Diese ablehnende Haltung erweckt in ihr unter Umständen Empfindungen, die ihr aus der eigenen Vergangenheit vertraut sind: sie fühlt sich unzulänglich oder im Stich gelassen. Solche Gefühle können die Mutter dazu bewegen, sich von ihrem Baby zurückzuziehen, oder sie zwingen, das Bedürfnis des Säuglings nach „Erholungspausen" und Freiraum bewußter und sensibler wahrzunehmen.

Eine Mutter, die die Unabhängigkeit nicht erträgt, wird diesen Entwicklungsschub ihres Babys ignorieren oder sich über ihn hinwegsetzen. Wenn sie Probleme mit ihrem eigenen Leben hat und sich überfordert fühlt – was zum Beispiel bei alleinstehenden und berufstätigen Müttern der Fall sein kann, die das Gefühl haben, gewaltsam von ihrem Baby losgerissen zu werden –, wird es ihr schwer fallen, diese neue Entwicklung zu akzeptieren. Sie braucht Hilfe, um das Baby in seinem Streben nach Selbständigkeit unterstützen zu können. Der Preis, den sie in der Zukunft zahlen muß, wenn ihr das jetzt nicht gelingt, ist hoch, denn später wird das Kind notgedrungen noch energischer rebellieren und sich mit größerer Entschiedenheit von ihr abwenden. Geht jedoch alles gut, so akzeptieren die Eltern diese entscheidende Entwicklungsphase. Sie wissen die aufkeimende Selbständigkeit ihres Kindes zu schätzen und streben sie sogar an. Psychoanalytisch gesprochen: die Ich-Entwicklung des Säuglings macht gute Fortschritte.

Es ist interessant, daß sich in der Aufzeichnung der hirnelektrischen Aktivität beim Säugling in diesem Alter ein Reifeschub ablesen läßt (Emde et al., 1976). Diese Veränderung signalisiert die zunehmende Fähigkeit des Gehirns, kognitive und affektive Lernerfahrungen zu speichern. Mit diesem Schub gehen weitere Anzeichen für rasch wachsende kognitive Fähigkeiten einher, so zum Beispiel die bereits erwähnten Hinweise auf ein Bewußtsein für die Objektpermanenz. Ebenfalls in diesem Alter läßt sich auch ein langsam entstehendes Bewußtsein für Fremde zu erkennen, begleitet von einem Klammern an die Mutter. Wenn das Baby einen Fremden erblickt und dieser ihm zu rasch ins Gesicht sieht, wird es sofort aufschluchzen oder in Tränen ausbrechen. Motorische Fähigkeiten – Ausstrecken des Arms und vorwegnehmendes Formen der Hände, das Greifen nach Gegenständen, die dann zum Mund geführt werden oder mit denen das Baby spielt – kommen in dieser Zeit zur vollen Entfaltung. Auch den Nachtschlaf kennzeichnen allmählich reifere Zyklen. Die meisten Babys beginnen nun, ungefähr acht Stunden am Stück zu schlafen. Schlafen zu lernen, zu lernen, von den REM-Phasen zurück in den Tiefschlaf zu finden, ist Teil ihrer wachsenden Selbständigkeit.

All diese kognitiven, affektiven und motorischen Fähigkeiten dienen dem Baby als Antriebskräfte, um eine ganz neue Anpassungsebene zu erreichen, die durch größere Unabhängigkeit und Lernbegierde gekennzeichnet ist, auf der es aber auch abhängig ist von der sicheren Basis, die die Eltern bereitstellen. Bei der Mutter kann sich das Gefühl einstellen, abgelehnt zu werden; sie kann aber auch das Gefühl entwickeln, gebraucht zu werden – gebraucht, um neue Erfahrungen zu vermitteln und die Selbstsicherheit des Babys zu stärken, indem sie es anerkennend und freudig unterstützt.

14 Charakteristische Merkmale der frühen Interaktion

Wenn sich in diesen Monaten der Dialog zwischen Mutter und Säugling entwickelt, werden von Familie zu Familie individuelle Unterschiede immer deutlicher sichtbar. Es ist jedoch auch möglich, verschiedene charakteristische Merkmale zu benennen, die in dieser Phase für jede erfolgreiche Beziehung kennzeichnend sind. Sowohl für den praktizierenden Arzt als auch für den in der Wissenschaft tätigen Forscher sind die folgenden Konzepte zur Einschätzung der frühen Interaktion von Nutzen.

Zeitliche Abstimmung (Synchronie)

Ein unreifer Organismus ist auf das vegetative Gleichgewicht von Herz- und Atemregulationsvorgängen angewiesen. Wir haben beschrieben, daß der Säugling erst die Fähigkeit entwickeln muß, verschiedenartige physiologische Vorgänge zu steuern, bevor er lernen kann, sich äußeren Reizen aufmerksam zuzuwenden. Wenn die Mutter oder eine andere erwachsene Bezugsperson dieses Regulationssystem intuitiv erfaßt hat oder es ihr erklärt worden ist, kann sie dem Baby helfen, seine Aufmerksamkeit „ein- und ausschalten" zu lernen. Der erste Schritt besteht darin, ihr eigenes Verhalten den Rhythmen des Babys anzugleichen. Überdies muß der Erwachsene Mittel und Wege finden, dem Baby dabei zu helfen, die motorischen Reaktionen einzudämmen oder zu kontrollieren, die seine Aufmerksamkeitsfähigkeit beeinträchtigen könnten. Indem sie die „Sprache" des Babys erlernen, die in seinen vegetativen, affektiven und motorischen Reaktionen sowie seinem Aufmerksamkeitsverhalten zum Ausdruck kommt, können die Eltern ihre eigene Aufmerksamkeit oder Nicht-Aufmerksamkeit der des Babys zeitlich angleichen. Sie können dem Baby helfen, Aufmerksamkeit zu entwickeln und die Dauer dieser Aufmerksamkeit im Rahmen ihrer Interaktion zu verlängern. Wenn ihnen diese Synchronisierung gelungen ist, haben die Eltern den ersten Schritt getan.

Als Teilnehmer an dieser synchronen Kommunikation kann der

Säugling die Mutter als zuverlässigen und verantwortungsbewußten Menschen kennenlernen und beginnen, eigene Dialogbeiträge einzubringen. Den Eltern ihrerseits gibt diese zeitliche Abstimmung Gelegenheit, sich selbst als fähige Partner des Babys zu erleben. Wir haben in unserer klinischen Praxis festgestellt, daß man den Eltern die zeitliche Abstimmung von Aufmerksamkeit und Rückzug veranschaulichen kann. Wenn sie in der Lage sind, diese Synchronisierung selbst zu entwickeln, wird auch den unsichersten Eltern bewußt, daß sie sowohl die Verletzlichkeit ihres Babys als auch ihre eigene beeinflussen können (Brazelton & Yogman, 1986).

Symmetrie

Wenn wir von einer symmetrischen Interaktion zwischen einem Erwachsenem und einem Baby sprechen, meinen wir selbstverständlich nicht, daß die Interaktionsbeiträge gleichwertig sind. Babys sind nicht nur abhängiger, sondern der Beeinflussung durch einen erwachsenen Menschen in wesentlich höherem Maße unterworfen. Der Dialog wird eher vom erwachsenen Interaktionspartner ausgehen, der in der Regel auch die Art und Weise der Kommunikation bestimmt. Symmetrie der Interaktion bedeutet, daß die Aufmerksamkeitsfähigkeit des Säuglings, sein Gesamtverhalten und seine Vorlieben für bestimmte Wahrnehmungen wie auch Reaktionsformen die Interaktion beeinflussen. In einem symmetrischen Dialog respektiert die Mutter die Reizschwellen des Babys. Aus diesem Grund trägt jeder Interaktionsteilnehmer zur Entwicklung und zur Wahrung einer gegenseitigen Abstimmung bei. Unsere Untersuchungen haben uns übereinstimmend gezeigt, daß in einer geglückten Interaktion jeder Teilnehmer einen wesentlichen und aktiven Beitrag leistet. Die Mutter ist für diese Symmetrie zweifellos verantwortlich. Sie muß sowohl selbstlos als auch selbstsüchtig sein – selbstlos in ihrer Fähigkeit, sich in das Baby hineinzuversetzen, selbstsüchtig in ihrem Verlangen, vom Baby eine Rückkopplung zu erhalten. Die Mutter muß bereit sein, einen Teil ihrer selbst aufzugeben, um mit den Rhythmen und Reaktionen des Babys vertraut zu werden.

Wie wichtig es ist, den spezifischen Beitrag jedes Partners dieser Dyade zu erkennen, werden wir im fünften Teil sehen. Wenn wir – als

Ärzte – eine gestörte Interaktion beurteilen und dem Mutter-Kind-Paar helfen wollen, müssen wir in der Lage sein, die Mutter dabei zu unterstützen, ihre Rolle dem individuellen Charakter ihres Säuglings anzupassen. Dies kann bedeuten, daß wir die Interaktionsbeiträge des Säuglings in eine „Erwachsenensprache" übersetzen müssen, um sie für die Eltern verständlich zu machen. Man kann ihnen die Kommunikationsformen des Babys erklären, die Grenzen seiner Aufnahmefähigkeit, jenseits derer es sich zurückzieht, und die Reaktionen, die diese Grenzen erkennen lassen. Auf diese Weise wird man ihnen helfen, den Kontakt zu ihrem Säugling herzustellen.

Rapport

Wie wir gesehen haben, beruhen sämtliche Lautäußerungen des Säuglings, jedes Lächeln, jede Affektäußerung sowie seine Fähigkeit, akustische, taktile oder kinästhetische Signale zu empfangen, auf seinen Verhaltenszuständen und vegetativen Vorgängen. Solange kein ausgewogener Zustand (Homöostase) hergestellt worden ist, kann jedes Signal ebenso zu einer Überlastung wie auch zu einem Auslöser werden. Ausschlaggebend dafür ist der Zeitpunkt, zu dem es erfolgt. Die Wirkung eines von der Mutter ausgehenden Signals ist abhängig von dem Aufmerksamkeitszustand und den Bedürfnissen des Babys, aber auch von seinen eigenen Signalen. Die Fähigkeit des Babys, Signale zu senden, hängt überdies von seiner Fähigkeit zur Selbstregulation ab. So überrascht es uns nicht, daß das soziale Lächeln oder Lautäußerungen als Bestandteil des Verhaltensrepertoires während der ersten Lebenswochen des Säuglings keine bedeutende Rolle spielen. Eine gut beobachtende Mutter wies uns darauf hin, daß ihr Baby die Welt kennenlerne, solange es sich aufmerksam verhalte, aber sich selbst kennenlerne, wenn es sich von der Umwelt abwende, um sich zu erholen.

Wenn der Säugling eine Weile aufmerksam ist, beginnt er allmählich, seiner Mutter Signale zu geben: Er lächelt oder runzelt die Stirn, „erzählt" oder beugt sich vor, streckt die Ärmchen aus, legt den Kopf schräg usw. Die Mutter reagiert angemessen, wenn sie die durch diese Signale vermittelten Botschaften entschlüsseln kann. Das Verhalten des Babys zeigt ihr, ob sie „richtig" oder „falsch" reagiert hat. Mit jedem Erfolg oder Mißerfolg lernt sie dazu. Auf diese Weise verbessert sie die Rapportfähigkeit ihrer Reaktionen und entwickelt ein Repertoire an Verhaltensweisen, die „passen“ oder aber „nicht passen“. Untersuchungen der sechziger Jahre haben versucht, diesen Rapport mit Hilfe eines Reiz-Reaktionsmodells wiederzugeben (Rheingold, 1961). Man beurteilte die Übereinstimmung des Mutter-Kind-Paares, indem man feststellte, wie häufig ein Lächeln des Babys mit einem Lächeln der Mutter beantwortet wurde. Die Anzahl der Lautäußerungen jedes Interaktionsteilnehmers, so glaubte man, spiegelt seine Bereitwilligkeit wider, auf den anderen zu reagieren. Diese Technik erwies sich als untauglich für die Einschätzung der Interaktion eines Mutter-Kind-Paares. Einzelne Verhaltensweisen irgendeiner Form sagen über die Beziehung dieser einen Handlung zur Gesamtheit der Rhythmen und Bedeutungsmuster in dem Dialog zwischen Mutter und Säugling nur sehr wenig aus. Der Rapport erfordert sowohl eine kognitive als auch eine emotionale Verfügbarkeit der Mutter. Das Ergebnis vorhersagbarer rapportfähiger Reaktionen ihrerseits hängt überdies mit einem Merkmal zusammen, das man als „selektive Übereinstimmung“ bezeichnet hat (Stern, 1985).

Führen und „Mitziehen“

Sobald der erwachsene Mensch und der Säugling in der Lage sind, ihre Signale und Reaktionen zeitlich aufeinander abzustimmen, beginnen sie damit, ihren Dialog um eine weitere Dimension zu bereichern. Beide Partner beginnen, die Reaktionen des anderen in langen Interaktionssequenzen einzuplanen. Da jeder die Voraussetzungen des anderen kennt, können sie einen bestimmten Rhythmus entwickeln. Unter dem Einfluß dieses Rhythmus entwickelt sich schon bald eine bestimmte Erwartung: sowohl im Hinblick darauf, daß sie im Rhythmus übereinstimmen, als auch in bezug auf eine mögliche Unterbrechung. Diese Erwartung ist so hoch, daß sie jeden Partner der Dyade mitzuziehen scheint. Die Beiträge beider Partner scheinen in einen einzigen Impuls einzumünden, den Lewis Sander und William Condon als „Zugkraft“ bezeichnet haben (Condon & Sander, 1974). Wie der erste Geiger eines Orchesters die anderen Musiker, kann nun jeder Partner das Verhalten des anderen „mitziehen“, indem er den Rhythmus von Aufmerksamkeit und Nicht-Aufmerksamkeit angibt, der als Grundlage für ihre zeitliche Abstimmung aufeinander bereits entwikkelt worden ist. Jeder Partner der Dyade paßt sich dem anderen an, so daß das Baby nicht nur auf die Signale des Erwachsenen angemessen reagiert, sondern dessen Rhythmen auch die Bewegungen des Säuglings berücksichtigen.

Ein solches „Mitziehen“ könnte folgendermaßen aussehen: Die Mutter tritt ans Kinderbett und beugt sich über ihren zwei Monate alten Sohn. Er erkennt sie und lächelt erfreut. Seine Gliedmaßen bleiben bewegungslos, während er sie beobachtet. Er hebt die Augenbrauen an; sein Gesicht drückt gespannte Erwartung aus; sein Mund formt ein „O“. Darauf reagiert die Mutter mit einem sanften „O-o-h, bist du aber ein lieber Junge!“ Während sie „O-o-h“ sagt, beobachtet er ihren Mund und imitiert ihre Lippenbewegungen. Er bringt ein sanftes „Ooh“ heraus, das dem ihren außerordentlich ähnelt. Sie sagt voller Entzücken: „Ooh, was denn?“ Er seufzt, wendet sich kurz ab, sieht erneut auf ihren Mund, hebt die Augenbrauen und sieht sie gespannt an. Er schaut in ihr erwartungsvolles Gesicht und artikuliert nun ein noch deutlicheres „Oooh“. Sie wartet einen Augenblick, bevor sie mit einem sanften, aber lockenden „Oooh, ja“ antwortet. Ihre „Oohs“ entsprechen genau den seinen, sie sind von gleicher Intensität und Dauer. Er wendet den Blick erneut ab, atmet tief ein und wendet sich danach wieder ihrem neugierig abwartendem Gesicht zu. Diesmal sagt er: „Oh-oh“, so daß der zweite Laut sich durch die Andeutung einer Terz wie ein musikalischer Triller anhört. Daraufhin leuchtet ihr Gesicht noch strahlender auf, ihre Schultern fallen herab, sie streckt die Hand aus, um seine Beinchen zu berühren und ahmt seinen Tonfall ganz genau nach, wenn sie nun sagt: „Oh-oh, ja!“ Er erkennt die unmittelbare Nachahmung seiner Lautäußerung. Gesicht und Schultern sind aufs höchste angespannt und er wiederholt den Triller „Oh-oh“. Diesmal ist der Zweiklang klar und nachdrücklich artikuliert. Sie ist über diesen Beweis für seine Wahrnehmung ihrer eigenen Lautäußerung so entzückt, daß sie die Lautfolge in ein erfreutes „Du bist wunderbar!“ umwandelt. Er scheint von dieser ansteigenden Stimmhöhe und ihrer Aufregung überwältigt zu sein, so daß er sich abwendet und auf seinen Fuß schaut. Für den Augenblick ist die Sequenz unterbrochen.

Innerhalb dieser kurzen Sequenz von dreißig Sekunden hat jeder

Teilnehmer durch Nachahmung des Rhythmus und der Lautäußerungen des anderen versucht, den Partner auf sich zu konzentrieren, festzuhalten und zu einer immer reichhaltigeren Interaktionsform mitzuziehen. Dieses „Mitziehen“ wirkt als Ansporn auf die Mutter und den Säugling und trägt zur Entwicklung der Bindung entscheidend bei.

Spiel

Die bereits erwähnten „Spiele“, die Stern (1974b) für drei oder vier Monate alte Säuglinge und ihre Mütter beschrieben hat, beruhen auf diesem „Mitziehen“. Die immer wiederkehrenden Signale und die Erwartung der Wiederholung von bestimmten Verhaltensmustern werden in „Spielsequenzen“ endlos variiert. Die Mutter erwartet, daß das Baby in diesem Alter auf die eine oder andere Weise reagiert und sich ausdrückt. Wenn einer von beiden die Interaktion auf eine bestimmte Weise einleitet, wird der andere vermutlich auf dieselbe Weise reagieren. Lächelt die Mutter, so lächelt das Baby zurück; nun wird sie ihr Lächeln intensivieren, das Baby wird erneut lächeln. Mit dem dritten Lächeln verlegt das Baby sich unter Umständen darauf zu „erzählen“. Wenn sie merkt, daß das Spiel sich geändert hat, wird sie dem Baby auf gleiche Weise antworten. Nun variiert das Baby den Tonfall seiner Lautäußerungen. Die Mutter erweitert ihre Antwort um ein Wort, um ihr Nachdruck zu verleihen. Das Baby strahlt auf und wiederholt den Laut. Sie fügt ein weiteres Wort hinzu; das Baby antwortet ein drittes Mal. Nun wird sie versuchen, den Dialog noch weiter zu steigern. Der Säugling wird die Sequenz bald beenden und wegsehen, als wolle er sagen: „Das reicht fürs erste.“ Im nächsten Spiel verlegen sie sich vielleicht auf motorische Aktivitäten und ahmen einander nach: Achselzucken, Gesichterschneiden usw.

Stern zufolge werden gewöhnlich drei oder vier solcher Spiele nacheinander gespielt. Jedes Spiel hat bestimmte Regeln, die sehr rasch entwickelt und von jedem Teilnehmer erkannt werden. Wahl des Zeitpunkts, Tonlage, Intensität und Dauer gehorchen diesen Regeln ebenso wie der Interaktionsmodus.

Diese Spiele geben dem Baby und seiner Mutter Gelegenheit zu zeigen, wie gut sie einander schon kennengelernt haben. Sie imitieren einander. Jeder betrachtet den anderen als Vorbild. Das gegenseitige

„Mitziehen“ gibt jedem von ihnen die Möglichkeit, die Steigerung, Aufrechterhaltung oder das Absenken der Dialogebene zu steuern. Der Säugling lernt, sowohl die Mutter als auch die Interaktion selbst zu steuern. Und schließlich macht das Baby mit sich selbst neue Erfahrungen. Die Mutter wiederum lernt, wie sie die Aufmerksamkeit des Babys stabilisieren und wie sie ihm helfen kann, sein Verhaltensrepertoire zu erweitern, ohne diese Aufmerksamkeit zu verlieren.

Selbständigkeit und Flexibilität

Wenn dem Baby bewußt wird, daß es die Interaktion zu steuern vermag, ist die Grundlage für seine Selbständigkeit geschaffen. Da gemeinsame zeitliche Abstimmung, Mitziehen und rapportfähige Reaktionen seitens der Mutter unterschiedliche Fähigkeiten des Babys fördern, erkennt es, daß es die Interaktion entscheidend beeinflussen kann. Wir haben gesehen, daß viele Babys im Alter von fünf Monaten erste Ansätze zeigen, das Verhalten ihrer Mutter durch ihre Fähigkeit zu bestimmen, eine Interaktion aufzunehmen und sich wieder von ihr abzuwenden. Sie beginnen, die Situation und ihre eigene Fähigkeit zu testen, ein gebanntes Publikum zu steuern (Brazelton & Yogman, 1986). In diesem Alter wird das Baby den Dialog nach einer anfänglichen Folge zeitlich aufeinander abgestimmter Reaktionen wahrscheinlich abbrechen, indem es wegsieht und einen anderen Teil des Zimmers, eine Hand oder einen Schuh betrachtet. Dieses Verhalten ist für den fünften Lebensmonat so typisch, daß wir die Babys dieser Altersgruppe schließlich als „Schuhbabys“ bezeichnet haben.

Auch die Reaktion der Mutter läßt sich vorhersagen. Sie verdoppelt ihre Anstrengungen, das Baby wieder in die Interaktion einzubeziehen. Da sie sich im Stich gelassen fühlt, versucht sie, ihr Baby in ihre „Hülle“ zurückzuziehen. Wenn sie diese Versuche schließlich aufgibt, schaut das Baby häufig wieder zu ihr hin, um ihre Reaktion zu prüfen. Zuvor hat es zwar in eine andere Richtung gesehen, die Mutter währenddessen aber aus dem Augenwinkel beobachtet. Unserer Meinung nach zeigt dies, daß das Baby sich nicht etwa einer Überstimulierung zu entziehen versucht, sondern seine Selbständigkeit erproben will. Da, wie wir beschrieben haben, die Entwicklung seiner visuellen und auditiven Leistungen sowie seiner Greiffähigkeit in diese Phase fallen, konkurrieren zahlreiche andere Reize um die Aufmerksamkeit des Babys, so daß eine zunehmende Kontrolle erforderlich wird.

Die Selbständigkeit erwächst aus dem Vertrauen in vorhersagbare Reaktionen seitens der Mutter. Wir haben festgestellt, daß weniger sichere Säuglinge diesen Grad der Selbständigkeit erst später entwikkeln. Behinderte oder frühgeborene Säuglinge, deren besorgte Eltern sich unablässig um sie bemühten, waren häufig bereits sieben oder acht Monate alt, wenn sie es wagten, diese Stufe der Autonomie zu erklimmen (Als & Brazelton, 1981). Selbständiges Verhalten von Säuglingen in diesem Alter ist ein Zeichen für eine gesunde Beziehung. Fehlt eine solche Selbständigkeit, leben Mutter und Kind weiterhin in einer symbiotischen Verschmelzung, so weist dies auf eine gestörte Beziehung hin. Mütter schwieriger oder beeinträchtigter Säuglinge sind auf Hilfe angewiesen, um das Baby zu selbständigem Verhalten ermutigen zu können. Nach all der Mühe, die sie sich gegeben haben, um eine enge Verbindung zu einem in sich zurückgezogenen, schnell überlasteten Säugling herzustellen, wird es ihnen schwerer fallen, sein Bedürfnis, „auszuschlüpfen" und sich selbständig zu machen, anzuerkennen.

Zur Entwicklung der Selbständigkeit gehört ein weiteres charakteristisches Merkmal der gesunden frühen Beziehung, nämlich die *Flexibilität.* Ein Dialog, der allzu genau vorhersehbar ist, Reaktionen, die allzu fest aneinander gekoppelt sind, legen die Vermutung nahe, daß die Beziehung sich in irgendeiner Weise nicht frei entfalten kann. Louis Sander (1977) hat in seiner Beschreibung der Kommunikationsregulation zwischen dem Säugling und seinen Bezugspersonen darauf aufmerksam gemacht, daß lose gekoppelte Subsysteme eine vorübergehende, unabhängige Regulation des größeren Systems ermöglichen. In stabilen, aber flexiblen Systemen müssen Störungen innerhalb eines Subsystems nicht notwendig die Gesamtstabilität ernsthaft beeinträchtigen. Wenn das Subsystem aber unflexibel ist, wird eine Störung vermutlich die Gesamtstabilität in Mitleidenschaft ziehen. Unter derart rigide überkontrollierten Bedingungen können sich allzu symbiotische Beziehungen zwischen Mutter und Säugling oder Vater und Säugling entwickeln, in denen die Entwicklung der Selbständigkeit und der Loslösung keinen gesunden Verlauf nimmt.

Diese sechs Kennzeichen der Mutter-Säugling-Interaktion – zeitliche Abstimmung, Symmetrie, Rapport, Mitziehen, Spiel und Selbständigkeit – ermöglichen die frühe Entfaltung der Bindung. Ohne die Vorhersagbarkeit der ersten vier Merkmale und ohne die Möglichkeit zur Loslösung, die im Spiel und selbständigen Handeln zum Tragen kommen, kann sich diese „erste Beziehung“ unseres Lebens nicht frei entfalten.

Sobald die Säuglinge ein inneres Gleichgewicht entwickeln und auf dieser Grundlage ihre Erwartungshaltung und Erregung innerhalb einer sicheren, zuverlässigen Beziehung erleben, beginnen sie die emotionalen und kognitiven Fähigkeiten zu entdecken, mit denen sie ausgerüstet sind. Wenn es ihnen erfolgreich gelingt, den Erwachsenen ihrer Umgebung Reaktionen zu entlocken und selbst angemessen zu reagieren, erleben sie, welche Freude die Kommunikation machen kann. Sie beginnen, ihre eigenen Gefühle wie auch die anderer Menschen wahrzunehmen. Indem sie auf die Reaktionen des Erwachsenen eingehen, sie beantworten und erweitern, lernen die Säuglinge, wie sie die emotionale Atmosphäre steuern können. Auf diese Weise lernen sie, sich die inneren und äußeren Antriebskräfte, von denen wir gesprochen haben, zunutze zu machen, um neue Energien zu sammeln. Sie beginnen, die Kontrollmöglichkeiten zu verinnerlichen, die notwendig sind, um Gefühle zu erleben. Sie lernen aber auch, was es heißt, emotionale Reaktionen in anderen Menschen hervorzurufen. Gegen Ende des vierten Lebensmonats können Säuglinge ihre Aufmerksamkeit für die Menschen ihrer Umgebung mit verblüffendem Erfolg „einschalten“ und „ausschalten“. Im folgenden Teil werden wir jedoch sehen, daß der Beitrag des Erwachsenen zur Interaktion von emotionalen und biographischen Faktoren beeinflußt wird, die diese allmählich entstehende Beziehung sowohl bereichern als auch vor neue Probleme stellen.

Vierter Teil

Imaginäre Interaktionen

„Ein Buch ohne Selbstwiderlegung
gilt als unvollständig.“
Borges, Labyrinthe

Einleitung

Für die klinische Arbeit ist die Art objektiver Beobachtung, die wir im dritten Teil beschrieben haben, zwar unerläßlich – dennoch kann sie das Gesamtbild nur zur Hälfte erfassen. Über eine solche Beobachtung hinaus müssen wir versuchen, die persönliche, subjektive Bedeutung zu verstehen, die das Kind für seine Eltern hat. Ein solches Verständnis ist für die Beurteilung abweichender Interaktionen und die Förderung einer gesunden Entwicklung unerläßlich.

Während objektive Untersuchungen das „Wie“ von Beziehungen zum Gegenstand haben, konzentrieren sich die Studien der subjektiven Seite der Interaktionen auf das „Warum“. Wir bezeichnen die subjektiven Deutungen, die die Eltern ihrer Beziehung zu dem Kind beimessen, als „imaginäre Interaktionen“. Sie erwachsen aus den Phantasien, die sie über sich selbst, ihre engsten Verwandten, ihre Ideale und Ängste hegen – Phantasien, die in ihren eigenen Kindheitsgeschichten wurzeln. Das neugeborene Baby wird einige dieser Phantasien wiedererwecken und infolgedessen mit seiner Geburt zum Darsteller eines imaginären Dramas werden, das die Vergangenheit wiederaufleben läßt.

Für gewöhnlich gibt sich der Anteil, den die Eltern zu diesen imaginären Interaktionen beisteuern, in dem zu erkennen, was sie über das Kind, über die Elternschaft und über ihr Gefühlsleben im allgemeinen sagen. Die Anteile des Babys an imaginären Interaktionen sind selbstverständlich genauso wichtig, aber sehr schwierig zu erschließen, da kleine Kinder erst im Laufe des zweiten Lebensjahres damit beginnen, ihre Gedanken im Spiel und in Worten auszudrücken. Wir müssen ihre subjektive Interaktionsvariante aus ihrem Verhalten und ihren Symptomen herleiten.

Im folgenden werden wir zunächst bestimmte Mechanismen beschreiben, die sich hinter diesen Interaktionen verbergen. Daran anschließend werden wir einige der turbulenten Szenarien darstellen, in denen sie ausgelebt werden.

15 Die Deutung des frühkindlichen Verhaltens

„Was ein Mensch über eine Beziehung denkt, ist unter Umständen wichtiger als die tatsächliche Interaktion." Dieses Zitat stammt, und das ist fürwahr überraschend, von Robert Hinde, einem der bedeutendsten Verhaltensforscher. Der Kern einer Beziehung, meint er, verbirgt sich unter Umständen eher in den persönlichen Anschauungen, die die Partner insgeheim hegen, als in ihrem der Beobachtung zugänglichen Verhalten. Hinde sagt weiter: „Das Absichtselement im Verhalten des Säuglings wird von den Müttern fortwährend überschätzt" (Hinde, 1976). Die Mütter reagieren nicht nur auf das, was der Säugling tatsächlich tut; sie verleihen dem geringsten Laut, der kleinsten Geste des Babys eine enorme Bedeutung, und genau auf diese von ihnen „hineininterpretierte" Bedeutung reagieren sie (Cramer, 1976).

Vom Augenblick seiner Geburt an – und, wie wir im ersten Teil gesehen haben, schon im Laufe der Schwangerschaft – wird jede Regung des Säuglings (bzw. des Fötus) sofort in ein dichtes Netz von Bedeutungen eingebettet. So meinte eine Mutter über ihr Neugeborenes: „Ich glaube, daß er ein dickköpfiges Bürschchen wird; wenn er nicht trinken will, dann will er nicht. Irgendwie zieht er seine Unterlippe ein. Ich war auch sehr stur, als ich klein war" (Meares, Penman, Milgom-Friedman & Buker, 1982). Welch gravierende Folgen derartige Bedeutungszuweisungen haben können, wurde mittlerweile in zahlreichen Untersuchungen nachgewiesen. Jerome Bruner schildert zum Beispiel, wie die Mutter den Säugling in eine Art von adultomorphem Prozeß einbezieht – das heißt, seinem Verhalten Motive unterstellt, die einem erwachsenen Menschen gemäß wären –, wenn sie aus seinen ersten Lauten alle möglichen Bedeutungen herauszuhören glaubt. Auf diese Weise macht sie den Säugling mit der Symbolwelt der Erwachsenen vertraut, Bruner zufolge eine „Methode des Spracherwerbs", die den Säugling zu immer komplexeren und differenzierteren Ebenen des Sprachgebrauchs hinführt (Bruner, 1983).

Wie der Säugling selbst sein eigenes Verhalten wahrnimmt, wird von diesen elterlichen Zuschreibungen mitbestimmt. Über die Bedeutungszuschreibung wirkt ein ganzes Repertoire an Wertvorstellungen, Verstärkungen, Verboten und emotionalen Färbungen an der Formung einer Erfahrung, eines Verhaltens oder einer Charaktereigenschaft des Säuglings mit. Wenn die Eltern dem Verhalten des Babys eine bestimmte Bedeutung beimessen, dann werden sie diese Bedeutung auch bewerten: „gut", „böse", „stur", „intelligent" usw. Je nach Bewertung werden sie Freude oder Angst empfinden, und diese Gefühle wiederum prägen die Vorstellung, die der Säugling selbst im Hinblick auf seine Fähigkeiten entwickelt, und sein Gespür dafür, was er den Eltern vermitteln kann und was nicht. Die Selbstdarstellung der Kinder wird in erheblichem Ausmaß von den Erwartungen, Idealen, Vorlieben und Abneigungen ihrer Eltern geformt. Diese innere Haltung vermittelt sich dem Kind durch Mienenspiel, Bemerkungen und Handlungen, denen es abliest, wie die Eltern seine Absichten interpretiert haben. Durch diesen Prozeß „lernt der Säugling, Absichten zu entwickeln und kundzutun" (Dunn, 1982).

Hinde meint, daß die Überschätzung der Absichtlichkeit frühkindlichen Verhaltens einer Wahnvorstellung gleichkäme. Seiner Meinung nach reagieren Mütter nicht auf den objektiven Aspekt des frühkindlichen Verhaltens, sondern vielmehr auf eine Bedeutung, die sie in dieses Verhalten hineinlegen. Diese Bedeutung hat ihren Ursprung in ihrer eigenen, persönlichen Weltsicht, ihren Vorstellungen über Gut und Böse, über die Gründe, die die Menschen so und nicht anders handeln lassen. Was sich hier auswirkt, ist die subjektive, auf ihrer eigenen Geschichte, ihren eigenen Konfliktbereichen, Wertvorstellungen usw. beruhende Welt der Mutter. Wir beurteilen die Bedeutungszuschreibung ein wenig anders. Wir halten sie für subjektiv, aber nicht für wahnhaft. Überall und zu jeder Zeit bringen Eltern Aspekte ihrer selbst in das frühkindliche Verhalten ein. Sie üben zwar einen gewaltigen Einfluß auf die Gestaltung der Interaktion aus, sind jedoch nicht pathologisch. Eigentlich könnte man sagen, daß derartige subjektive Deutungen des frühkindlichen Verhaltens durch die Eltern einen wesentlichen Bestandteil der normalen Entwicklung bilden. Wie sollten Säuglinge sich selbst kennenlernen, wenn sie die Bedeutung ihres Verhaltens *nicht* den Augen der Eltern ablesen könnten? Wie sollten familiäre und kulturelle Werte von einer Generation zur nächsten weitergegeben werden, wenn der Prozeß der Bedeutungszuschreibung *nicht* jedem noch so kleinen Aspekt des frühkindlichen Verhaltens ein besonderes Gewicht verliehe?

Projektion

In der psychoanalytischen Literatur wird die Bedeutungszuschreibung als Projektion oder als projektive Identifizierung bezeichnet. Anders gesagt: wir übertragen unsere Gefühle und Vorstellungen, die – in Wahrheit – Bestandteile unseres eigenen Selbst sind, auf andere Menschen. Um es zu wiederholen: hierbei handelt es sich nicht um ein pathologisches Verhalten. Die Projektion stellt vielmehr einen sozialen Adaptionsprozeß, einen Anpassungsvorgang, dar: Indem wir unsere Gefühle und Gedanken, die unserem eigenen Innern entstammen, auf andere Menschen übertragen, entwickeln wir ein Empathiegefühl, das Gefühl, ein und derselben Spezies anzugehören.

Nehmen die Projektionen jedoch überhand, so daß wir die charakteristische Individualität des Anderen mißachten, so beeinträchtigt diese Realitätsverzerrung unsere Beziehungen. Dies trifft insbesondere dann zu, wenn feindselige und aggressive Aspekte des Selbst projiziert werden.

In unserer klinischen Arbeit mit Babys begegnen wir sowohl den adaptiven als auch den destruktiven Aspekten der Projektion. Bis zu einem gewissen Grad besteht die Beziehung aus Projektionen: Dem Baby werden diejenigen Eigenschaften unterstellt, die für die Eltern die größte Bedeutung haben, und es wird für jede Verhaltensweise belohnt und geliebt, die dieses positive Bild bestätigt.

Bei pathologischen Projektionen hingegen lesen die Eltern Eigenschaften in das Baby hinein, die mit seinem eigentlichen Charakter und Temperament absolut nicht übereinstimmen: Sie unterstellen dem Baby klar umrissene Absichten oder Eigenschaften Erwachsener oder sogar übernatürliche Kräfte. Inwieweit die Eltern in der Lage sind, die persönliche Individualität des Säuglings wahrzunehmen, oder ob sie voll und ganz von ihrem Unbewußten beherrscht werden und dem Baby die Rolle des Helden oder Bösewichts aufzwingen, hängt von Stärke und Charakter ihrer Projektionen ab. Dieser Charakter gibt sich häufig zu erkennen, wenn die Eltern „Schwierigkeiten" des Säuglings beschreiben; mitunter aber nimmt die Auflösung ihrer eigenen Verstrickung viel Zeit in Anspruch. Sie gelingt nur dann, wenn die Eltern die Verbindung zwischen ihrer Art und Weise, das „Problem" wahrzunehmen, und ihrer eigenen Vergangenheit aufdekken. Aus ihrer eigenen Geschichte treten dann verborgene Dramen zutage, die sie in einer imaginären Interaktion mit ihrem Säugling ausagieren.

Seit Jahren sind Ärzte, die mit Säuglingen arbeiteten, sich der Tatsache bewußt, daß „Symptome“ unter Umständen außerordentlich klar die unbewußten Konflikte der Eltern zum Ausdruck bringen. Diese Vermutung bestätigt sich, wenn die Symptome auf beinahe magische Weise verschwinden, sobald die ihnen entsprechenden elterlichen Konflikte durchgearbeitet werden. Es scheint, als übten bestimmte psychische, von den Eltern ausgehende Kräfte einen unmittelbaren Einfluß auf das frühkindliche Verhalten aus; dieser Einfluß wird häufig als „Ansteckung“ bezeichnet. Die tiefe psychische Verflechtung zwischen Eltern und Säuglingen (die sich später längst nicht mehr so deutlich zu erkennen gibt) ist möglicherweise auf zwei Faktoren zurückzuführen.

In den Tagen unmittelbar nach der Geburt findet eine gewaltige Neuorganisation psychischer Kräfte statt, in deren Verlauf die Eltern frühe, infantile Funktionsweisen wiederaufnehmen. Ihre eigenen Konflikte und Ängste werden infolgedessen intensiviert. Einige Autoren bezeichnen diesen Prozeß als Rückkehr zu der infantilen Neurose der Eltern (Kreisler, 1981).

Symbiotische Bedürfnisse und Verschmelzungsphänomene – wie Margaret Mahler sie für den Säugling beschrieben hat – sind möglicherweise auch in den Eltern aktiv. Ein Großteil dessen, was wir als Empathie, Gegenseitigkeit oder „gemeinsame Subjektivität“ bezeichnen, beruht auf der Identifizierung der Eltern mit dem Säugling und auf der unbewußten Phantasie, mit ihm zu einer Einheit zu verschmelzen.

Mahler betrachtete diese Symbiose als erste und normale Entwicklungsphase, als eine Art Polster für die frühe Entwicklung des Kindes. Aus diesem relativ undifferenzierten Verhältnis zwischen Eltern und Säugling entwickelt sich die Individualität des Babys. Mahler war der Ansicht, daß es der Mutter schwerfalle, die Symbiose aufzugeben, wenn sie sich – in der Phantasie – nicht in die Phase ihrer Trennung von der eigenen Mutter zurückversetzen könne.

Diese Symbiose schließt die gleichzeitig erfolgende, objektive Deutung der Mitteilungen des Säuglings und die Respektierung seiner Individualität nicht notwendig aus. Zwar hält die Mutter, die sich nach wie vor die Vorstellung bewahrt, der Säugling sei Teil ihres eigenen Selbst, dessen Verhalten oder Symptome für den Ausdruck ihrer inneren Gefühle und Phantasien, zugleich aber nimmt sie auch das „objektive" Wesen des Babys wahr. Für diejenigen, die mit Eltern zusammenarbeiten, ist es wichtig, diese doppelte Wahrnehmung zu erkennen: Säuglinge hegen in den Augen ihrer Eltern genau die Gefühle und Gedanken, die diese auf sie projizieren. Dennoch aber sind die Eltern zugleich auch in der Lage, ihr Kind „objektiv" zu beurteilen.

Wir betonen die Bedeutung dieser imaginären Interaktionen, weil wir der Ansicht sind, daß die Entwicklung der Kinder von den Phantasien ihrer Eltern ebenso massiv beeinflußt wird wie von ihren angeborenen Fähigkeiten und Eigenschaften. Diese unterschiedlichen Kräfte stehen in einer ständigen Wechselwirkung und beeinflussen sich gegenseitig; die angeborenen Charakteristika des Säuglings (Geschlecht, äußerliche Erscheinung, Erkennbarkeit der innerlichen Verfassung, Fähigkeit zur homöostatischen Regulation usw.) formen die Phantasien, die die Eltern von ihrem Kind entwickeln; der Säugling prägt der elterlichen Wahrnehmung den individuellen Stempel seiner charakteristischen Eigenschaften auf. Zugleich formen die Eltern das Verhalten des Babys mit, indem sie es – über ihre Phantasien, ihre Erwartungen und inneren Konflikte – ermutigen oder behindern.

Im folgenden werden wir einige der häufig anzutreffenden Phantasien sowie den Rahmen, in dem sie sich beobachten lassen, beschreiben. Wir werden versuchen, in jeder Fallgeschichte die Verbindung zwischen der offenkundigen, beobachtbaren Interaktion und der ihr zugrundeliegenden imaginären Interaktion herzustellen. Die elterlichen Phantasien können unter anderem folgende Gestalt annehmen:

1. Das Baby erscheint als „Gespenst aus der Vergangenheit" und repräsentiert einen Menschen, der in der Geschichte eines Elternteils eine wichtige Rolle gespielt hat.
2. Die Beziehung wiederholt Beziehungsmuster aus der Vergangenheit.
3. Das Baby repräsentiert einen Aspekt des Unbewußten eines Elternteils.

Diesen Phantasien begegnet man allerorten, denn für menschliche Beziehungen ist es nun einmal charakteristisch, daß neue Bindungen immer auf alten aufbauen und, wie wir sehen werden, einander auch überschneiden. Normalerweise verrät diese Wiederholung der Vergangenheit sich in winzigen Details: Es heißt, das Kind ähnele seinem Großvater; es trägt den Namen eines/einer geliebten Verwandten; oder aber seine Eltern sind der Ansicht, daß sich in ihm dieselbe Begabung entfalten wird, die sie in ihrer eigenen Kindheit an jemandem bewundert haben. Schwieriger, weil noch weniger greifbar, wird es, wenn das Kind in seinen Eltern die gleiche emotionale Reaktion auslöst, die sie aus ihrer Kindheit kennen. Hierbei handelt es sich häufig um ein vorübergehendes, flüchtiges Erlebnis; vielleicht glaubt eine Frau ganz unvermittelt, die Stimme ihrer eigenen Mutter zu hören, wenn in Wahrheit ihre Tochter ein Lied singt. In den Träumen scheint diese Verwirrung der Geschlechterfolge häufig in unverstellter Form auf; so kann es passieren, daß eine Frau im Traum sieht, wie das Gesicht ihres Sohnes sich allmählich in das ihres Bruders verwandelt.

In unserer Praxis begegnen wir der Vergangenheit in einer umfassenderen und dramatischeren Wiederholung. Mitunter entlarvt sie sich schon in den ersten Worten, mit denen die Eltern ein Kind und insbesondere die Probleme dieses Kindes beschreiben, und der Arzt empfindet das unheimliche Gefühl, daß die Eltern – während sie doch über ihr Kind sprechen – eigentlich eine Person beschreiben, die sich nicht im Sprechzimmer befindet.

16 Der Säugling als Gespenst der Vergangenheit

Selma Fraiberg hat auf die „Gespenster im Kinderzimmer“ aufmerksam gemacht. Sie nannte sie „Besucher aus der nichterinnerten Vergangenheit der Eltern, ungebetene Taufgäste“ (Fraiberg, 1980). Wie die gute oder die böse Fee im Märchen sind diese Gespenster in der Lage, dem Kind gute Wünsche mit auf den Weg zu geben oder es mit einem bösen Zauber zu belegen. Normalerweise wird das Kind die Liebe der Eltern für sein individuelles, einzigartiges Selbst mit solchem Nachdruck in Anspruch nehmen, daß alle Gespenster in den Hintergrund des Kinderzimmers verbannt werden. Zuweilen jedoch lassen die Gespenster sich an der Seite des Babys nieder und fordern den größten Teil der elterlichen Aufmerksamkeit für sich. In solchen Situationen *unterhalten die Eltern eine Beziehung zu dem Gespenst, das sich wie eine Trennwand zwischen sie und das Kind schiebt.*

Dieser Eindringling nun, das Gespenst der Vergangenheit, wird zur Ursache zahlreicher Mißverständnisse zwischen Eltern und Säugling. Die Eltern können auf die Signale ihres Babys nicht reagieren, weil die Kommunikation mit dem Gespenst all ihre Energien beansprucht. Dieses Gespenst kann sich überall ausbreiten und gibt den Eltern mitunter keine Chance, ihr Kind wirklich wahrzunehmen; es kann aber auch in bestimmte Bereiche einbrechen: Essen, Schlafen, Erziehungsprobleme. So legt das Eindringen des Gespenstes eine entsprechende Verletzlichkeit offen, die in der Vergangenheit der Eltern wurzelt. Die Probleme des Kindes verweisen in derartigen Fällen mit außerordentlicher Präzision auf die Konflikte, die die Eltern selbst zu lösen haben.

Jeder, der beruflich mit Familien zusammenarbeitet, merkt rasch, daß diese imaginären Partner äußerst real sind. Gedanken, Erinnerungen und Gefühle führen ihr eigenes Leben. Diese Darsteller im Seelendrama der Eltern dürfen nicht wie vorübergehende Launen behandelt werden. Phantasien werden *real*, und häufig fällt dem Kind die Rolle zu, diese Gespenster zu *verkörpern.*

In der klinischen Arbeit mit Eltern und jungen Säuglingen hat sich dies als eines der erstaunlichsten Kennzeichen erwiesen; die Vergangenheit der Eltern wird in aktuellen Interaktionen nachgespielt, und der Säugling muß dabei ein ganz bestimmtes „Gespenst der Vergangenheit“ verkörpern. Solche Szenarien lassen überdies genau beobachten, wie beherrschend und zwingend die frühe Kommunikation sein kann. Neuere Untersuchungen über wechselseitige Anpassung und Kommunikation tragen erheblich zu unserem Verständnis dieser Interaktionen bei.

Wir wollen dies an einem Beispiel erläutern: Eine Mutter bat einen der Autoren (B. C.) um ein Beratungsgespräch, weil sie wegen ihres zwei Monate alten Sohnes, Juan, in großer Angst war. Juan hatte seit seiner Geburt Nahrung erbrochen. Die Säuglingsschwester versuchte, die Mutter zu beruhigen, indem sie ihr zeigte, daß die Gewichtszunahme des Babys normal war; trotzdem blieb sie bei ihrer Überzeugung, daß ihr Sohn sterben würde.

Im Gespräch mit dem Arzt erzählte diese Mutter schon bald, daß sie immer noch sehr verzweifelt über den Tod ihres Bruders sei, der drei Monate vor der Geburt des Babys gestorben war. Man ermunterte sie, ausführlicher davon zu erzählen, und nun schilderte sie ihren letzten Besuch bei ihm im Krankenhaus: Er war ausgemergelt, roch sehr schlecht und erbrach fortwährend (er hatte Darmkrebs und lag im Sterben); dieser Eindruck überwältigte sie derart, daß sie ohnmächtig wurde. Bald danach starb der Bruder. Sie hatte sich nicht in der Lage gefühlt, an seiner Beerdigung teilzunehmen. Sie hatte nicht ein einziges Mal geweint. Der Prozeß des Trauerns hatte keinen normalen Verlauf genommen.

Bemerkenswert war, daß Juan sich plötzlich erbrach, *während sie die schmerzhafte Szene beschrieb*. Daraufhin sagte der Arzt nur: „Er übergibt sich wie ihr Bruder.“

Diese einfache Verbindung hatte eine gewaltige Wirkung auf die Mutter: Sie begann zu weinen und war nun in der Lage, ihre Beziehung zu diesem Bruder ausführlich zu schildern. Beim nächsten Termin sagte sie, daß diese Sitzung sie außerordentlich erleichtert habe. Sie ließ die Traurigkeit über ihren Bruder zu, trat damit in einen wirklichen Trauerprozeß ein und war in bezug auf das Kind weniger ängstlich. Auf diese Weise veränderte sich ihre Beziehung zu Juan. Ein Neuanfang war möglich geworden. Sie konnte sich an ihm erfreuen, weil sie den Geist ihres toten Bruders nun wirklich begraben hatte.

Es ist offensichtlich, daß diese Frau mit dem Verlust ihres Bruders nur fertig geworden war, indem sie die starken Gefühle, die ihre Beziehung zu ihm geprägt hatten, auf ihr Baby verschob. Diese Gefühle konzentrierten sich auf ihren Bruder und sein Erbrechen, das Juan nun wiederholte. Der Prozeß ist uns aus der klinischen Arbeit mit trauernden Menschen wohlvertraut: Der Hinterbliebene übernimmt Eigenschaften des Verstorbenen; diese *Introjektion* (Verinnerlichung) kommt in einer Identifizierung mit dem Verstorbenen zum Ausdruck, und häufig reproduziert der trauernde Mensch eine bestimmte Charaktereigenschaft oder ein bestimmtes Symptom. Es scheint, als habe diese junge Frau das Bild ihres sterbenden, erbrechenden Bruders in ihrem Innern gehütet – aber statt es selbst zu reproduzieren, hatte sie es auf das Kind projiziert, mit dem sie damals schwanger war. Da der Fötus, wie wir in den Kapiteln über die Schwangerschaft gesehen haben, noch als Teil des mütterlichen Selbst erlebt wird, wird er leicht zum Objekt von Introjektionen und Identifizierungen. Da sie die Verbindung zu ihrem toten Bruder nicht zu lösen vermochte, nahm diese Mutter sie wieder auf – nun mit ihrem Säugling. Weshalb Juan nach seiner Geburt zu erbrechen begann (was weder ungewöhnlich noch zwangsläufig pathologisch ist), wissen wir nicht. Wir wissen jedoch, daß dieses Symptom von der Mutter augenblicklich als Beweis dafür interpretiert wurde, daß dem Baby das gleiche Schicksal wie ihrem Bruder bevorstünde. Diese Vorhersage erwies sich als wirkungsvoll und bösartig, weil der Geist des toten Bruders in das Baby eingezogen war. Die Mutter verleugnete ihren Schmerz über seinen Tod und unterwarf sich der Angst, daß das Baby sterben würde. Einer derartigen Verflechtung von Liebesbanden und Todesangst begegnen wir in gestörten Eltern-Kind-Beziehungen häufig; sie ist Zeichen einer schmerzvollen Ambivalenz.

Juans Erbrechen wäre vielleicht ein harmloses, vorübergehendes Problem gewesen, wenn seine Mutter ihm nicht diese spezifische Bedeutung beigemessen hätte. Aufgrund ihrer Angst hat sie das Kind womöglich gezwungen, Nahrung aufzunehmen, oder – durch ihre Verhaltensweisen – seine Verdauungstätigkeit in irgendeiner Weise beeinträchtigt. Selma Fraiberg (1980) schildert das Beispiel einer Mutter, die ihr Baby mit nach unten gehaltenem Gesicht aufstoßen ließ, so daß sie ein Erbrechen tatsächlich *herbeiführte*! Durch derartige Interaktionsformen kann ein Kind auf nahezu unmerkliche Weise so manipuliert werden, daß es die schlimmsten Befürchtungen seiner Mutter bestätigt.

Man könnte dennoch fragen, ob es ein reiner Zufall war, daß das Kind sich genau in dem Moment erbrach, als die Mutter das Bild ihres sterbenden, erbrechenden Bruders heraufbeschwor. Oder kann das Kind anhand bestimmter Hinweise erkennen, welche Rolle es spielen soll? Die Frage ist durchaus berechtigt; die Praxis zeigt immer wieder, daß Kinder in ihrem Verhalten Rollen verkörpern, die ihre Eltern – unbewußt – von ihnen erwarten. Die Mutter, die fürchtet, daß ihr Kind verhungern wird, hat ein magersüchtiges Baby; die Mutter, die immer unter den Anmaßungen ihrer Geschwister litt, hat einen tyrannischen Sohn. Weil diese Rollenzuschreibung die kindliche Entwicklung außerordentlich beeinflußt, müssen wir versuchen zu verstehen, wie und woran Kinder merken, welches Verhalten von ihnen erwartet wird.

Als Juans Mutter die schmerzliche Erinnerung an ihren sterbenden Bruder heraufbeschwor, wurden offensichtlich zahlreiche aufgestaute Emotionen in ihr aktiviert, die sich natürlich in ihrem Gesichtsausdruck, ihrer Stimme und Gestik bemerkbar machten. Es mag sein, daß ein Baby auch mit zwei Monaten bereits diese Ausdrucksformen emotionaler Zustände wahrnimmt. Was Juan angeht, ist es darüber hinaus möglich, daß das Erbrechen als hochbesetzte Kommunikationsform gefördert wurde, weil die Mutter dieses Symptom mit einer tiefen Bedeutung belegt hatte. Wir könnten die These formulieren, daß emotionale Signale der Mutter (d. h. ihre Stimme, ihre Tränen, ihr Mienenspiel), während sie mit dem Arzt über das Erbrechen ihres Bruders sprach, in ihrem Baby die entsprechende Reaktion provozierten, für die es nun eine Ausdrucksmöglichkeit wählte, die in ihrer Kommunikation bereits entwickelt war: das Erbrechen.

Derartige Deutungen müßte man für reine Spekulation halten, wenn die klinische Praxis sie nicht fortwährend bestätigte. Ein Kind beispielsweise, dessen Mutter seinen Blick als vorwurfsvoll oder aggressiv empfindet, wird den Blickkontakt beinahe zwanghaft vermeiden. Robson berichtet von einer Mutter, die von ihrem Kind sagte, es „durchbohre" sie mit seinen Blicken (Robson, 1964). Dieses Mutter-Kind-Paar vermied jeden Blickkontakt, weil die Mutter sich vor dem „aggressiven" Blick ihres Sohnes fürchtete. Serge Lebovici teilt den Fall eines Säuglings mit, der plötzlich zu schreien begann, als seine Mutter sich an die Traurigkeit erinnerte, die sie empfunden hatte, als ihr Ehemann sie verließ. Seiner Ansicht nach signalisiert der emotionale Gehalt dessen, was die Mutter sagt, dem Baby, daß sie traurig ist, und löst sein Schreien aus (Lebovici, 1983).

Robert Emde hat Kinder gefilmt, die voller Aufmerksamkeit den Gesichtsausdruck ihrer Mütter „studierten" (was er als „Bezugnahme" bezeichnet). Diese Filme zeigen überzeugend, wie die Stimmungssignale der Mutter die Gefühlslage des Kindes und seine Handlungen beeinflussen. Um es zu wiederholen: eine derartige Übermittlung von Gefühlen ist keine subtile, flüchtige Erscheinung; sie beeinflußt das kindliche Verhalten auf sichtbare Weise (Emde & Sorce, 1983).

Es fällt zwar leichter, den wechselseitigen Anpassungsprozeß unter dem Blickwinkel der mütterlichen Fähigkeit zu beschreiben, sich in den inneren Zustand ihres Kindes einzufühlen – dennoch müssen wir zur Kenntnis nehmen, daß Säuglinge außerordentlich sensibel auf die Stimmungen ihrer Bezugspersonen reagieren, was sich in ihrem eigenen Verhalten niederschlägt. Die Arbeit von Edward Tronick und anderen über die Auswirkungen des Still-face-Experiments (vgl. dritter Teil) läßt daran kaum einen Zweifel.

Was Juan betrifft, so vermuten wir, daß seine Mutter aus seinen verschiedenen Verhaltensweisen das Erbrechen ausgesucht hatte, weil es ihr die Möglichkeit gab, sich die Illusion zu wahren, ihr Bruder sei – nun in Gestalt ihres Kindes – noch am Leben. Die Mutter sorgte unbewußt dafür, daß das Symptom nicht verschwand, da es gewissermaßen ihre Verleugnung seines Todes verkörperte. Es scheint, als habe diese Mutter etwas gebraucht, was sie täglich an ihren Bruder erinnerte. Juan hat dieses Bedürfnis offenbar befriedigt.

Wir haben diesen Fall relativ ausführlich dargestellt, um zu zeigen, welche Rolle die Kommunikation von Gefühlen und Stimmungen – die wie im dritten Teil im Zusammenhang mit der Interaktionsforschung erläutert haben – in der klinischen Praxis spielt. Der Fall macht darüber hinaus deutlich, daß in der Übertragung von Stimmungen ein bestimmtes Thema mitschwingen kann, so daß eine Phantasie Wirklichkeit wird.

Das Kind als Wiedergeburt eines Vorfahren

In unserer Gesellschaft gilt es als normal, wenn Eltern in ihren Kindern die Gesichtszüge verstorbener Verwandter wiedererkennen; dadurch wird eine Kontinuität der Familienbindung ermöglicht, familiäre Traditionen und Geschlechterfolge werden aufrechterhalten. In anderen Gesellschaften kann ein Kind auch in einem wörtlicheren Sinne als Wiedergeburt der Vorfahren betrachtet werden. Bei den Wolof im Senegal erhält das Kind den Namen eines verstorbenen Großelternteils. Das Kind wird als Wiederkehr – oder Reinkarnation – dieses Vorfahren erlebt, und man deutet sein Verhalten als Botschaft des Verstorbenen (Rabain, 1979). Diese Verbindung des Säuglings mit seinen Vorfahren verleiht dem Kind Macht; nimmt man es als klug und mächtig wahr, wird das Kind folgerichtig zum Schutzhort der Familie, was deren Bindung an dieses Kind intensiviert. Ebenso aber wird ein Kind gefürchtet, das als Träger böser Absichten erlebt wird.

In unseren westlichen Kulturen spielt die Wiedergeburt als solche keine Rolle, dennoch aber sind die Beziehungen auch hier von vergleichbaren Überzeugungen durchdrungen. Das Kind ist nicht allein eine symbolische Erinnerung an Bindungen aus der Vergangenheit; es kann die Verstorbenen unter Umständen auch ganz konkret ersetzen, wie wir gesehen haben. Dies ist insbesondere bei einem zeitlichen Zusammentreffen von *Tod* und *Geburt* der Fall. Ein Kind, das zur Welt kommt, nachdem die Eltern gerade einen geliebten Menschen verloren haben, wird möglicherweise dazu benutzt, diesen Verlust zu verleugnen und den Schmerz der Trauer aufzuschieben.

Einer der Autoren [B. C.] wurde beispielsweise von einer Mutter konsultiert, deren zweijährige Tochter unter gravierenden Schlafschwierigkeiten litt. Dieses Kind war drei Wochen, nachdem der Vater seiner Mutter gestorben war, zur Welt gekommen. Die Mutter fühlte sich innerlich völlig leer und vereinsamt; sie versuchte, bei ihrem Baby Trost zu finden, war aber niedergeschlagen, weil der Säugling ihr nicht antworten konnte. Der sehnliche Wunsch, ihren Vater zu ersetzen, führte dazu, daß sie die Botschaften ihrer Tochter gänzlich mißverstand und nicht in der Lage war, auf die wirklichen Bedürfnisse des Säuglings einzugehen. Die einzige Aktivität des Kindes, die ihr am Herzen zu liegen schien, war das musikalische Interesse ihrer Tochter (die Mutter glaubte, es daran zu erkennen, daß das Baby den Melodien zuhörte, die im Radio gespielt wurden). Sie erklärte, ihr Vater sei Musiker gewesen und das musikalische Interesse ihrer Tochter stelle die einzige Verbindung zu ihm dar. Sie hatte bereits beschlossen, aus ihrem Kind eine Musikerin zu machen. In diesem Fall war das zeitliche Zusammentreffen von Geburt und Tod die Ursache für eine Mißachtung der kindlichen Bedürfnisse und Signale sowie für den Versuch, dem Baby eine bestimmte Entwicklung vorzuschreiben. Ihre Abwehr der schmerzhaften Trauergefühle bestimmte die Interaktion und engte die Kommunikationsbereiche von Mutter und Tochter ein.

Vielleicht ist es übertrieben, in einem solchen Fall von Wiedergeburt zu sprechen, aber der Begriff bringt das magische, konkrete Wiederaufleben eines toten Menschen in einem Kind treffend zum Ausdruck. Obwohl es einzig und allein in der Vorstellung der Mutter existiert, kann das Gespenst der Vergangenheit diese Beziehung auf eine tragisch reale Weise beeinflussen.

Die Angst vor dem Tod des Babys

Im Grunde genommen ist jedes überbehütende Verhalten der Eltern auf eine tieferliegende – wenn auch häufig bewußte – Angst zurückzuführen, daß der Säugling sterben wird. Viele Fälle von Überfütterung haben ihre Ursache in der Angst vor dem Hungertod; zahlreiche Schlafschwierigkeiten lassen sich damit erklären, daß die Mutter (oder der Vater) den Schlaf des Kindes regelrecht stört, weil sie sich vergewissern muß, daß das Kind noch lebt.

Diese Angst vor dem Tod des Kindes kann vielerlei Ursachen haben. Ein einleuchtender Grund ist die sogenannte „Ersatzkindsituation" – das betreffende Kind wird bald nach dem Tod eines älteren Geschwisters geboren. Die Angst, es könne sterben, hat in diesem Fall einen konkreten Anlaß. Eine andere und komplexere Ursache liegt vor, wenn die Mutter (oder der Vater) das Kind als Reinkarnation eines Menschen erlebt, den sie sowohl geliebt als auch gehaßt hat. In einem dieser Fälle empfing eine Mutter ihre Tochter, während ihr Onkel – der ihr den Vater ersetzt hatte – im Sterben lag. Er war krebskrank. Bald nach der Geburt entwickelte das Baby ernsthafte Eßstörungen, so daß es nicht mehr zunahm. Es stellte sich heraus, daß die Mutter das Baby gezwungen hatte, zu trinken, und das Kind sich daraufhin allen Fütterungssituationen entzog. Als diese dem Rapport zuwiderlaufende Interaktion bei den Mahlzeiten erkannt und der Mutter erklärt worden war, gestand sie, daß sie das Baby zwangsweise gefüttert hatte, weil sie beständig fürchtete, es habe Krebs und würde dahinsiechen, genauso wie der Onkel. Unter größeren Schwierigkeiten kam ein weiterer Aspekt ans Licht: Dieser Onkel war nicht nur ein Objekt zärtlicher Erinnerungen; sie hegte ihm gegenüber auch einen schrecklichen Groll, weil ihre Schwester sein Liebling gewesen war. Hinter der irrationalen Angst vor dem Tod verbirgt sich in diesem Fall eine Übertragung von Liebes- und Haßgefühlen auf das Kind, die ursprünglich auf eine Vaterfigur gerichtet gewesen waren.

Das Kind als Mutterfigur

Mit dem Begriff „Parentifizierung" beschreiben Familientherapeuten einen Prozeß, in dessen Verlauf Kinder als Ersatz für ein Elternteil der eigenen Mutter oder des Vaters benutzt werden. Von diesen Kindern wird erwartet, daß sie die Aufgaben und Funktionen erfüllen, die die Eltern ihrer eigenen Eltern hätten erfüllen müssen: Unterstützung, Anleitung, Belohnung und Kritik. Diese Art von Rollenumkehr läßt sich in zahlreichen, unterschiedlichen Situationen beobachten. Sie tritt am häufigsten in solchen Fällen auf, in denen die Eltern sich von den eigenen Eltern vernachlässigt gefühlt haben; ihnen fällt es schwer, ihrem Baby viel zu geben; sie erwarten, daß das Kind ihre Bedürfnisse befriedigt.

Wenn die Eltern von ihren Säuglingen verlangen, sich auf erwachsene Art und Weise zu verhalten, leugnen sie deren infantile Bedürfnisse. Vielleicht erwartet die Mutter, daß ihr kleines Baby ihr unverkennbar zeigt, wie sehr es sie liebt. Überflüssig zu sagen, daß diese Erwartung notwendig enttäuscht werden muß. Dann „beschuldigt" die Mutter das Baby, es sei nicht zärtlich, mache ihr keine Freude, es sei selbstsüchtig – sie wird, ebenso wie das Baby, ständig ein Gefühl der Enttäuschung empfinden. In derartigen Beziehungen treten Interaktionsstörungen sichtbar zutage: mangelnder Körperkontakt, Vermeidung des Blickkontakts und unzulängliche Kommunikationsangebote. Sobald das Baby ein Stück von der Mutter wegkrabbelt und stillvergnügt für sich allein spielt, meint diese mit schmerzerfüllter

Stimme: „Sehen Sie, er interessiert sich überhaupt nicht für mich." Krabbelt das Baby aber zu ihr, um ihren Kontakt zu suchen und „aufzutanken", mißdeutet sie womöglich auch diesen Beweis seiner Anhänglichkeit oder behauptet, das Baby käme nur zu ihr, „weil es müde ist!"

Derartige Beziehungen werden immer problematischer, wenn es den Eltern nicht gelingt zu begreifen, daß sie von dem Baby etwas erwarten, was ihnen nur ein erwachsener Mensch geben könnte. Die Erkenntnis, daß die Eltern das Baby wie einen Erwachsenen wahrnehmen, kann ihr *rapportwidriges* Verhalten korrigieren. Im Anschluß daran muß der Therapeut oder Berater gemeinsam mit den Eltern erarbeiten, welche Sehnsüchte sie dazu bewegen, den Säugling mit ihren eigenen Eltern zu verwechseln. Für gewöhnlich setzt dieser Prozeß gewaltige aufgestaute Gefühle frei, und den Eltern wird zumeist in voller Schärfe bewußt, welch unrealistische Erwartungen sie dem Säugling gegenüber gehegt haben.

Der gleichen Konstellation begegnet man bei sehr jungen Eltern, insbesondere bei Müttern im Teenager-Alter. Teenager werden häufig schwanger, wenn gravierende Konflikte ihre Beziehung zu den eigenen Eltern zerstören. Die Jugendliche wird schwanger, um mit dem Baby eine enge Mutter-Kind-Beziehung wiederzuerschaffen und dem Schmerz auszuweichen, den die zunehmende Selbständigkeit und die Zerrüttung ihrer Beziehung zu den eigenen Eltern mit sich bringen. Wenn das junge Mädchen unbewußt erwartet, daß das Baby ihm all die Liebe geben wird, nach der es sich sehnt, werden sich unweigerlich Probleme einstellen. Das Geschrei des Babys macht sie wütend: „Warum sollte ich zu ihr rennen? Was tut sie jemals für mich?" Sie wendet sich vom Baby ab oder füttert das Kind nur mechanisch. Teenager-Müttern fällt es häufig schwer zu verstehen, daß ihre Babys weinen, weil sie sie brauchen. Sie müßten ja ihre Mutterrolle akzeptieren und auf das Sonderrecht verzichten, selbst ein abhängiges Kind der eigenen Mutter zu sein, wenn ihnen bewußt würde, daß das Baby nach ihrer Liebe und Zuwendung hungert.

In einer solchen Situation beschwerte sich eine sehr junge Mutter über ihre neun Monate alte Tochter, weil das Baby mit dem Finger auf Gegenstände zeigte, als wolle es der Mutter befehlen, sie ihr zu bringen. Die Mutter kam sich wie eine Sklavin vor. Sie wurde zornig auf ihr Kind und hielt es für ungerecht, daß *sie* es bedienen sollte, während das Baby ihr niemals half, wie sie sagte. Unbewußt hoffte sie, daß ihre Tochter sich in eine warmherzige und schützende Mutterfigur verwandeln und sie für die Lieblosigkeit der eigenen Mutter entschädigen würde. Der Zorn auf das Kind entwickelte sich aufgrund dieses Mißverständnisses, der vereitelten Hoffnung, in ihrer Tochter eine Mutter zu finden.

In dieser Situation braucht die Jugendliche einen liebevollen, zuverlässigen professionellen Beistand, einen Menschen, der für sie eine Art Muttervorbild darstellt. Erst nach langer Zeit, wenn das junge Mädchen seine Sehnsucht nach Abhängigkeit zum Ausdruck gebracht, anerkannt und seinen depressiven Gefühlen freien Lauf gelassen hat, kann es sich vorstellen, die Verantwortung für einen anderen Menschen, nämlich für ihr eigenes Baby, zu übernehmen.

In der Praxis begegnen uns Fälle, in denen das Bedürfnis, im eigenen Kind eine Mutter- oder Vaterfigur wiederzufinden, noch größere Probleme heraufbeschwört. Zu diesen Fällen gehört eine depressive Erkrankung der Mutter. Es ist erstaunlich zu sehen, wie häufig kleine Kinder (nicht älter als ein oder zwei Jahre) die Traurigkeit der Mutter über winzige Hinweise wahrnehmen und versuchen, sie zu trösten. Entweder versuchen sie, sich aktiv um sie zu kümmern, oder – dies ist der häufigere Fall – sie entwickeln ein frühreifes, anspruchsloses Verhalten, als wollten sie der depressiven Mutter nicht zur Last fallen. Eine weitere mögliche Konsequenz ist die Kindesmißhandlung. Gewalttätigkeit kann sich zum Beispiel entwickeln, wenn die Mutter von ihrem Säugling oder Kleinkind Unterstützung und Verständnis erwartet, weil sie sich selbst im Stich gelassen und hilflos fühlt. Wenn das Kind ihre Bedürfnisse nicht befriedigen kann, baut sich eine gefährliche Wut in ihrem Innern auf.

Das Kind als Richter

Wenn Mutter oder Vater den Säugling nicht nur als Elternfigur, sondern darüber hinaus als eine *richtende und strafende* Elternfigur erleben, entwickelt sich ein besonders schmerzhafter Teufelskreis. Das Verhalten eines unglücklichen Säuglings, dessen Bedürfnisse nicht befriedigt werden, wird von den Eltern als Anzeichen für Kritik oder Zurückweisung gedeutet. Beebe und Sloate (1982) berichteten über eine Mutter, die in der Interaktion mit ihrem drei Monate alten Töchterchen große Probleme hatte. Wenn das Baby sie ansah, beugte die Mutter sich ganz plötzlich vor und stoppte erst kurz vor seinem Gesicht ab; das Kind entwickelte eine deutliche Aversion gegen den Blickkontakt. Diese Mutter deutete das Ausweichen als bewußte Zurückweisung. Mangelnder Rapport und fehlender Einklang waren offenkundig (die Mutter wandte sich dem Baby nicht zu, sprach nicht in der Babysprache mit ihm und reagierte nicht auf seine Stimmungswechsel). Das Kind zeigte seinerseits immer stärkere Reaktionshemmungen. Es ließ auch Abwehrbewegungen erkennen, als wolle es seiner Mutter lieber „aus dem Weg gehen". Diese wiederum registrierte nur die negativen Reaktionen des Babys und nahm seine Kontaktversuche überhaupt nicht wahr. Sie schrieb dem Verhalten des Kindes eine ungeheure Bedeutung zu; sie empfand es als kritisch, strafend und zurückweisend. Es zeigte sich, daß sie keine innere Übereinstimmung mit dem Baby herzustellen vermochte, weil sie sich dann von ihrem Töchterchen „kontrolliert" gefühlt hätte. Nach und nach half der Therapeut ihr zu verstehen, daß sie auf ihr Kind eine anklägerische und zurückweisende Haltung übertragen hatte, die ursprünglich mit ihrem Bild von ihrer eigenen Mutter verknüpft gewesen war.

Die Beziehung zwischen Sebastian und seiner Mutter, die wir im fünften Teil darstellen werden, ist ein Parallelfall; hier geht es um das Gespenst eines richtenden und strafenden Vaters. Selbst ein ganz kleiner Säugling kann seine Mutter ungemein einschüchtern, wenn sie in seinen Augen den vorwurfsvollen Blick ihres eigenen Vaters wahrnimmt.

Eine kritische und strafende Haltung ist nur eines der imaginären Motive, die auf ein Kind projiziert werden können. Aus diesem Grund genügt es nicht, nur zu erarbeiten, welche Person sich ursprünglich hinter dem Gespenst der Vergangenheit verbirgt; ebenso wichtig ist es, die spezifischen, dem Kind unterstellten Gefühle und Motive richtig einzuschätzen und festzustellen, ob diese Projektionen den Eltern gänzlich unverständlich sind oder eine gewisse Einsicht ermöglichen.

Der Säugling als Geschwisterkind

In einer weiteren, häufig anzutreffenden Konstellation wird das neugeborene Baby als Geschwisterkind seiner Eltern erlebt. Die spezifischen Gefühle, die für diese frühere Beziehung charakteristisch waren – zumeist Eifersuchtsgefühle –, werden nun erneut durchlebt. In einem solchen Fall hegen die Eltern einen unbewußten Groll auf die Zuneigung und Befriedigung, die dem Kind zuteil wird, weil vor diesem Hintergrund ihre Eifersucht wiedererwacht, die sie einst bei der Geburt eines verhaßten Rivalen erlebt haben.

Dieses Wiedererwachen äußert sich in besonders gefährlicher Form, wenn die Mutter – durch ihren Sohn – ihre Eifersucht auf einen jüngeren Bruder noch einmal durchlebt (vor allem dann, wenn diese Eltern sich bewußt lieber einen Jungen als ein Mädchen gewünscht haben, was auch heute noch häufig vorkommt!). Die heftige Eifersucht kann in unterschiedlicher Weise zum Ausdruck kommen. Unter Umständen sieht die Mutter in ihrem Kind einen Tyrannen, der sie versklavt und eine grenzenlose Macht über sie ausübt. Es kann aber auch sein, daß die Mutter das Kind überbehütet, als sei es äußerst verletzlich. Im fünften Teil werden wir am Beispiel von Julian detailliert zeigen, auf welche Weise die Geschwisterrivalität die Mutter-Kind-Beziehung ernsthaft beeinträchtigen kann.

Gute Geister und böse Gespenster

Da in jedem Kinderzimmer irgendwo auch ein guter oder aber böser Geist lauert, muß man in der Beurteilung der Eltern-Kind-Beziehung hinsichtlich „Normalität" und „Auffälligkeit" derartiger Projektionen sehr vorsichtig sein. Das ist nicht einfach, weil – das möchten wir an dieser Stelle noch einmal betonen – es die Regel ist, daß Eltern durch ihre Kinder alte Verbindungen zu ihrer eigenen Vergangenheit wiederaufnehmen. Elternliebe wird überhaupt nur möglich, *weil* sie in früheren Bindungen wurzelt; Einfühlungsvermögen und innerliche Anpassung an ein Neugeborenes werden gefördert, wenn die Eltern in der Beziehung zu ihrem Kind die Wärme und Zuneigung wiedererkennen, die ihnen aus früheren Beziehungen vertraut sind.

Aber auch Eifersucht, Zorn und Feinseligkeit können aus alten auf neue Beziehungen übertragen werden; dies Phänomen kennen wir aus der psychoanalytischen Arbeit mit Erwachsenen nur zu gut. Wann wird eine solche Übertragung zu einer Gefahr für die Beziehung?

Ein hilfreicher Hinweis auf die Entgleisung der Beziehung ist eine systematisch dem Rapport zuwiderlaufende Interaktion. Erst wenn zwischen dem Heraufbeschwören eines Menschen aus der Vergangenheit der Eltern und dem gestörten Rapport ein Zusammenhang hergestellt werden kann, sind wir in der Lage, die Ursache für die Entgleisung zu lokalisieren. Dieser Zusammenhang wird den Eltern Konflikte vor Augen führen, die sie vielleicht werden lösen müssen. Ein auffälliges Zeichen für eine derartige entstellte Wahrnehmung in einer Beziehung sind ausweichende und abwehrende Haltungen der Eltern gegenüber einem bestimmten Verhalten des Babys. In zahlreichen der bereits vorgestellten Fälle wird diese defensive Entgleisung der Interaktion dazu benutzt, schmerzhafte Empfindungen und Gedanken abzuwehren, die mit einer ambivalenten Beziehung aus der Vergangenheit verbunden sind. Die Mutter setzt ihren Kampf gegen die alten Konflikte fort, indem sie sich in der aktuellen Interaktion ausweichend und abwehrend verhält. Die Aufgabe für die Eltern und für den Arzt oder Therapeuten besteht in solchen Situationen darin, den „abwesenden Partner", das „Gespenst" zu identifizieren, das die Eltern zwischen das Baby und sich selbst schieben. Auf diese Weise können psychische Energien umgeleitet und unterdrückte Gefühle wie Trauer oder Eifersucht freigesetzt werden, so daß eine Bindung an ein realistischer wahrgenommenes Baby möglich wird. Im nächsten Teil werden wir ausführlicher sehen, welcher Zusammenhang zwischen einem Scheitern des Rapports und aktuellen, konfliktträchtigen Beziehungen zu „Gespenstern" besteht.

17 Die „Neuinszenierung" alter Beziehungsformen

Eine weitere Variante des Wiederauflebens der Vergangenheit in einem Gespenst ist die Neuinszenierung einer bevorzugten Beziehungsform. In diesem Fall dient der Säugling in der Realisierung des Drehbuchs als „Requisit". Die Mutter kann auf diese Weise typische Szenen aus ihrer Kindheit noch einmal „durchspielen". Wurde ihre Beziehung zu den eigenen Eltern von Kämpfen und gegenseitiger Quälerei beherrscht, dann sind Auseinandersetzungen mit ihrem Baby womöglich an der Tagesordnung; waren Distanz und Zurückweisung für diese Beziehung kennzeichnend, dann leben diese wieder auf. Durch diese Neuinszenierung alter Themen versuchen die Eltern, die verlorenen, wiederersehnten Beziehungen aus ihrer Kindheit zurückzugewinnen.

Die Wiederholung der „Kämpfe ums Essen"

Eine Mutter vereinbarte mit einem der Autoren [B. C.] einen Termin, weil ihre dreijährige Tochter Dorothy „nicht essen wollte". Gewichts- und Wachstumskurven des Kindes lagen an der untersten Grenze. Die Mutter bezeichnete die Mahlzeiten als „wahre Tortur"; Dorothy weigere sich zu essen und benutze diesen Negativismus, um sie auf unerträgliche Weise zu beherrschen und zu manipulieren. Sie stehe kurz davor, „sie aus dem Fenster zu schmeißen".

Je mehr die Mutter erzählte, desto deutlicher wurde, daß sie in großem Umfang am Zustandekommen der täglichen „Kämpfe ums Essen" beteiligt war. Die Gründe für diesen gegenseitigen Kampf kamen zum Vorschein, als sie erklärte, sie selbst sei – soweit sie sich erinnern könne – magersüchtig gewesen und habe Tag für Tag mit ihrer Großmutter, bei der sie aufwuchs, Auseinandersetzungen ums Essen geführt. Offenbar hielt die Mutter durch diese Kämpfe ihre Bindung an ihre Großmutter aufrecht; sie schuf sie nun mit Dorothy neu, so wie andere Menschen versuchen, glückliche Erinnerungen an längst vergangene Zeiten heraufzubeschwören.

Bei dieser Mutter war das Verlangen nach einer wechselseitigen

Beziehung, zu der sowohl Verweigerung als auch Zwang gehörten, so mächtig, daß der Kampf noch *am Tag von Dorothys Geburt* begann. Sie berichtete, daß sie völlig aus der Fassung geraten sei, als sie merkte, daß Dorothy nach der Entbindung ihre Brust verweigerte. Dieses völlig normale Abwenden von der Brust wurde von ihr als Negativismus und Widerstand erlebt; es weckte in ihr den Willen, das Kind zu zwingen, so daß sich vom ersten Tag an ein Kampf ums Essen abspielte – eine originalgetreue Kopie ihrer Beziehung zu ihrer Großmutter.

Dieses ständige „Tauziehen" – ums Essen, um die Sauberkeitserziehung und Disziplinprobleme – ist für viele Beziehungen charakteristisch. Es geht um die grundsätzliche Frage: „Wer beherrscht wen?" Dieser Konflikt läßt sich nur lösen, wenn Mutter oder Vater erkennen, daß ein solches Interaktionsmuster eine Beziehung der Vergangenheit wiederholt, von der sie sich innerlich noch nicht getrennt haben und um die sie nicht trauern können.

Immer wieder werden wir mit der Tatsache konfrontiert, daß die sogenannte „neue" Beziehung zu dem Baby in Wahrheit unter dem übermächtigen Einfluß der Vergangenheit der Eltern steht. Gleichzeitig ist es wichtig, daran zu erinnern, daß Säuglinge ihre eigenen charakteristischen Eigenschaften in die Beziehung einbringen. Nicht alle Kinder werden sich am ersten Lebenstag von der Brust abwenden; nicht alle Kinder werden sich auf den von ihren Eltern inszenierten Machtkampf einlassen. Vielmehr wird die Interaktion geprägt durch die Verbindung zwischen Veranlagung und spezifischen Verhaltensweisen des Säuglings einerseits und der Bedeutung, die die Mutter ihnen unterstellt, andererseits. Der Anteil der Eltern jedoch ist einer therapeutischen Bearbeitung der gestörten Beziehung am ehesten zugänglich.

Heraufbeschwörung der Vergangenheit durch ihr Gegenteil

Häufig versuchen die Eltern, mit ihrem Kind eine Beziehung zu entwickeln, die das genaue Gegenteil ihrer Beziehung zu den eigenen Eltern darstellt. Nicht selten ist dies der Fall, wenn die Eltern in ihrer Kindheit unter zu großer Strenge gelitten haben; nun sind sie ihrem eigenen Kind gegenüber nicht in der Lage – oder nicht willens –, ihm einen Wunsch auszuschlagen oder Grenzen zu setzen. Das Kind wird aufgenommen, sobald es weint; jeder Marotte wird nachgegeben. Wenn es normalerweise an der Zeit wäre, daß das Kind auch Trennungserfahrungen macht, sind diese Eltern mit Sicherheit allzeit gegenwärtig, so daß dem Kind jedes Kümmernis erspart bleibt. Solche Eltern wollen dem Kleinkind ein Gefühl fortwährender Zufriedenheit vermitteln, indem sie jede Frustration, jede Einschränkung zu vermeiden suchen. Folgerichtig entwickelt das Kind die Erwartung, jedes Bedürfnis müsse augenblicklich befriedigt werden, und stellt womöglich derartige Ansprüche an die Eltern, daß diese es bald als Tyrannen betrachten. Erst wenn sie sich dieser gnadenlosen Kreatur hoffnungslos ausgeliefert fühlen, suchen sie Rat. Das entscheidende Problem können sie nicht erkennen: Sie haben eine frühere Beziehung zu einer strengen Autorität wiederbelebt; nur ist es jetzt das Kind, von dem sie beherrscht werden. Häufig scheint das Kind wahrzunehmen, daß die Eltern eine autoritäre Haltung von ihm erwarten, und lernt, exakt diese Rolle zu spielen. Auf diese Weise ermöglicht es den Eltern, sich – genau wie früher – von einer Autorität beherrschen zu lassen.

Die Begeisterung, mit der zum Beispiel Benjamin Spock in seinen früheren Schriften für eine Liberalisierung der Kindererziehung plädierte, wurzelte vielleicht in dem Wunsch, die Kinder vor der pädagogischen Strenge zu verschonen, mit der eine ältere Elterngeneration erzogen worden war. Heute befinden wir uns in der nächsten Phase des Zyklus: die Eltern versuchen, „Strukturen und Werte“ zu vermitteln, um das Chaos allzu großer Nachgiebigkeit zu vermeiden.

Die Schaffung einer idealen Beziehung

Es gibt zahlreiche andere Möglichkeiten, alte Beziehungsformen neuaufleben zu lassen. Häufig anzutreffen ist der Wunsch, eine eigene leidvolle Kindheit wiedergutzumachen, indem man dem neugeborenen Baby all das zuteil werden läßt, was man als ideale Erfahrung betrachtet. In gewisser Weise hegen die meisten Eltern diesen Wunsch, die mit ihrem Säugling eine „perfekte“ Eltern-Kind-Beziehung entwickeln wollen – eine Beziehung, die sie selbst gerne gehabt hätten. In diesen Fällen ist es keine tatsächliche Erfahrung aus der Vergangenheit, die die Eltern wiederaufleben lassen möchten, sondern das imaginäre Idealbild dessen, was eigentlich *hätte sein sollen.* Um es zu wiederholen: diesen Wunsch hegen auch zahlreiche gesunde Familien. Die Möglichkeit, eigene Enttäuschungen und die eigene Hilflosigkeit der Vergangenheit durch die Schaffung einer idyllischen, neuen Beziehung ungeschehen zu machen, ist eines der stärksten Motive für den Kinderwunsch.

Die Sehnsucht nach einer vollkommenen Kindheit kann jedoch auch Probleme hervorrufen. So verweigerte der 14 Monate alte Anthony in der Kinderkrippe den ganzen Tag über das Essen. Zu Hause bereitete seine Mutter die Mahlzeiten für ihn auf eine besondere Weise zu: sie verflüssigte sie im Mixer, so daß er alles aus der Flasche trinken konnte. Sie sagte, er weigere sich, irgendetwas zu sich zu nehmen, was nicht auf diese Art püriert war; uns wurde jedoch bald klar, daß sie zu seiner Vorliebe für verflüssigte Nahrung beigetragen hatte.

Wie so häufig, förderte auch die Lebensgeschichte dieser Mutter die Ursache einer solchen Interaktion zutage: ihr Vater starb, als ihre Mutter mit ihr schwanger war. Die Mutter wurde depressiv, brachte sie in einem Pflegeheim unter, arbeitete in einer weit entfernten Stadt und besuchte sie nur sehr selten. Seit dieser Zeit litt diese Frau unter ihrer heftigen Sehnsucht nach einer engen Beziehung, die sie niemals gehabt hatte, bis sie heiratete und ihr Baby bekam. Das Kind gab ihr die Chance, die ideale Beziehung zu schaffen, die sie vermißt und nach der sie sich so sehr gesehnt hatte.

Mit Anthony wollte sie eine sehr enge Mutter-Kind-Bindung erleben, in der er für immer die Annehmlichkeiten der ganz frühen Nahrungsaufnahme genießen konnte. Als Anthony sich weigerte, in der Kinderkrippe zu essen, bestätigte er das Urteil der Mutter, daß niemand so gut für ihn sorgen könne wie sie. Sie wollte durch ihr Kind die grenzenlosen Befriedigungen eines Babys erleben, um die sie selbst betrogen worden war.

Diese Beziehungskonstellation, in der die Probleme durch den Wunsch der Mutter entstehen, ihrem Baby die größtmögliche Befriedigung zuteil werden zu lassen, kommt außerordentlich häufig vor; solche Beziehungen machen deutlich, welch ungeheure Energien Eltern zu opfern bereit sind, um mit ihrem Nachwuchs eine ideale Beziehung zu entwickeln, während sie zugleich ihre eigenen Bedürfnisse befriedigen wollen. Wie viele von uns hoffen, verspätet – mit unseren Kindern – nachzuholen, was uns in unserer eigenen Kindheit entgangen ist.

Solche Wünsche und Sehnsüchte sind zwar häufig anzutreffen, wenn sie jedoch eine unerträgliche Situation heraufbeschwören, brauchen die Eltern und das Kind Hilfe. Es genügt nicht, nur darauf hinzuweisen, daß die Bedürfnisse des Kindes in übertriebenem Maße befriedigt und ihm keinerlei Grenzen gesetzt werden. Man muß die Eltern ermutigen zu erzählen, weshalb sie glauben, daß ihr Kind immer vollkommen zufrieden sein und ihm jede Frustration erspart bleiben müsse. Sehr oft erzählen die Eltern daraufhin, wie sehr sie selbst sich in ihrer Vergangenheit nach solchen idealen Bedingungen gesehnt haben, um die sie ihrer Meinung nach betrogen worden sind; normalerweise überfällt sie dann eine große Traurigkeit. Jetzt erst können sie mit Hilfe des Therapeuten verstehen, daß ihr Wunsch unerfüllt bleiben *muß*, dem Baby jede Befriedigung zukommen zu lassen; je nachgiebiger sie auf jede kleine Grille des Kindes reagieren, desto größer wird das Risiko, daß sie sich völlig verausgaben und sich von ihrem Säugling schließlich ausgebeutet fühlen. Wenn sie dies erkennen, werden sie ihr Kind vermutlich realistischer sehen können: weniger zerbrechlich und durchaus in der Lage, auch Frustrationen zu ertragen.

Das Kind als Möglichkeit, Wunschvorstellungen zu realisieren: „König Baby“

Ein Baby scheint nicht nur die Realisierung einer Beziehung aus der Vergangenheit zu versprechen, nach der die Eltern sich zurücksehnen; mitunter betrachten die Eltern es auch als Möglichkeit, eine langgehegte Idealvorstellung Wirklichkeit werden zu lassen. Im ersten Teil haben wir gesehen, daß alle zukünftigen Babys das Versprechen in sich tragen, Idealvorstellungen zu verwirklichen, deren Realisierung den Eltern versagt geblieben ist oder aufgeschoben wurde. Folglich wird das Neugeborene in Idealisierungen eingebettet: Es ist das wunderbarste, schönste, das intelligenteste Baby, und die Eltern entdecken in jeder Entwicklungsphase neue Beweise für seine bemerkenswerten Gaben. Das ist nicht nur normal, sondern für den Bindungsprozeß unerläßlich; das Kind verspricht, ihren eigenen Stolz und ihren eigenen Ehrgeiz zu befriedigen. Eine solche Motivation ist notwendig, damit die Eltern die zahlreichen Frustrationen, die die Sorge um den Säugling mit sich bringt, und ihre eigenen ambivalenten Gefühle gegenüber einem fordernden – und häufig „undankbaren" – Baby überhaupt ertragen können. Weil die Eltern ihr ideales Selbst im Baby gespiegelt sehen, wird es ihnen unendlich wertvoll.

Dieser Idealisierungsprozeß kann ihnen jedoch aus der Hand gleiten. Wenn die Eltern das Omnipotenzgefühl des Säuglings stärken, indem sie ihm jeden Wunsch von den Augen ablesen, übertragen sie ein unstillbares Verlangen nach unumschränkter Privilegiertheit und ständiger Befriedigung auf das Kind. Wenn sie seine Omnipotenz um jeden Preis aufrechterhalten wollen, werden sie zu unterwürfigen Höflingen im Dienste ihres Prinzen oder ihrer Prinzessin. Dem königlichen Willen ist unbedingt Folge zu leisten. Diese Eltern vermeiden es, irgendwelche Grenzen zu setzen; sie vermeiden es strikt, das Kind einzuschränken oder die Befriedigung seiner Bedürfnisse hinauszuzögern. Sie stehen dem Kind als dienstbeflissene Gefolgschaft zur Verfügung.

Um ihr Baby nicht zu enttäuschen, können solche Eltern eine extreme Verzichtshaltung entwickeln; nachts unterbrechen sie ihren Schlaf immer wieder, um das Kind zu trösten. In Familien, für die das Essen eine zentrale Rolle spielt, werden die Eltern das Kind „vollstopfen", sobald es das geringste Anzeichen von Unbehagen erkennen läßt. In anderen Fällen kommt es zu einer totalen Unterwerfung unter die Aggressivität des Kindes. Ein Beispiel dafür ist eine Mutter, die tatsächlich stolz darauf war, daß ihr kleiner Sohn alles kaputt machte, was ihr gehörte; sie lächelte selbst dann noch, als er wiederholt – wie um sie zu testen – mit einem Spielzeughammer auf ihr Bein einschlug. Diese Mutter stammte aus einer sehr traditionsbewußten, ziemlich strengen Mittelschichtsfamilie und revoltierte offen gegen ihre Herkunft. Sie war verbittert, weil ihr Vater sie nicht hatte Medizin studieren lassen. Sie wurde schwanger, verließ den Vater des Kindes und widmete sich voll und ganz ihrem Sohn. Er durfte tun, was er wollte, als sei er dazu bestimmt, ihren Traum von totaler Freiheit zu erfüllen und alles zu erreichen, was man ihr verwehrt hatte. Er sollte ihr verlorenes Omnipotenzgefühl weitertragen; sie förderte selbst seine ungezügelte Aggressivität, um ihr Gefühl grenzenloser Macht bestätigt zu sehen. In dieser imaginären Interaktion ließ die Mutter ihr Baby die Rolle ihres eigenen grandiosen Ichs spielen, das keine Grenzen kannte.

Im fünften Teil werden wir diese Interaktionen und die Schwierigkeiten, die sich für die Intervention ergeben, am Beispiel von Julian ausführlicher darstellen. Solchen Eltern fällt es sehr schwer, einen Rat anzunehmen, der darauf hinausläuft, daß sie Grenzen setzen müssen. Denn dies bedeutet, daß sie ihr eigenes, von dem Kind ausgelebtes Omnipotenzgefühl dämpfen müssen.

Extreme Idealisierungen dieser Art können verschiedene Probleme hervorrufen: Vielleicht versucht das Kind, unablässig nach neuen Erfolgen zu jagen, um die Ruhmesträume seiner Eltern zu erfüllen. Dieser „Nobelpreis-Komplex" zeitigt seine Auswirkungen bereits in frühen Jahren: das Kind wird zu frühzeitigem Sprechen und zu intellektuellen Leistungen gedrängt, für die es noch nicht reif ist. Dieses Problem – wenn auch gewöhnlich nicht in solch extremem Ausmaß – gibt es in zahlreichen aufstrebenden amerikanischen Familien.

18 Das Kind als Teil seiner Eltern

Eltern pflegen nicht allein ihre Erinnerungen an Bindungen oder Beziehungsformen aus der Vergangenheit auf ihr Kind zu projizieren, sondern auch Aspekte ihres eigenen Seelenlebens. Es ist erstaunlich, wie häufig die Menschen in der äußeren Welt Eigenschaften zu entdekken versuchen, die in Wahrheit Teil des eigenen Selbst sind.

Jeder Mensch, dem wir begegnen, wird folglich mit Eigenschaften besetzt, die aus unserem eigenen Innern erwachsen. Das läßt zwar – weil es Kontakt und Nähe ermöglicht – ein Gefühl der Vertrautheit entstehen, kann aber auch Anlaß zu Schmerz oder Angst geben: Wenn wir nämlich „schlechte Teile unserer selbst" projizieren, werden wir in anderen das fürchten, was wir in uns selbst am heftigsten abzuwehren suchen.

Die Psychologie des Vorurteils wird verständlicher, wenn man dieses Phänomen begreift. In der Familientherapie sind derartige Projektionen wohlbekannt: Man hat die Tendenz ganzer Familien, einem einzelnen Familienmitglied eine bestimmte Rolle zuzuweisen, mit dem Begriff *Delegation* bezeichnet. So kann ein Familienmitglied zum *Sündenbock* gemacht werden, indem ihm alle Schuld in die Schuhe geschoben und alle bösen Absichten auf ihn projiziert werden; dieses „schwarze Schaf" hat nun die Funktion, sämtliche „schlechten" Aspekte der anderen Familienmitglieder in sich zu konzentrieren. Diese Projektionen sind außerordentlich stark, und die familienzentrierte Psychiatrie hat gezeigt, daß sie schwerwiegende Probleme und Symptome nach sich ziehen können.

Wir wollen jedoch noch einmal betonen, daß Projektionsvorgänge Bestandteil normaler Verhaltensweisen sind. *Die Projektion an sich ist nicht pathologisch*; erst wenn sie bestimmte, extreme Eigenschaften annimmt, wird sie gefährlich.

Unser Einfühlungsvermögen beruht zum großen Teil auf unserer Identifizierung mit einem Partner; diese Identifizierung wiederum ist möglich, weil Teile unseres Selbst auf den anderen projiziert werden. Der Begriff „projektive Identifizierung" wurde geprägt, um genau dieses Phänomen zu beschreiben. Damit die Mutter in seelischer Übereinstimmung mit den Bedürfnissen ihres Säuglings stehen kann, muß sie sich auf eine Identifizierung mit Aspekten ihres eigenen frühkindlichen Erlebens verlassen, die sie nun auf das Baby projiziert hat. Um aber die Individualität ihres Babys wirklich kennenzulernen (und eine echte Gegenseitigkeit zu erleben), muß sie sich von dieser Identifizierung zugleich „zurückziehen“ und den objektiven, für ihr Baby charakteristischen Signalen öffnen. Mit anderen Worten: ein erfolgversprechendes Verhalten der Mutter beruht auf der Ausgewogenheit von projektiver Identifizierung (Wahrnehmung der Gleichheit) und objektiver Wahrnehmung des Babys (Registrierung der Unterschiede). Ebensogut könnte man auch sagen, daß wir sowohl auf verschmelzungsähnliche Erfahrungen als auch auf die Fähigkeit zur Trennung angewiesen sind.

Diese Wechselwirkung erinnert an die psychischen Vorgänge während der Schwangerschaft, die wir im ersten Teil beschrieben haben. Zunächst erlebt die Mutter den Fötus als Teil ihres eigenen Selbst, um ihn dann allmählich als ein von ihr getrenntes Individuum wahrzunehmen.

Die charakteristische Ausgewogenheit dieser zwei Tendenzen ist wertvoll für die Vorhersage der künftigen Entwicklung der Eltern-Kind-Beziehung. Jeder Arzt oder Therapeut, der Familien zu verstehen oder ihnen zu helfen sucht, tut gut daran, diese Beziehung sorgfältig zu beobachten. Die Neigung, psychische Eigenschaften auf einen Säugling zu projizieren, ist nicht bei allen Eltern gleichermaßen stark ausgeprägt. Zwar neigen die meisten Eltern dazu, ideale, ihnen besonders am Herzen liegende Eigenschaften in ihrem Baby wiederzuerkennen, es gibt jedoch auch Eltern, die ihre „schlechten“ Eigenschaften projizieren. Zwar schreiben die meisten Eltern ihrem Kind Merkmale zu, die ihnen selbst vertraut sind, andere jedoch projizieren gerade das, was ihnen selbst am fremdesten ist. Während die projektive Identifizierung normalen Ausmaßes Empathie und Bindung entstehen läßt, werden verzerrte Identifizierungen den wechselseitigen Einklang und Rapport beeinträchtigen. Die Eltern reagieren unter Umständen ausschließlich auf Motive, die sie dem Säugling unterstellen, die in Wahrheit jedoch in ihren eigenen unbewußten Konflikten wurzeln.

Auch die Rolle des Säuglings muß ständig berücksichtigt werden. Seine angeborenen Eigenschaften, seine äußerliche Erscheinung und das Geschlecht des Babys fördern möglicherweise eine besondere Form der Projektion. Eine sichtbare Anomalie zum Beispiel mag eine mögliche Tendenz der Mutter unterstützen, die „unzulänglichen, schwachen und anomalen“ Aspekte ihres eigenen Selbst zu projizieren. Selbst eine geringfügige Behinderung des Kindes kann eine ungeheure Kränkung des elterlichen Selbstwertgefühls darstellen, wie wir im Kapitel über „Das enttäuschende Baby“ sehen werden.

Das Kind als Bösewicht

Im vorangegangenen Kapitel haben wir beschrieben, welchen Einfluß der Idealisierungsprozeß auf die Eltern-Kind-Beziehung ausübt; es kann sich aber auch der entgegengesetzte Prozeß entwickeln. Das Kind wird als Bösewicht oder Monster betrachtet, wenn die Eltern „böse“ Aspekte ihrer selbst projizieren oder das Kind unter einer sichtbaren Behinderung leidet. Beides ist eng miteinander verwoben. Die Projektionsdynamik beruht zu einem großen Teil darauf, daß die Eltern auf etwas reagieren, was sie als Verkörperung ihrer eigenen innerlichen Tendenzen in ihrem Kind zu erkennen glauben. Das Kind wiederum entwickelt unter Umständen Charakterzüge oder Eigenschaften, die ihre Projektionen bestätigen. Spezielle Verhaltensweisen des Kindes können diese Projektionen ursprünglich auslösen; ein passiver Säugling wird als faul oder übertrieben abhängig charakterisiert, wenn die Eltern eben diese Eigenschaften an sich selbst nicht tolerieren. Ein Kind, das mit gutem Appetit ißt, wird als gefräßig oder gierig bezeichnet, wenn die Eltern sich ihrer eigenen „oralen“ Bedürfnisse schämen. Wenn bestimmte Aspekte des kindlichen Verhaltens einer Tendenz zu entsprechen scheinen, die die Eltern an sich selbst verabscheuen, geraten sie und das Kind möglicherweise in einen Teufelskreis aus Verurteilungen und Prophezeiungen, die ihre Erfüllung bereits in sich tragen.

Jedes Neugeborene kann auch Anlaß zu Enttäuschung geben. Kein Baby vermag den Phantasien seiner Eltern über ihr zukünftiges Kind völlig zu entsprechen. Aus diesem Grund können eben auch absolut normale Eigenschaften eines Babys Enttäuschung auslösen.

Die Projektion von ganz besonders unliebsamen Neigungen wird die Interaktion von Eltern und Kind in diesem speziellen Bereich beeinflussen. Die Eltern entwickeln Überreaktionen auf das entsprechende Verhalten des Kindes, werden es entmutigen oder behindern. Probleme bei den Mahlzeiten zum Beispiel lassen dies deutlich erkennen. Häufig wird dem Baby ein dickköpfiges Verhalten beim Essen unterstellt, hinter dem sich in Wahrheit bestimmte Eßvorlieben der Eltern verbergen.

Es gibt zahlreiche andere Verhaltensweisen, die die Eltern – aufgrund eigener unbewußter Ängste und Wünsche – auf ihre Säuglinge projizieren. Häufig ist zum Beispiel die Trennungsangst; die Mutter klagt über das klammernde Abhängigkeitsverhalten ihres Babys, dabei ist eigentlich sie es, die Angst vor der Trennung hat.

Dieses Problem hatte die Mutter von Julian, mit dem wir uns im fünften Teil beschäftigen werden. Sie klagte, Julian folge ihr überallhin und gerate in furchterregende Zustände, sobald sie getrennt seien. Insbesondere betonte sie, daß sie niemals eine Tür hinter sich schließen dürfe. Die Geschichte der Mutter brachte ans Licht, daß sie selbst im Alter von ca. zwei Jahren in einem Waisenhaus untergebracht war; ihre Mutter besuchte sie zwar gelegentlich, aber sie durfte sie (da jede Ansteckungsgefahr vermieden werden sollte) nur durch eine Glastür sehen. Erst als sie sich an diese Zeit erinnerte, war sie in der Lage, die Traurigkeit nachzuempfinden, die mit dieser traumatischen Trennung verknüpft war. Sobald diese Erinnerungen für sie „real“ wurden, konnte die Mutter ihre gegenwärtige Beziehung zu Julian aus diesen Trennungsängsten herauslösen. Nun nahm sie ihr Kind völlig anders wahr und berichtete überdies, daß Julian Trennungen mittlerweile gelassen hinnähme. Geschlossene Türen waren für ihn kein Grund mehr, „Theater“ zu machen.

Da Projektionen dieser Art überall vorkommen, muß man in der Arbeit mit Eltern nur dann wirklich besorgt sein, wenn die elterlichen Wahrnehmungen in allzu krassem Gegensatz zum tatsächlichen Verhalten des Kindes stehen. Entsprechende Anzeichen sind leicht zu erkennen: Es wirkt oft weithergeholt, wenn die Eltern ihr Kind beschreiben; dem Baby werden Eigenschaften, Mängel oder Absichten unterstellt, die mit seinem Alter oder Charakter einfach nicht zu vereinbaren sind. In den Säugling werden Motive „hineingelesen“, die nur ein Erwachsener hegen könnte. Wenn die Eltern einem kleinen Kind sehr aggressive Absichten unterstellen, sind schwerwiegende Entgleisungen der Beziehung wahrscheinlich. Im fünften Teil werden wir andere Arten negativer Projektionen und die Möglichkeiten, sie zu beurteilen, erläutern.

Das enttäuschende Baby

Wir werden häufig zu Rate gezogen, wenn die normale Idealisierung des Babys zusammenbricht. In diesen Situationen wird das Baby – weit davon entfernt, das Selbstwertgefühl seiner Eltern zu stärken – zu einer Quelle der Desillusionierung. Wie wir bereits dargestellt haben, besteht eine der vorrangigen Aufgaben der psychischen Anpassung nach der Geburt in der Notwendigkeit, daß die Eltern sich mit dem wirklichen Baby versöhnen und um das vollkommene, imaginäre Baby ihrer Phantasie trauern. Alle Eltern sind von ihrem Baby mehr oder weniger stark enttäuscht; diese Enttäuschung gehört zur Entwicklung ihrer elterlichen Identität. Wenn das Neugeborene jedoch wirklich unter einer Behinderung leidet, unter einer angeborenen Krankheit oder wenn es zu früh auf die Welt kommt, entstehen aus dem Mißverhältnis zwischen dem realen und dem imaginären Baby noch schwierigere Probleme.

Unter solchen Umständen ist eine plötzliche, traumatische Erschütterung des elterlichen Selbstwertgefühls zu erwarten. Unbewußt nehmen die Eltern die Behinderung des Kindes so wahr, als offenbare sie ihre eigenen, verborgenen Mängel, als stelle sie ihre eigenen Unzulänglichkeiten schonungslos vor aller Welt zur Schau. Besonders groß sind Enttäuschung und Schmerz, wenn das Kind eine sichtbare Behinderung hat, die womöglich das Gesicht in Mitleidenschaft zieht (wie eine Hasenscharte), oder eine Krankheit, von der das Zentralnervensystem oder die Augen betroffen sind. Für die Eltern ist das Kind wie ein Spiegel: seine Behinderung spiegelt ihre Mängel wider. Ein italienischer Immigrant zum Beispiel, der hart gearbeitet hatte, um in seiner Wahlheimat zu Erfolg zu kommen, reagierte auf die Geburt seines mongoloiden Babys mit einem schweren Schock. Er berichtete, daß er – nachdem er die schlechte Nachricht vernommen hatte – nach Hause gerannt sei, in den Spiegel geschaut und unentwegt ausgerufen habe: „Aber ich bin doch kein Monster!" Dieser Mann konnte sich nichts anderes vorstellen, als daß die Gesichtszüge des Kindes sein eigenes Selbstbild widerspiegelten; er brauchte Hilfe, um sich dahingehend zu beruhigen, daß sein Gesicht nicht die gleichen auffälligen („monsterhaften") Merkmale trug wie das seines Kindes.

Im fünften Teil werden wir den Fall eines Kindes mit einer angeborenen Trübung der Augenlinse und die therapeutische Intervention beschreiben, dank derer die enttäuschte Idealisierung erkannt wurde.

19 Beurteilung imaginärer Interaktionen

Imaginäre Interaktionen können in vielerlei Formen auftreten, spielen aber in jedem Fall eine gewaltige Rolle. Wir hoffen, mit diesem kurzen Überblick über verschiedene Konstellationen einen Rahmen für die Beurteilung der vielfältigen Projektionsformen zu schaffen, die die Interaktion zwischen Eltern und ihren Säuglingen beeinflussen können.

Wenn wir uns mit gestörten Beziehungen beschäftigen, dürfen wir eine grundlegende Tatsache nie vergessen, die auf alle – normale oder weniger normale – Eltern-Säugling-Beziehungen zutrifft: was wir für unsere Kinder empfinden, die Art, wie wir für sie sorgen, der Erziehungsstil, den wir „wählen“ – all das wird entscheidend durch das Wiederaufleben von Verhaltensweisen aus längst vergangenen Zeiten bestimmt. In der Tat „erschaffen“ wir etwas, wenn wir ein Kind großziehen, in diese Schöpfung aber fließen längst vergessen geglaubte Erfahrungen ein. Wann immer wir Eltern und ihre Säuglinge beobachten, müssen wir uns fragen: Wen repräsentiert dieses Kind? Welche alten Muster werden wiederholt? In welches alte „Drehbuch“ ist dieses Kind hineinversetzt worden? Wenn wir diese Fragen zu beantworten versuchen, verwandeln unsere Beobachtungen sich in einen therapeutischen Prozeß, der weit über eine Beratung oder beruhigende Maßnahmen hinausgeht. Wie wir im folgenden Teil sehen werden, wird eine solche *Beurteilung* selbst zur *Intervention.*

Fünfter Teil

Die Deutung der frühen Bindung: Ein komplementärer Ansatz in der Säuglingsbeurteilung

„. . . wenn Sie die Patienten erst einmal näher kennenlernen, hat ihre Diagnose oft schon bald keine Bedeutung mehr, wissen Sie."
Elvin Semrad, Semrad: The Heart of a Therapist

Einleitung

In den vorangegangenen Teilen dieses Buchs haben wir darzustellen versucht, in welcher Weise Eltern und Säugling zur Entwicklung ihrer frühen Beziehung beitragen und wie diese Beziehung sich – unter objektivem wie auch subjektivem Blickwinkel betrachtet – entfaltet. Am Beispiel von neun Fällen aus der Praxis wollen wir nun die Anwendungsmöglichkeiten dieser komplementären, einander ergänzenden Beobachtungen und Einsichten in der Beurteilung von Eltern und Kindern aufzeigen, um zu demonstrieren, daß eine solche Beurteilung an sich bereits eine Art Therapie darstellt.

Ein Indianer hat einmal gesagt: „Der erste Schritt ist der letzte." Wenn Eltern beschließen, einen routinemäßigen Untersuchungstermin mit einem Kinderarzt oder einer Säuglingsschwester zu vereinbaren, oder wenn sie wegen eines Problems, das sie bei ihrem Kind oder sich selbst vermuten, einen Psychiater, Psychologen oder Sozialarbeiter aufsuchen, entscheiden sie sich zugleich für eine bestimmte Diagnose- und Therapieform. Kinderärzte beispielsweise haben in ihrer Ausbildung gelernt, Babys zu beurteilen. In klinischem Rahmen beschäftigen sie sich mit körperlichen Problemen (niedriges Geburtsgewicht, angeborene Anomalien, Krankheiten usw.). Kommen die Eltern mit einem „gesunden Baby" zu ihnen, konzentrieren sich Kinderärzte und Säuglingsschwestern auf sein Wachstum, auf Impfungen und Ernährungsfragen. Nur sehr selten betrachten sie die Behandlung von Verhaltensauffälligkeiten oder gestörten Eltern-Kind-Beziehungen als Teil ihrer Arbeit. Auch Psychologen an Universitäten sind eher darauf spezialisiert, lediglich das Kind zu beurteilen, und verfügen für gewöhnlich nicht über die entsprechende Ausbildung, um Beziehungen zum Gegenstand der Beurteilung machen zu können.

Psychiater, Psychologen, Sozialarbeiter usw. hingegen, die in Sozialämtern, in Erziehungs- und Familienberatungsstellen tätig sind,

sind es eher gewohnt, Beziehungen als Gegenstand ihrer Untersuchung und Intervention zu betrachten. In ihrer Ausbildung haben sie gelernt, sich mit Konflikten, Gefühlen und Phantasien auseinanderzusetzen. In der Regel haben sie jedoch kaum Erfahrung in der Beurteilung von Babys, insbesondere normal entwickelter Babys.

Die Vertreter dieser verschiedenen Berufe haben überdies unterschiedliche Interessensschwerpunkte: die allgemeinen Fähigkeiten und die sogenannte „normale“ Entwicklung einerseits, Entwicklungsstörungen und pathologische Entwicklungen andererseits.

Psychiater und Psychologen konzentrieren sich eher auf tiefenpsychologische Probleme und pathologische Phänomene, auf mangelnde Anpassung und Zeichen für Angst, Unsicherheit und Depression. Häufig werden sie in der Intervention versuchen, die Krankheitsursache anzugehen, indem sie zunächst – meistens im Gespräch – verborgenen (oft unbewußten) Gedanken, Phantasien und Ängsten nachspüren. Ihre Ausbildung betont nicht die positiven Entwicklungskräfte, das Streben nach Selbstheilung und Kompensation.

Kinderärzte, vor allem wenn sie in der Kinderentwicklung oder dem allmählich entstehenden Bereich der Verhaltenspädiatrie ausgebildet sind, richten ihr Augenmerk auf den normalen Verlauf der Entwicklungsphasen sowie die Entfaltung der kognitiven und Wahrnehmungsfähigkeiten der Babys. Konfrontiert mit einer Verhaltensauffälligkeit, neigen sie dazu, den pathologischen Aspekt zu bagatellisieren und die Eltern mit einem beschwichtigenden „das wird sich auswachsen“ zu trösten. Eine solche Einstellung übersieht leicht schlecht angepaßte Verhaltensmuster und unterschätzt den gewaltigen Einfluß jener unbewußten Kräfte, die wir im vierten Teil beschrieben haben; hier wären vor allem die Phantasien der Eltern zu nennen, die sich auf das Kind beziehen.

Wir sind der Überzeugung (und aus diesem Grund haben wir das vorliegende Buch geschrieben), daß man die Probleme der frühen Kindheit und der Eltern-Säugling-Beziehungen nur dann wirklich verstehen – und folglich behandeln – kann, wenn man beide Ansätze miteinander verbindet. Dies gilt sowohl für geringfügige Entwicklungsschwierigkeiten wie Schlafstörungen oder anhaltende Schreiphasen als auch für ernste Probleme, zum Beispiel eine depressive Erkrankung der Mutter oder schwere, angeborene Behinderungen. Mit diesem komplementären Ansatz ist überdies eine hervorragende Möglichkeit gegeben, einer dramatischen Entwicklung geringfügiger Probleme vorzubeugen.

20 Die Verbindung von Entwicklungsbeurteilung und psychoanalytischer Einsicht

Probleme, die in der Säuglingszeit und frühen Kindheit auftreten, sind nie lediglich auf eine einzige Ursache zurückzuführen. Die individuelle Veranlagung des Säuglings sowie die Reaktionen und Phantasien seiner Eltern stehen miteinander in ständiger Wechselwirkung. Aus diesem Grund ist ein interdisziplinärer Ansatz notwendig; wir müssen den Entwicklungsstand des Säuglings, die elterlichen Phantasien *und* ihre gemeinsame, komplexe Interaktion untersuchen.

Die meisten Probleme von Säuglingen werden heutzutage zuerst von Kinderärzten, Säuglingsschwestern und Kindergärtnerinnen bemerkt. Bislang war es üblich, nur Fälle mit außerordentlich schwerer Pathologie an Psychiater zu überweisen. Mittlerweile zeichnet sich eine Tendenz zu einer umfassenderen Vorgehensweise bei allen Fällen ab, ob sie nun leicht oder schwerwiegend sind. Kinderärzte, Kinderkrankenschwestern und Erzieher können von den Erkenntnissen der psychologischen und psychiatrischen Forschung profitieren. Umgekehrt sollten auch Kinderanalytiker und Psychologen aus dem in der Kinderheilkunde und durch Untersuchungen der normalen Säuglingsentwicklung gewonnenen Wissen Nutzen ziehen.

Jeder, der sich beruflich mit Eltern und Säuglingen beschäftigt, ist – gleichgültig welcher Disziplin er angehört – auf die Erkenntnisse aus anderen Bereichen angewiesen. Den Idealfall stellt das Team dar, in dem Kinderärzte, Psychologen, Kinderkrankenschwestern, Sozialarbeiter und Psychiater zusammenarbeiten. Techniken zur Beurteilung von Säuglingen, von Eltern und Interaktionen sollten Bestandteil der Ausbildungsprogramme sein.

In den folgenden neun Fallgeschichten stellen wir sowohl Kinderärzte als auch Psychiater in der Arbeit mit Eltern und Säuglingen vor. Anhand dieser Fälle versuchen wir zu erläutern, auf welche Weise Kinderheilkunde, Psychiatrie und andere Disziplinen zum Verständnis der jeweiligen Probleme beitragen und wie sie den betroffenen Familien helfen können. Wir halten eine interdisziplinäre Vorgehensweise zwar für ideal, möchten mit unseren Kommentaren aber zeigen, wie der komplementäre, „bifokale“ Ansatz ungeachtet der jeweiligen Fachrichtung in die praktische Arbeit mit Eltern und Säuglingen umgesetzt werden kann.

Wir versuchen, jedes Symptom als Ergebnis zahlreicher Faktoren zu betrachten, zu denen u. a. die individuellen Eigenschaften der Säuglinge und Eltern sowie die elterlichen Phantasien gehören. Sie bilden das System, das wir mit dem Begriff *Interaktion* bezeichnen. Wir sind der Ansicht, daß alle Probleme im Rahmen dieser Interaktion beurteilt werden müssen (vgl. Emde & Sameroff, 1989). Dies trifft selbst dann zu, wenn ein klar umrissenes Krankheitsbild- zum Beispiel ein Geburtsfehler oder eine angeborene Behinderung – vorliegt; wie wir sehen werden, hängt die Prognose solcher Kinder zu einem großen Teil davon ab, wie die Eltern die Behinderung wahrnehmen und erleben und wie sie mit ihr umgehen. Auch Konzepte, die in der experimentellen Kinderpsychologie entwickelt wurden, beispielsweise Reziprozität, Synchronie und Rapport, helfen uns, den besonderen Charakter der Interaktion zu beurteilen.

21 Beurteilung von Interaktionen

Die Diagnostik auf dem Gebiet der Säuglings- und Kleinkinderpsychiatrie befindet sich noch immer im vorexperimentellen Stadium. Diagnostische Richtlinien wie das DSM III [3. Revision des Diagnostic and Statistical Manual of Mental Disorders] sind für unsere Arbeit mit Säuglingen oder Eltern-Kind-Beziehungen nicht sehr hilfreich. Was wir dringend benötigen, ist ein auf der Interaktion selbst beruhendes Modell (Kreisler & Cramer, 1983). Dieser Anspruch ist keineswegs gering, denn da Interaktionen Prozesse darstellen, sind sie – anders als körperliche Symptome, wie etwa eine Lungenentzündung, oder psychische Probleme, zum Beispiel eine Phobie – schwierig zu definieren. Ein langfristiges Ziel der Säuglings- und Kleinkindforschung bestünde darin, den Untersucher in die Lage zu versetzen, die Mutter (oder den Vater) und das Kind zu beobachten, mit den Eltern zu sprechen und anschießend – innerhalb relativ kurzer Zeit – eine Diagnose dieser individuellen Interaktion stellen zu können (Cramer, 1986).

Im folgenden wollen wir einige Richtwerte und grundsätzliche Kriterien erläutern, über die wir zum gegenwärtigen Zeitpunkt verfügen.

Entwicklungsstand

Die Entwicklungsphasen sind für das Verständnis der Interaktion in der Säuglingszeit und frühen Kindheit von besonderer Bedeutung, da sich Bedürfnisse wie auch Fähigkeiten und Fertigkeiten in dieser Zeit außerordentlich rasch verändern. Daß die wiederholte Beurteilung um so notwendiger ist, je jünger das Baby ist, wurde bei Frühgeburten in großem Umfang nachgewiesen. Frühe, ungünstige Einschätzungen sind von zweifelhaftem Wert für die Vorhersage der künftigen Entwicklung, weil ausgleichende (insbesondere mit der elterlichen Anpassung verbundene) Faktoren für wesentlich günstigere spätere Bewertungen sorgen können (Parmelee, Sigman, Kopp & Haber, 1975; Lester et al., 1987). Da auch das Verhalten der Eltern vom jeweiligen Entwicklungsstand ihres Kindes beeinflußt wird, verändert es sich im Laufe der Monate, so daß man es durch eine einmalige Beurteilung nicht vollständig erfassen kann (Robson & Moss, 1970; Coleman, Kris & Provence, 1953).

Aus diesem Grund müssen wir, wenn wir Interaktionen beurteilen, immer auch den jeweiligen Entwicklungsstand berücksichtigen. Einige allgemeine Entwicklungsphasen und ihre Auswirkungen auf die Interaktion haben wir im dritten Teil dargestellt.

Jede Berufung auf diagnostische Überlegungen über den Entwicklungsstand hat jedoch mit Vorsicht zu erfolgen. Vor allem die Periode unmittelbar nach der Geburt ist eine Phase intensiver Veränderungen (eine „Krise“ in vollem Wortsinne). Alle möglichen Symptome können im ersten Lebensjahr vorübergehend auftreten; sie verändern sich schnell, und ihr Auftauchen oder Verschwinden bietet keinen sicheren diagnostischen Anhaltspunkt. Von diagnostischem Nutzen ist vielmehr der grundsätzliche Entwicklungsverlauf. Selbst vor diesem Hintergrund aber sind Vorhersagen im Säuglingsalter riskant. Symptome, die unmittelbar nach der Geburt verdächtig wirken, geben später unter Umständen viel weniger Anlaß zur Beunruhigung, und ebenso schließt ein Nichtvorhandensein offensichtlicher Probleme unmittelbar nach der Geburt spätere Schwierigkeiten nicht notwendig aus. Schließlich sollte man diagnostische Aussagen nur mit großer Zurückhaltung treffen, da solche Prognosen, wie man weiß, folgenschweren Entwicklungen Vorschub leisten können.

Verhaltensbeobachtung

Da Säuglinge ihren inneren Zustand weder mit Worten noch durch symbolisches Spiel mitteilen können, muß ihr beobachtbares Verhalten als Ausdruck ihren subjektiven Erlebens untersucht werden. Die Beobachtung des Verhaltens eines Babys ist deshalb für die Beurteilung von entscheidender Wichtigkeit. Im dritten Teil wurden Beobachtungstechniken erläutert. Videoaufzeichnungen sind hierbei ein unersetzliches Werkzeug, dessen Nutzen durch die analytische Auswertung kürzester Bildfolgen noch erhöht wird. Beurteilungsskalen (wie die im zweiten Teil ausführlich beschriebene NBAS) sind sowohl als quantitative Einschätzungen als auch als Interventionen von Nutzen. Eine verständliche Beschreibung der aktuellen Symptome des Säuglings ist ebenfalls Bestandteil der Interaktionsbeurteilung, da man

Funktionsstörungen (wie zum Beispiel Schlaflosigkeit und Magersucht) als Mitteilung innerlicher Zustände betrachten kann.

Die Beobachtung des Säuglingsverhaltens sollte jedoch niemals als vollkommen „objektiv" angesehen werden, da der Beobachter selbst es durch seine Anwesenheit beeinflußt. Eine Übertragung entwickelt sich, und es treten Reaktionen auf, die man in „neutralem" Rahmen nicht würde beobachten können. Auch der Gebrauch der Videoausrüstung beeinflußt den Ablauf; allerdings haben wir die Erfahrung gemacht, daß er sich auf die Spontaneität von Eltern und Kind nicht hemmend auswirkt. Der Beobachter jedoch ist immer Bestandteil des Systems. Seine Anwesenheit und sein Verhalten können die Familieninteraktion verändern. Handelt es sich um einen geschickten und erfahrenen Beobachter, so kann sein Einfluß sich aber auch positiv auswirken.

Subjektive Erfahrung

Wie wir im vierten Teil gesehen haben, wird die Selbsterfahrung des Säuglings durch die Art und Weise, wie die Eltern ihn innerlich erleben, und durch ihre Projektionen auf das Kind nachhaltig geprägt. Jedes Bemühen um ein Verständnis der frühen Interaktion muß diese elterlichen Phantasien erschließen.

Der komplementäre Ansatz

Es wird mittlerweile klar geworden sein, daß unser Beurteilungsmodell auf einer sich gegenseitig ergänzenden Erfassung von Daten beruht, die wir aus der Beobachtung wie auch aus der subjektiven Darstellung gewinnen. Auf den Nutzen eines solchen Ansatzes ist mehrfach hingewiesen worden: Selma Fraiberg hat Pionierarbeit geleistet, indem sie Psychoanalyse und Entwicklungsforschung zu integrieren versuchte. Daniel Stern veröffentlichte gemeinsam mit B. Cramer einen Fall, in dem sowohl die Inhalte der Psychotherapie von Mutter und Säugling als auch die objektiven Messungen der Interaktionsmuster vorgestellt werden. Die Autoren zeigen, daß die subjektiven Faktoren mütterlicherseits und die Eigenschaften des Babys einander in charakteristischer Weise beeinflussen, so daß sich gestörte Interaktionen entwickeln, die das Verhalten des Kindes prägen (Cramer & Stern, 1988). Auch Stern hat unter psychoanalytischem und entwicklungspsychologischem Aspekt untersucht, auf welchem Weg Säuglinge ein Selbstgefühl entwickeln (Stern, 1985).

Ein komplementärer Ansatz soll uns auch daran erinnern, daß in die sogenannte „normale“ Entwicklung unbewußte Faktoren wie Ängste, Ambivalenzgefühle und Konflikte einfließen, die man für gewöhnlich nur mit pathologischen Erscheinungsbildern in Verbindung bringt. Normale Entwicklung und Pathologie gehen fortwährend ineinander über, beeinflussen sich gegenseitig und müssen beide in jede Beurteilung der Interaktion einbezogen werden. In unserer Arbeit mit Säuglingen hat uns die Widerstandsfähigkeit der Eltern wie auch der Babys immer wieder beeindruckt. Selbstheilungstendenzen und Anpassungsenergie sind in den ersten Lebensmonaten und in der Frühzeit der Elternschaft wahrscheinlich stärker, als sie es je wieder sein werden (Brazelton, 1981). Deshalb sind wir der Überzeugung, daß die Säuglingsalter eine ideale Phase für eine Kurzintervention darstellt (Cramer, 1989). Wenn in diesem Zeitraum Unterstützung und Einsicht vermittelt werden, können sie gewaltige positive Kräfte für Bindung und Wachstum freisetzen. Eine kurze Klärung der Projektionen, Ängste und Ambivalenzgefühle wird häufig ausreichen, damit Eltern und Kinder den normalen Entwicklungsprozeß wiederaufnehmen können. Der Beurteilungsprozeß selbst kann – vorausgesetzt, er vermittelt den Eltern das komplexe Verständnis, das wir beschrieben haben – ein mächtiger Veränderungsfaktor und eine effektive Maßnahme zur Verhinderung zukünftiger Probleme werden.

Mit den folgenden Fällen* hoffen wir unseren komplementären Ansatz illustrieren und darüber hinaus deutlich machen zu können, daß Beurteilung und Intervention, Verstehen und Heilen, eng miteinander zusammenhängen.

* Sämtliche Fälle stammen aus der Praxis eines der Autoren, dem Ich-Erzähler der Fallgeschichte. Die Kommentare wurden von beiden Autoren gemeinsam verfaßt.

22 Lisa: „Schon zornig"

Herr und Frau J. kamen mit der dreieinhalb Monate alten Lisa in die Sprechstunde, weil das Baby „unaufhörlich" schrie. Ihrem Bericht zufolge weinte Lisa acht bis zehn Stunden pro Tag, bis in die Nacht hinein. Niemand vermochte sie zu beruhigen, behaupteten die Eltern, und beide hielten es einfach nicht länger aus. Sie waren bei drei verschiedenen Kinderärzten gewesen: Jeder hatte ihnen versichert, es seien „nur Koliken", und wenn sie selbst sich „entspannten", würde es auch Lisa besser gehen. „Außerdem", so sagte man ihnen, „ist es ohnehin vorbei, wenn sie erst einmal zwölf Wochen alt ist." Nun war Lisa älter als zwölf Wochen, und ihr Geschrei nahm kein Ende. Die Eltern waren völlig verzweifelt. Lisas Großmutter war gekommen, um auszuhelfen, als die Mutter – Lisa war sechs Wochen alt – ihre Arbeit wieder aufnahm. Bei ihrer Ankunft bemerkte sie kritisch, Lisa sei genauso, wie ihre Mutter als Baby war – sie selbst wäre damals verzweifelt. Frau J. war über diese Äußerung erleichtert, zugleich aber auch beunruhigt. Sie wollte einfach nicht, daß ihre Tochter so würde wie sie selbst. Ob wir wohl dabei helfen könnten, sie zu ändern, solange sie noch klein sei?

Als ich sie fragte, was denn so beunruhigend daran wäre, eine Tochter zu haben, die genauso sei wie sie selbst, antwortete sie: „Sie ist so zornig. Ich möchte nicht, daß sie ihr ganzes Leben lang gegen ihren Zorn ankämpfen muß. Sehen Sie nur, ein so winziges Baby, und schon zornig."

In Frau J.s Bemerkung gibt sich eine typische Projektion des Typs zu erkennen, den wir im vierten Teil beschrieben haben. Die Mutter faßte Lisas Schreien als Zeichen von Zorn auf; diese Interpretation führte zu einer verzerrten Wahrnehmung der Signale des Kindes; Lisas Schreien hatte unter Umständen gar nichts mit Zorn zu tun, vielleicht war es ein Zeichen von Unbehagen, ein Abfuhrbedürfnis oder irgendeine andere Form der Kommunikation.

Wie wir im zweiten Teil gezeigt haben, erfüllt das Schreien der Babys viele Funktionen. Mindestens vier verschieden Arten des Schreiens (Schmerz, Hunger, Langeweile, Unbehagen) lassen sich schon früh im Leben des Babys unterscheiden. Frau J.s Deutung, Lisas Schreien bekunde ihren Zorn, macht deutlich, daß wir uns mit ihrem eigenen Zorn werden beschäftigen müssen, wenn wir dafür sorgen wollen, das Baby zu beruhigen.

Auch der Anteil der Großmutter ist sehr aufschlußreich; er zeigt, daß imaginäre Interaktionen von einer Generation in die andere hineingetragen werden können. Frau J.s Bitte an den Arzt ist ein Versuch, mit Lisa nicht den Konflikt noch einmal durchmachen zu müssen, der damals für sie und ihre Mutter offenbar sehr leidvoll gewesen ist.

Frau J. war eine hübsche, stark geschminkte und gut gekleidete junge Frau, erfolgreiche Teilhaberin einer Anwaltsfirma. Ihr Ehemann, der einen ruhigen Eindruck machte, sah etwas jünger aus als sie, obgleich er behauptete, „in ihrem Alter" zu sein. Als er meinte, „Ich nehme das alles nicht so tragisch wie meine Frau", warf diese ihm einen Blick zu, in dem sich Neid und Geringschätzung mischten. Sie murmelte: „Vielleicht wäre es auch für mich weniger tragisch, wenn es dir mehr ausmachte." Ich nahm eine gewisse Spannung zwischen ihnen wahr, und gerade, als mir dies bewußt wurde, sagte Frau J.: „Die Spannung zwischen uns ist nur auf Lisa zurückzuführen." Mir wurde klar, wie sensibel sie auf jede Art von Mißbilligung reagierte. Ich begann, ihrem sorgfältigen Make-up und der gepflegten Gesamterscheinung eine größere Bedeutung beizumessen.

Sie erzählten mir mehr über ihre Familie. Ihr älterer Sohn, Tim, war nun zwei Jahre alt; er war immer ganz anders gewesen. Von Anfang an war er vollkommen pflegeleicht, er hatte ihnen keinen Augenblick lang Sorgen gemacht. „Er ist genau wie sein Papa", sagte Frau J. Er hatte so wenig Umstände gemacht, daß sie keine Gewissensbisse hatte, als sie einen Monat nach seiner Geburt wieder zu arbeiten begann. Sie hatte vielmehr das Gefühl gehabt, verrückt zu werden, wenn sie länger zu Hause bliebe. Die Mutterschaft war überhaupt keine Herausforderung: Sie blühte erst auf, wenn sie gefordert wurde. Er hatte sich an alles angepaßt – an die Babysitter, die Tagesstätte und, neuerdings, auch an Lisa. Er verhielt sich nicht einmal so, als wäre er eifersüchtig. Während sie dies erzählte, nickte ihr Mann mit dem Kopf, und hin und wieder warf er Erinnerungen an die Zeit ein, als sein Sohn noch ein Baby gewesen war. Über die Persönlichkeit dieses Jungen zu sprechen, schien ihm weit mehr am Herzen zu liegen als ihr. Während sie von ihm erzählte, fiel mir eine gewisse Distanz auf, die sich von der Betroffenheit, die Lisa in ihr auslöste, unterschied. An einer Stelle meinte sie, als wolle sie sich rechtfertigen: „Ich war froh, ihn anderen überlassen zu können; ich hatte das Gefühl, als ob ich diese wunderbaren Anlagen ruinieren könnte." Ich bemerkte dazu: „Es scheint, als ob Sie sich nicht zugetraut hätten, seine Mutter zu sein." Ein wenig reserviert antwortete sie: „Vielleicht hatte ich auch das Gefühl, daß er mich nicht brauche. Er war schon zufrieden mit sich selbst. Ich habe auch nie das Gefühl, daß er (sie wies auf ihren Mann) mich wirklich braucht – oder auch nur weiß, daß ich da bin."

Herr J. erwiderte lächelnd: „Natürlich bist du da, aber wir sind ganz unterschiedlich." Es stellte sich heraus, daß er Versicherungsvertreter war, nur mäßig erfolgreich und über seine Zeit freier verfügen konnte. Er war in der Lage, mehr Zeit zu Hause verbringen, und „kam mit jeder Krise zurecht". „Von der mit Lisa abgesehen", warf sie schnell ein.

Frau J. schien sich über ihre Verantwortung für das Baby zu ärgern, als sei sie ein Hindernis für ihre beruflichen Ambitionen. Sie hielt es nicht für möglich, daß eine gute Mutter zugleich auch beruflich erfolgreich sein kann; sie gab zu verstehen, daß es ihrem Sohn ihrer Meinung nach besser ginge, wenn sie sich nicht um ihn kümmerte, sondern ihn anderen überließ. Der Konflikt zwischen beruflichen Leistungen und ihren Fähigkeiten als Mutter war die Ursache für ihre Verzweiflung und ließ doch zugleich auch erkennen, wie ernst sie ihre Mutterrolle nahm.

Sie wußte, daß sie mit Tim Glück gehabt hatte. Irgendwie war es ihr klar gewesen, daß dieses nächste Baby eine Herausforderung sein würde. Schon vor ihrer Geburt, sagte sie, habe sie gewußt, daß Lisa „eine Range" sein würde. Sie war als Fötus den größten Teil des Tages über aktiv gewesen. Als sie ankam, war Lisa groß und ein wenig „mager". Sie sah „von Anfang an zornig" aus. Dazu sagte ich, diesen Zorn scheine sie Lisa schon vor der Geburt zugeschrieben zu haben. Sie sagte: „Nun ja, weshalb sollte sie sonst soviel schreien?"

Frau J. war eindeutig „prädisponiert", den Zorn von Anfang an in Lisa hineinzuinterpretieren. Daß dies bei Lisa und nicht bei Tim geschah, muß auf das Geschlecht des Kindes zurückzuführen sein; Frau J.s Bild des zornigen Mädchens geht auf ihre eigenen Erfahrungen aus der Vergangenheit zurück.

Das Schreien könnte für die Mutter insbesondere deshalb unerträglich sein, weil sie es es als einen Vorwurf erlebt, den ihre Tochter ihr gegenüber zum Ausdruck bringt; eine Mutter, die sich für unfähig hält, kann von Schuldgefühlen geradezu gemartert werden. Ihren Groll gegen Lisa kann man als Verkörperung ihres Gefühls, als Mutter zu „versagen", betrachten.

Ich stellte Frau J. noch einige Fragen über Lisa als Neugeborenes, da ich den Eindruck hatte, daß dieses „mickrige" Neugeborene in der Gebärmutter aus dem einen oder anderen Grund unterernährt worden war. Frau J. erzählte mir, sie sei als Neugeborenes übersensibel, hyperaktiv und von Anfang an schwierig zu handhaben gewesen. Sie zeigte nicht nur Überreaktionen, wenn sie Reizen ausgesetzt wurde, sondern war auch schwer zu stillen und spuckte ihre Milch aus, „wenn man ihr zuviel gab. Man mußte es genau richtig treffen, sonst kam sie nicht zur Ruhe, nicht einmal nach einer Mahlzeit." Dieses überreagierende Neugeborene war in der Tat schwer zu verstehen und zu füttern gewesen; seine Reaktionen, die diese überaus sensible Mutter negativ deutete, bestätigten deren Ängste, als Mutter zu versagen.

Dieses Beispiel zeigt, wie die individuellen Charaktereigenschaften des Babys und die Lebensgeschichte der Mutter einander gegenseitig beeinflussen. Lisas überreagierendes Temperament trug auf maßgebliche Weise dazu bei, daß die Mutter ihre Phantasie, das Baby verkörpere den wütenden Teil ihrer selbst, Wirklichkeit werden sah – und bestätigt fand.

Während Frau J. über Lisa sprach, begann das Baby sich in den Armen seines Vaters zu bewegen. Es war, als ob Lisa merkte, daß wir über sie sprachen. Sie wachte ganz plötzlich auf und begann zu schreien. Augenblicklich entriß Frau J. ihrem Mann das Kind, begann, es zu tätscheln, schaukelte es heftig auf und nieder und suchte verzweifelt nach einer Flasche oder einem Schnuller, um es zum Schweigen zu bringen. Ich meinte, es falle ihr offenbar sehr schwer, Lisa weinen zu hören. Unwirsch sagte sie: „Macht es Ihnen nichts aus, daß sie die ganze Zeit schreit?“ Ich erwiderte: „Ich glaube, ich kann verstehen, was in ihr vorgeht. Sie ist ein hochgradig übersensibles kleines Mädchen. Es wird nicht einfach sein, mit ihrem Schreien fertig zu werden. Ich denke jedoch, daß ich Ihnen helfen kann. Statt nur zu versuchen, sie am Weinen zu hindern, sollten wir ein anderes Ziel verfolgen. Ich möchte Ihnen dabei helfen, sie als Persönlichkeit zu verstehen. Das wird für Lisas und Ihre Zukunft wahrscheinlich entscheidender sein, als wenn wir nur dafür sorgen, daß sie ruhig wird.“

Herr J. beugte sich vor, als ob er verstünde, was ich sagte. Frau J. begann, Lisa noch hektischer zu schaukeln. Lisa wirkte angespannt und überwältigt. Frau J. sagte: „Ich möchte nur wissen, wie ich mit diesem Schreien umgehen soll, so daß wir wieder ein menschliches Leben führen können. Diese drei Monate sind ein wahrer Alptraum gewesen.“ Ich fragte sie, ob es etwas gäbe, wovor sie sich ganz besonders fürchte. Ernst antwortete sie: „Manchmal habe ich Angst, den Verstand zu verlieren oder Lisa etwas Furchtbares anzutun.“ Ich wüßte, sagte ich, wie ihr zumute sei, denn die meisten Menschen hätten das Gefühl, die Beherrschung zu verlieren, wenn ein Baby unablässig schreit. Sie fragte ungläubig: „Wirklich?“ Ich meinte, sie hielte ihre Reaktionen offenbar für ungewöhnlich. Zunächst wollte sie protestieren, dann sagte sie mit sanfter Stimme und sah dabei ihren Mann an: „Ich weiß, daß ich schnell aus der Fassung zu bringen bin. Ich habe so wenig Selbstbeherrschung. Dieses Baby macht mich hilflos und zuweilen so zornig, daß ich Angst vor ihr habe. Ich wünschte, er nähme sie mir ab.“ Daraufhin erwiderte ich, es klänge beinahe so, als traue sie sich nicht zu, Lisa eine gute Mutter zu sein, und erinnerte sie daran, daß sie dasselbe in bezug auf Tim gesagt hatte. „Ich bin kein mütterlicher Typ. Was Tim angeht, müßte ich mir keine Sorgen machen, denn ich weiß, daß mein Mann und Tim miteinander klar kämen. Aber Lisa – niemand mag sie, nicht einmal meine Mutter. Sie will uns verlassen und nach Florida zurückkehren, wegen Lisas Temperament." Ich sagte: „Sie bezeichnen Lisas Schreien immer als Zorn oder 'Temperament'. Erinnert es sie an Sie an Ihre eigene Kindheit? Sie haben mir erzählt, daß Sie selbst ein zorniges kleines Mädchen waren." Frau J.s Stimme wurde sanfter, sie klang beinahe kindlich. „Ich war ein schreckliches kleines Mädchen. Ich war immerzu zornig. Meine Mutter ging dann einfach weg und ließ mich allein, so wütend wurde sie. Ich hatte das Gefühl, daß sie mich manchmal haßte. Und ich haßte mich selbst, bis ich mich zu beherrschen lernte. Nun ist Lisa auf dem besten Weg, genauso zu werden wie ich. O Gott!"

Sie war den Tränen so nahe, daß ich mir unsicher war, ob ich dieses Thema weiterverfolgen sollte, aber ihr Mann beugte sich zu ihr hinüber und streichelte ihre Hand. Ihr Baby hatte sich nun beruhigt und schmiegte das Köpfchen an ihre Brust. „Wissen Sie", sagte ich, „es sieht beinahe so aus, als wüßte Lisa, daß es Ihnen gut getan hat, ihren Gefühlen Luft zu machen. Sehen Sie nur, wie sie sich an Sie kuschelt." Frau J. sah auf sie nieder, als sähe sie Lisa zum ersten Mal. „Glauben Sie, daß sie schon weiß, wie mir zumute ist?" „Vielleicht erschreckt es Sie, daß Lisa Ihnen so ähnlich und so sensibel ist, aber wissen Sie, es könnte tatsächlich ein wunderbarer Vorteil für Ihre Beziehung sein." Ich hielt inne. „Was glauben Sie selbst, weshalb sind Sie derart beunruhigt?" „Ich hatte nie das Gefühl, daß ich Mutter werden sollte", erwiderte sie. „Ich denke, daß ich im Beruf qualifiziert bin. Aber nicht zu Hause!" Ich fragte sie, ob sie etwas mehr darüber erzählen wolle, wenn wir einen weiteren Termin vereinbaren könnten. Sie sah überrascht aus. „Ich habe gedacht, es ginge darum, Lisa zu helfen und nicht mir."

Dies war ein bedeutsamer Wendepunkt. Erstens hatte die Mutter das Gefühl, ihre Angst, ihr Kind zu schlagen, auszudrücken zu können. Dabei handelt es sich um einen entscheidenden Aspekt der psychotherapeutischen Arbeit: der Therapeut weist darauf hin, daß man solche schmerzhaften und Schuldgefühle auslösenden Impulse gemeinsam tragen kann; die bloße Tatsache, daß die Mutter ihre Angst, das Baby zu verletzen, in Worte faßt, wirkt außerordentlich beruhigend. Die Mutter spürt, daß sie solchen Impulsen weniger schnell nachgeben wird, wenn sie sie einem Partner mitteilt, zu dem sie Vertrauen hat.

Überdies läßt dieser Dialog erkennen, wie wichtig es ist, die Vergangenheit in die Gegenwart einzubeziehen; die Fähigkeit, sich daran zu erinnern, wie „schrecklich" sie als Mädchen war, hilft Frau J., die aktuelle Beziehung von dem „Zornesgespenst" ihrer Kindheit zu befreien. Nun kann sie Lisa in neuem Licht betrachten, und es ist tatsächlich so, als sähe sie sie zum ersten Mal.

Auch wenn die Eltern erkannt haben, daß das Problem ebenso ihr eigenes wie das des Babys ist, wird man auf heftigen Widerstand stoßen, sobald man die Rolle der Eltern genauer untersuchen will. „Ich habe gedacht, es ginge darum, Lisa zu helfen und nicht mir." Eine Krankenschwester oder ein Kinderarzt benötigen Geschick und Feingefühl, um die Aufmerksamkeit auf die Eltern richten zu können. Jeder, der sich beruflich mit Säuglingen beschäftigt, muß über diese psychologischen Fertigkeiten verfügen.

Ich versicherte Frau J., daß es mir durchaus darum ginge, ihr in bezug auf Lisa zu helfen, daß dies aber auch bedeuten würde, ihr bezüglich ihrer eigenen Reaktionen gegenüber Lisa zu helfen. Aufgrund ihrer außerordentlichen Sensibilität nahm Lisa Stimmungen und Gefühle ihrer Mutter feinfühlig wahr. Dies wollten wir in einen Vorteil verwandeln und es nicht als Erschwernis in ihrer Beziehung betrachten. Die Mutter nickte, als stimme sie mir zu.

Ich untersuchte Lisa. Es gab keine Anzeichen für weitere Probleme. Tatsächlich reagierte sie sehr sensibel auf jede Art der Berührung. Während wir miteinander sprachen, hatte ich Lisa die ganze Zeit über beobachtet, und als ich mich nun anschickte, sie zu untersuchen und mit ihr zu spielen, konnte ich auf bestimmte Dinge hinweisen, die ihren Eltern meiner Ansicht nach helfen konnten, sie besser zu verstehen. Ich hatte damit gewartet, bis wir uns darüber verständigt hatten, daß es nicht allein um Lisa ging, sondern auch um das Bild, das Frau J. von ihren eigenen Fähigkeiten als Mutter hatte.

Lisa war bereits ein wohlgerundetes Baby, nicht mehr lang und mager. Aber ihr Blick war ängstlich, als sie das Zimmer inspizierte. Wenn ich sie ansah, weiteten ihre Augen sich und starrten mich an. Ich fühlte mich an ein eingesperrtes, wildes Tier erinnert. Angst und Sehnsucht lagen in diesen Augen. Als ich leise zu ihr sprach, zuckte sie zusammen, und die Runzeln auf ihrer Stirn vertieften sich. Nun wichen ihre Augen meinem Blick aus.

Mir wurde klar, daß sie allzu vielen Reizen ausgesetzt war, wenn man gleichzeitig zu ihr sprach und sie ansah. Sie stemmte sich von mir fort und strebte den Armen ihrer Mutter zu. Deren Körperhaltung versteifte sich ebenfalls, genau wie Lisas; die Interaktion zwischen den beiden, die einen Augenblick zuvor noch so befriedigend gewesen war, wurde nun steif und starr. Frau J. drehte Lisa Körper nach außen, von ihrem eigenen fort, so als ob sie Lisas ablehnende Haltung nicht ertragen könne. Wenige Minuten später reichte sie Lisa ihrem Vater. Dieser wollte sie zunächst umarmen, merkte dann, daß ihr Körper sich versteifte, wartete, bis sie sich entspannte, und begann dann, sie langsam in seinen Armen zu wiegen. Er sah sie weder an noch sprach er mit ihr. Ich fragte ihn leise, ob er diese Form, sie zu beruhigen, gelernt hatte, weil er wisse, wie leicht sie überfordert sei. Er nickte stumm, als wolle er sagen:

„Wenn ich jetzt spreche, fällt sie auseinander." Frau J. sagte spöttisch, aber ihre Stimme klang neidisch: „Er weiß, wie man mit ihr umgehen muß. Sie zieht ihn mir bereits vor." Als Lisa etwas später zu weinen begann, sah Frau J. aus, als habe sie es erwartet. Sie sagte: „So wie jetzt ist sie mindestens acht Stunden am Tag. Wenn er zu Hause ist, kann er sie ein bißchen beruhigen, aber wenn ich zu Hause bin, erträgt sie mich nicht. Ich habe Angst, ihr weh zu tun – oder sie einfach ihrem Schicksal zu überlassen." Ich erblickte in Frau J.s Augen nun denselben wilden, verzweifelten Ausdruck, den ich soeben in Lisas Blick gesehen hatte.

Ja, sie waren einander ähnlich. Meiner Ansicht nach war es von entscheidender Bedeutung, dieser Frau dabei zu helfen, Lisa als eigenständiges Individuum zu betrachten. Ich fühlte mich zu dem Versuch verpflichtet, ihnen zu erklären, was ich gerade gesehen hatte, obgleich ich wußte, daß das Problem nur zum Teil darin bestand, Lisas Übersensibilität zu verstehen. Ich versuchte zu erklären, daß ich viele solcher Babys wie Lisa gesehen hatte, die – sogar schon vor der Geburt – eine Art physiologischer Übersensibilität gegenüber Reizen entwickelten. Wir wissen nicht genau, wie es dazu kommt, beobachten es aber an Babys, die für ihr Geburtsgewicht sehr groß und relativ mager sind und nicht über genügend Zucker- und Fettreserven verfügen. Man vermutet, daß die Plazenta sie gegen Ende der Schwangerschaft nicht hinreichend versorgt hat. Infolgedessen, so erläuterte ich, sind sie schreckhaft und empfindlich, zeigen als Neugeborene Überreaktionen und wechseln vom Schlaf oder aus einer Ruhephase heraus innerhalb kürzester Zeit in einen nervösen Zustand über und schreien. Lisas Stirnrunzeln sei das eines Babys, das weiß, wie schwer es ihm fallen wird, mit jedem Geräusch oder jedem optischen Reiz fertig zu werden. Ihr Aufbäumen sei ein Versuch, sich selbst vor einer Überlastung zu schützen.

Lisas Eltern hörten aufmerksam zu, als ich ihnen dieses Syndrom beschrieb. Frau J. sagte: „Sie scheinen Lisa zu kennen, gut. Weshalb, glauben Sie, war sie bei ihrer Geburt so? Habe ich ihr im Uterus etwas zugefügt, so daß sie so geworden ist?" Ich beruhigte Frau J., daß – soweit wir wissen – dies vermutlich nicht der Fall sei, denn sie hatte mir bereits versichert, daß sie sich angemessen ernährt hatte; sie hatte weder geraucht noch getrunken oder Medikamente eingenommen, und sie hatte keinen zu hohen Blutdruck. Sie sagte: „Lag es an meiner Anspannung? Ich habe diese Schwangerschaft nicht gewollt, wissen Sie. Habe ich Lisa von Anfang an zerstört?" Ich erwiderte, daß dies meiner Meinung nach in der Gebärmutter nicht möglich sei; ich hätte jedoch das Gefühl, daß es nun die Art beeinflusse, wie sie mit Lisa umgehe. Zorn stieg in ihr auf und sie meinte: „Auf ein schreiendes Baby würde jeder genauso reagieren wie ich." Ich sagte: „Das ist vollkommen richtig. Jedem ginge es so, und ich mache Ihnen Ihre Reaktionen auf Lisa nicht zum Vorwurf. Das einzige Problem besteht darin, daß Lisa Ihre Pein so sensibel wahrnimmt, daß ich fürchte, sie wird auch darauf übertrieben reagieren. Haben Sie gesehen, wie steif sie sich genau in dem Moment machte, in dem Sie selbst sich verkrampften? Es sieht beinahe so aus, als hätten Ihre übersensiblen Reaktionen aufeinander sich bereits zu einer Art System entwickelt. Sie spürt es, wenn Sie sich verspannen, sie macht sich steif und beginnt zu weinen, und dann ist Ihnen vollkommen verzweifelt zumute."

Eine verzerrte Interaktion hatte sich entwickelt; die Spannung des Kindes war symmetrisch mit der der Mutter. Unaufhörlich wurde Spannung vermittelt (man könnte beinahe von einer „Ansteckung" sprechen). Die Mutter mag diese Spannung unbewußt herbeigeführt haben, so als müsse sie beweisen, daß ihre Mütterlichkeit bei Lisa zum Scheitern verurteilt sei.

Dann sagte Frau J. wieder: „Nun, da können Sie ja sehen, wie ungeeignet ich bin. Ich kann sie nicht einmal halten. Bei ihrem Vater geht es ihr besser. Das ist wahrlich ein Erfolg!" Ich nickte zustimmend und fragte: „Da das Problem nun aber einmal besteht, könnten wir nicht gemeinsam an ihm arbeiten? Lisa benötigt Ihre Hilfe, um ihre Sensibilität herabzusetzen und mit sich selbst und ihrer Welt zufriedener zu sein. Für mich war es ebenso schwierig, sie richtig anzufassen, wie es für Sie ist. Man darf sich ihr nur ganz ruhig nähern, so wie Sie es ein paar Minuten zuvor getan haben. Wenn sie droht, auseinanderzufallen, könnten Sie sie vielleicht einfach nur wiegen oder ihr etwas zum Saugen geben, sie trösten, bis sie sich selbst beruhigt, denn das ist das eigentliche Ziel. Wenn Sie sehen, daß Sie ihr überhaupt nicht helfen können, dann geht es ihr vielleicht besser, wenn Sie sie allein lassen und sie sich ein Weilchen ausweint. Vielleicht muß sie weinen, um eine Reizüberlastung abzubauen. Ich würde es immer nur mit einer Möglichkeit versuchen – sie ansehen, ihr leise etwas vorsingen, sie halten oder streicheln. Mehr ist wahrscheinlich zu viel."

Ich schlug ihnen vor, verschiedene Maßnahmen auszuprobieren: (1) Lisa mehrmals täglich in einem ruhigen, abgedunkelten Zimmer zu füttern; (2) auf ruhige Art mit ihr zu spielen und auf Anzeichen für Überlastung zu achten, etwa Stirnrunzeln, Aufbäumen, Schluckauf; (3) für den Fall, daß sie überreagiert, ein einziges Manöver auszuprobieren, um sie zu besänftigen und zu halten, statt noch größere Aktivitäten zu entwickeln, um sie zu beruhigen; (4) daran anschließend zu versuchen, sie allein zu lassen, damit sie sich selbst beruhigen kann. Dabei könnten sie sie zehn bis fünfzehn Minuten weinen lassen. (5) Und schließlich könnten sie ein Tagebuch führen, das es uns ermöglichen würde, Lisas Weinverhalten bei ihrem nächsten Besuch auszuwerten.

Zwei Wochen später bekundeten Herr und Frau J. eine verhaltene Freude.

Lisa kam zur Ruhe, ihr Schreipensum beschränkte sich bereits auf zweieinhalb Stunden gegen Ende des Tages. Ihre Glanzleistung aber, wie Frau J. sagte, bestand darin, daß „wir nun glauben, Lisa zu kennen. Wir betrachten sie als wirkliches Individuum. Wir erkennen, was in ihr vorgeht. Statt Angst vor ihr zu haben, betrachte ich sie nun als eine Herausforderung. Wenn ich mich richtig verhalte, blickt sie mich nicht mehr stirnrunzelnd an, sondern sieht dankbar aus. Ich kann es nicht glauben!"

Sobald die Mutter aufhört, ihren Zorn in das Kind zu projizieren, kann sie seinen wirklichen Charakter entdecken. Die Interaktion wird befriedigender.

Auch der unruhige Blick der Mutter war verschwunden. Sie sah jünger, glücklicher und wesentlich entspannter aus. Sie hielt Lisa nun zärtlich im Arm und schaute kurz auf sie nieder, während sie sprach. Ich bat sie, mir zu berichten, was sie getan hatten. Sie erzählten, wie sie nach und nach gelernt hatten, mit diesem sensiblen Baby umzugehen. Vieles hatte nicht geklappt, im großen und ganzen aber hatten ihre Versuche, wie ihr Tagebuch zeigte, dazu geführt, daß Lisa nach und nach ruhiger wurde. Sie war nun zugänglich. Sie zeigten mir, wie sie lächelte und mit ihnen gurrte und brabbelte, wenn sie ganz allmählich anfingen und sich von ihr führen ließen, um eine befriedigende Interaktion zu entwickeln. Das Selbstvertrauen, mit dem ihre Mutter ihr begegnete, war herzerfrischend. Auch das Baby sah glücklicher, sanfter und entspannter aus.

Ich gratulierte beiden Eltern zu ihrem Erfolg und fragte, ob wir noch ein wenig darüber sprechen könnten, wie sie auf Lisa reagierten, wenn sie schwierig sei. „Denn es werden", sagte ich, „noch öfter schwere Zeiten kommen. Könnten wir nicht überlegen, welche Art von Gefühlen ihr Weinen in Ihnen weckt, so daß Ihnen Ihre Reaktionen auf Lisa einsichtiger sind, wenn wieder Schwierigkeiten auftauchen?" Ich fragte Frau J., ob sie eine Ahnung hätte, weshalb sie sich so labil fühle, denn, so versicherte ich ihr, „in Wahrheit sind Sie es gar nicht. Sie haben gelernt, mit einem sehr schwierigen Baby zurechtzukommen, und fangen an, Lisa zu genießen. Sie haben mir erzählt, daß Sie es nach der Geburt ihres älteren Sohnes sehr eilig hatten, ihre Arbeit wiederaufzunehmen. Hatten Sie bei ihm eine ähnliche Angst zu versagen?" Sie nickte und sagte: „Meiner Meinung nach hätte ich es besser nicht versucht, Mutter zu werden. Lisa hat es mir bewiesen." „Können Sie mir etwas über diese Gefühle erzählen? Sie müssen irgendeinen Grund haben." Sie antwortete: „Ich war sechs Jahre alt, als meine kleine Schwester geboren wurde. Meine Mutter war so erleichtert, daß sie wieder ein Baby hatte und es diesmal ein liebes Baby war, daß sie ständig betonte, wie unterschiedlich meine Schwester und ich seien. Wenn ich versuchte, ihr mit meiner Schwester Elizabeth zu helfen, stieß sie mich weg und sagte: „Du kannst sie nur verderben, wenn du dich mit ihr beschäftigst. Dann wird sie genauso wie du. Ich werde mich selbst um sie kümmern!“ Als Lisa kam, hatte ich das Gefühl, daß sich eine Prophezeiung erfüllt hätte. Sie war wie ich, und dafür hatte ich gesorgt. Als ich meine Mutter mit ihr zusammen beobachtete, war mir, als könne ich sehen, wie ihr damals mit mir zumute war. Sie sah Lisa an, als könne sie sie nicht ausstehen, und mir wurde bewußt, wie sehr sie mich gehaßt hatte. So, nun ist es ’raus.“ Ihr Mann wollte protestieren, aber ich unterbrach ihn und sagte: „Meiner Meinung nach ist es wichtig, daß Sie hören und verstehen, wie intensiv ihr Gefühl mitunter ist, Lisa und Tim gegenüber versagt zu haben. Sie sind in den schlimmen Zeiten mit Lisa eine Hilfe gewesen und haben auch Lisas Bedürfnisse wahrgenommen. Beide werden sie Sie bei zukünftigen Krisen brauchen.“

Das Gespenst in diesem Kinderzimmer ist die Mutter selbst, die zusieht, wie die Liebe ihrer Mutter sich einer kleinen Schwester zuwendet. Durch Lisas Geburt wird eine schmerzhafte Zeit wiederbelebt, das „Trauma“ der Geburt des Schwesterchens und das Gefühl, das lästige, böse Kind zu sein, das seine eigene Mutter vertrieben hat.

Frau J. sagte: „Wissen Sie, ich habe es nie gewagt, mir klarzumachen, wie aufgebracht ich gewesen bin. Ich wollte nur noch davonlaufen. Nun, da ich anfange, mit Lisa auf einer Wellenlänge zu sein, habe ich manchmal das Gefühl, die ganze Welt bemuttern zu können.“ Ich teilte ihre Euphorie und ihren Eindruck, grundlegende Selbstzweifel überwunden zu haben, erinnerte sie allerdings daran, daß noch einiges vor ihr lag. Aber sie würden auch Spaß miteinander haben, denn Lisa versprach, ein lebendiges Baby zu werden, fähig, eine Beziehung zu entwickeln und anzunehmen, die sie beide weiterhin auf die Probe stellen würde. Frau J. beendete unser Gespräch mit den Worten: „Vielen Dank, daß Sie uns geholfen haben. Nun werde ich nicht mehr arbeiten müssen, bloß um von ihr wegzukommen.“

Am Beispiel dieser kurzfristigen, ziemlich oberflächlichen Intervention können wir erkennen, daß ein Verständnis der Übersensibilität eines Babys und des projizierten Zorns seiner Mutter eine schmerzhafte Situation zu entschärfen half. Ohne dieses rationale Verständnis ihres Babys konnte Frau J. sich nur überwältigt fühlen und gereizt reagieren. Mit diesem Wissen und mit einer gewissen Aussicht auf Erfolg konnte sie sich langsam mit den imaginären Interaktionen auseinandersetzen, in denen ihre eigene Vergangenheit wiederauflebte. Nachdem sie dies in Gegenwart ihres hilfsbereiten Mannes ausgesprochen hat, wird sie es in Zukunft vielleicht einfacher haben und mehr Selbstvertrauen entwickeln. Ganz gewiß hat nun, da sie diese Anfangsschwierigkeiten überwunden und gelernt hat, Lisa als eigenständige Persönlichkeit zu betrachten, ihre Beziehung zu diesem Baby eine größere Chance, sich gut zu entwickeln.

Um es zusammenzufassen: diese Intervention verknüpfte zwei Vorgehensweisen miteinander. Erstens trug die Beobachtung des Babys dazu bei, den Eltern begreiflich zu machen, weshalb Lisa so schnell aus der Fassung geriet und sie selbst aus der Fassung brachte. Die realen Schwierigkeiten, als Eltern für ein solches Baby zu sorgen, wurden anerkannt. Zweitens war es notwendig, der Mutter dabei zu helfen, ihre Gefühle in Worte zu fassen: ihren Zorn, ihre Schuldgefühle und den Eindruck zu versagen. Auf diese Weise wurde uns einsichtig, daß sie ihr „schlechtes Selbst“ auf das Baby projiziert hatte. Lisa mußte von dem „Zornesgespenst“ der Vergangenheit befreit werden.

23 Sebastian: „Vorwurfsvoller Blick“

Sebastian, dreieinhalb Monate alt, wurde wegen Ernährungsschwierigkeiten in die Sprechstunde gebracht. Seine Mutter war sehr besorgt und sagte, er wolle kaum essen und nähme nicht zu. Während sie in meinem Büro saßen, vermied Frau M. es, Sebastian ins Gesicht zu sehen; sie drehte ihn auf ihrem Schoß von sich weg und sah ihm nie in die Augen. Es war offenkundig, daß sie jeden Körperkontakt vermied. Sobald das Baby Nähe suchte, sich an sie kuscheln wollte, ging sie zu irgendeiner Aktivität über, die einen engen Kontakt unmöglich machte. Selbst wenn sie Sebastian die Flasche gab, hielt sie ihn so, daß er sie nicht ansehen konnte. Wenn sie das Baby an ihrem Körper halten mußte – zum Beispiel, damit es ein „Bäuerchen“ machen konnte –, so waren ihre Bewegungen sehr steif und völlig mechanisch. Versuchte das Kind erneut, einen Körperkontakt herzustellen, verharrte sie bewegungslos und schien für seine Bedürfnisse unzugänglich zu sein.

In der Unterhaltung bei verschiedenen Besuchen erwähnte sie, daß das Stillen überhaupt nicht „funktioniert“ und sie es sehr früh aufgegeben hatte. Auf die Frage, weshalb sie Sebastian beim Füttern nicht ansähe, antwortete sie, daß sein Blick sie einschüchtere. Später bezeichnete sie ihn als „vorwurfsvoll“. Ich fragte sie, was sie damit meine, und sie erwiderte, sie sei sich sicher, daß Sebastian sie für eine schlechte Mutter halte, die ihrer Aufgabe nicht gerecht werde.

Nach ihrer eigenen Kindheit befragt, erzählte sie später von sich aus, daß ihr Vater einige Jahre von der Familie getrennt verbracht hatte, als sie klein war. Immer wenn er zu Besuch kam, hatte sie Angst. Sein Blick gab ihr das Gefühl, unfähig und lächerlich zu sein. In ihrer Familie hatte es niemals körperliche Nähe gegeben, und sie konnte sich daran erinnern, daß sie sich furchtbar schämte, wenn man Anspielungen auf ihren Körper machte. Die Pubertät war sehr schwierig gewesen. Sobald sie ihrem Vater nahe kam, erstarrte sie am ganzen Körper.

In diesem Fall stellte die Mutter selbst den Zusammenhang zwischen der Beziehung zu ihrem Vater in der Vergangenheit und derjenigen zu Sebastian in der Gegenwart her. Trotz ihrer Einsicht aber war die Projektion so mächtig, daß die Mutter sich gezwungen fühlte, dem Blick ihres Babys grundsätzlich auszuweichen und auf einen zärtlichen Körperkontakt zu verzichten. Das Resultat waren dauernde Kontaktvermeidung und eine Verschlimmerung der Symptome. Das Baby wurde so nervös, daß es sich mitunter nicht mehr besänftigen ließ; Sebastian war sichtlich gefangen in dem Wunsch, seiner Mutter nah zu sein, und der Angst, weggestoßen zu werden. Es gab tatsächlich Sitzungen, in denen das Baby eine volle Stunde lang weinte und unruhig war; dann blieben alle Versuche, es zu trösten, fruchtlos.

Das Auffällige an diesem Fall ist der konkrete Charakter der Projektion; die Mutter muß Sebastians Augen ausweichen, als seien es *tatsächlich* die Augen ihres Vaters; sie vermeidet den Körperkontakt, als hätte sie es wirklich mit ihrem Vater zu tun. Die beinahe greifbaren Entstellungen der „wahren" Signale des Kindes machen eine befriedigende Interaktion unmöglich.

Am Beispiel Sebastians und seiner Mutter werden verschiedene charakteristische Merkmale des Projektionsvorgangs deutlich, die eine Gefahr für die frühe Beziehung darstellen. Erstens wird Sebastian wahrgenommen, als sei er ein *allzu exaktes* Ebenbild seines Großvaters mütterlicherseits. Wie wir gesehen haben, glauben alle Eltern, in ihren Babys bestimmte Aspekte von Familienangehörigen wiederzuerkennen. Wenn sie daraus aber eine unmittelbare Identität konstruieren, machen sie das Kind zum Gefangenen ihrer eigenen Vergangenheit. Sind die Eltern nicht in der Lage, die reale Persönlichkeit des Babys aus der Vermischung mit dem Bild ihrer eigenen Eltern herauszutrennen, ist ein echter Rapport nicht möglich, und die Interaktion bleibt verzerrt. Sie ist stärker gefährdet, wenn es vorwiegend negative Gefühle der Eltern sind, die den Säugling mit ihren eigenen Eltern verbinden; in Frau M.s Fall beispielsweise sind es Schamgefühle und Angst vor einem vernichtenden Urteil. Schließlich wirkt sich die *Überzeugung*, daß der Säugling die ihm zugeschriebenen Eigenschaften wirklich besitzt, erschwerend auf die Therapie aus. Die Mutter war zwar in der Lage, einen Zusammenhang mit ihrer eigenen Kindheit herzustellen, verfügte jedoch nicht über genügend Einsicht, um zu verstehen, daß die Eigenschaften, die sie in dem Kind wahrnahm, ein Produkt ihrer Ängste waren. Erkennt der Arzt nicht, daß das Verständnis auf dieser tieferen Ebene versagt, begnügt er sich unter Umständen damit, der scheinbar verständigen Mutter einen Rat zu geben oder lediglich zu versuchen, falsche Wahrnehmungen zu korrigieren, indem er betont, daß das Kind in Wirklichkeit gar keine Ähnlichkeit mit einem Elternteil aufweist. Ein derartiger pädagogischer Ansatz ist unzureichend, wenn die Projektion und die Überzeugung, daß die Ähnlichkeit wirklich besteht, so hartnäckig sind.

Nach viermonatiger, wöchentlicher Therapie hatten Sebastian und Frau M. immer noch einiges an Arbeit vor sich. Sebastian schien seine Mutter nach wie vor bewegungsunfähig zu machen. Seine motorische Entwicklung war verzögert, er lag immer noch auf dem Bauch und konnte ohne Hilfe nicht gut sitzen. Sobald er seiner Mutter eine Reaktion zu entlocken versuchte, erstarrte sie oder ihr Körper sackte in sich zusammen, als ginge es über ihre Kräfte, Kontakt zu ihm aufzunehmen. Auch Sebastians Haltung war recht schlaff. Selten nur zeigte er Interesse oder geriet in Erregung. Er protestierte schwach, und auch seine Gesichtszüge waren regungslos, so als wisse er nicht recht, ob sein Protest sich überhaupt lohne. Wenn seine Mutter ihn schließlich auf den Arm nahm, hielt sie ihn wie eine Statue auf dem Schoß. Streckte er kurz sein Händchen in die Höhe, um ihr Gesicht zu berühren, so zuckte sie zusammen und wich einen Moment lang zurück. Schließlich schaute sie lächelnd zu ihm nieder, aber er hatte bereits resigniert und wandte sich einem Spielzeug zu, um zu spielen. Auf ihrem Arm verhielt er sich unruhig und schien auf diese Weise zu signalisieren, daß er lieber auf dem Boden säße, um spielen zu können; dieses Verhalten aber wurde von ihr ignoriert oder kam ihr nicht zu Bewußtsein. Er hatte sich mit dem Spielzeug abgefunden. Sein Spiel war monoton und ohne Freude. Er schlug das Spielzeug hin und her, nie untersuchte er es oder nahm es in den Mund.

Da das Essen nach wie vor problematisch war, gab mir Frau M. Sebastian auf den Arm, damit ich ihn fütterte. Er widersetzte sich energisch und weinte untröstlich, als ich es versuchte. Die Mutter nahm ihr schreiendes Kind, aber wieder wirkte sie unsensibel oder als habe sie Angst vor ihm. Augenblicklich, ohne einen Versuch, ihn zu trösten oder zu beruhigen, wollte sie ihm das Fläschchen geben. Natürlich weigerte er sich und spuckte den Sauger aus. Sein Geschrei klang dumpf und völlig ausdruckslos. Er sah kurz zu ihrem Gesicht auf. Sie erwiderte seinen Blick nicht, und er schaute weg.

Sobald er beim Trinken sabberte, nutzte Frau M. die Gelegenheit, um seine Lippen mit einem Tuch abzutupfen. Hartnäckig versuchte sie, seinen Mund mit ihrem Tuch zu erwischen. Er drehte den Kopf von einer Seite zur anderen. Die lebhafteste Begegnung zwischen den beiden entwickelte sich, als sie nicht locker ließ und er sich weigerte, sie nahe an sich herankommen zu lassen. Beide ließen ein kurzes Kichern vernehmen. Ich hatte das Gefühl, daß die Interaktion, in der sie die größte Leidenschaft entfalten konnten, auf einem zudringlichen Verhalten seitens der Mutter und einer massiven Ablehnung seinerseits beruhte.

Trotz dieser flüchtig aufschimmernden Nähe schien Frau M. im allgemeinen unfähig zu sein, auf die kurzlebigen Versuche ihres Babys, um ihre Aufmerksamkeit zu werben, einzugehen. Hätte sie darauf reagiert, dann hätte Sebastian ein größeres Interesse an seiner Welt entwickeln und sich durch sie stärker anregen lassen können. Wie die Dinge lagen, schien er wenig Energie zu haben, er spielte mechanisch, aber ohne echte Freude. Am stärksten schien es ihn zu erregen, wenn sie ihn mit aufdringlichem Verhalten belästigte. Ich hatte das Gefühl, als drohe dieses Verhaltensmuster bestimmend für seine Interaktionen mit Erwachsenen zu werden. Er war zu ängstlich, um mit mir zu spielen, aber ich war mir sicher, daß er nichtsdestoweniger fähig war, auf einen sensiblen Erwachsenen zu reagieren. Sebastians Weigerung, sich füttern zu lassen, war Bestandteil eines allgemeinen Verhaltensschemas. Da seine lebhafteste Reaktion eine negative war, überraschte es mich nicht, daß er die unerwünschte Nahrung in einer unbefriedigenden Interaktion während der Mahlzeiten verweigerte.

Die Vermeidung von Blick- und Körperkontakt verzerrte diese Beziehung weiterhin. Als Sebastian acht Monate alt war, konnten wir das Interaktionsverhalten von Mutter und Säugling quantitativ bestimmen. Die Haltung, die sie während der Beobachtungsphase die längste Zeit über einnahmen, war durch die folgenden Merkmale charakterisiert: Sebastian wurde 15 bis 60 cm vom Oberkörper seiner Mutter entfernt gehalten, und zwar so, daß er ihr den Rükken zuwandte und von ihr wegsah. Mutter und Baby nahmen diese Haltung während der Hälfte der Beobachtungszeit ein; sie kam vier bis fünf Mal häufiger vor als andere Haltungen (Cramer & D'Arcis, in Vorbereitung). Auf der Grundlage dieser Mikroanalyse konnten wir zeigen, wie die persönliche, auf ihrer Vergangenheitserfahrung beruhende Angst der Mutter sich in der aktuellen Interaktion auswirkte.

Um Sebastians ersten Geburtstag herum wurde uns bewußt, daß dieses Mutter-Kind-Paar von extremen Kontaktvermeidungsstrategien beherrscht war, die ihre Kommunikation äußerst unbefriedigend machten. Sebastian war sehr gereizt; zahlreiche weitere Anzeichen wiesen darauf hin, daß es ihm elend ging. Unablässig klagte die Mutter über ihn und bezichtigte sich selbst, eine „schlechte Mutter“ zu sein. Nun beschlossen wir, in unser Intervention zweigleisig vorzugehen. Einerseits mußten wir die Beziehung „behandeln“; dies geschah in wöchentlichen, gemeinsamen Sitzungen, in denen wir dieser Mutter deutlich machten, auf welche Weise ihre Angst vor engem Kontakt jede gemeinsame Kommunikation störte. Auf der anderen Seite erkannten wir, daß angesichts der starken Hemmungen der Mutter viel Zeit verstreichen würde, bis sich ihr Verhalten änderte. Ihr Baby brauchte in dieser Phase rasch voranschreitender Entwicklung einen befriedigenden Partner. Aus diesem Grund wurde Sebastian, sobald er 18 Monate alt geworden war, alleine in einer Spieltherapie behandelt.

Im Alter von zweieinhalb Jahren war Sebastian noch immer hyperaktiv; seine Sprachentwicklung war verzögert, und er hatte auffällige Schwierigkeiten beim Spielen. Frau M. hatte mittlerweile beinahe alle Hoffnung verloren,

Sebastian eine gute Mutter sein zu können. In unseren wöchentlichen Therapiestunden jedoch entdeckte sie allmählich neue Möglichkeiten, auf Sebastian einzugehen. Insbesondere genoß sie es, ihm vorzulesen, was ihrer Beziehung förderlich war. Nichtdestoweniger vermied sie es nach wie vor, ihm körperlich nahe zu sein.

Als Sebastian fünf Jahre alt wurde, hatte er sich recht gut entwickelt. Seine sprachliches Ausdrucksvermögen war ausgezeichnet; er war weniger hyperaktiv und eher in der Lage zu spielen. Frau M. jammerte weiterhin darüber, als Mutter versagt zu haben, aber wir hatten den Eindruck, daß sie bereits einiges geschafft hatte.

Rückblickend hielten wir es für wahrscheinlich, daß Sebastian ohne unsere Intervention womöglich nicht in der Lage gewesen wäre, sich von seiner Hyperaktivität zu befreien, und unter Umständen weitere, schwerwiegendere Symptome entwickelt hätte. Kein Arzt, der ihn heute zum ersten Mal untersuchte, würde ihn für ein Risikokind halten. An diesem Beispiel wird deutlich, daß die aufgrund frühzeitiger Beurteilung eingeleitete, spezielle psychiatrische Unterstützung – vermutlich – eine sehr ungünstige Entwicklung abwenden konnte.

24 Peter: „Wilder Kerl“

Peter, knapp vier Monate alt, wurde von seiner Mutter in unsere Beratungsstelle gebracht; er sei „unglücklich und quengelig“ und weine „ständig“. Frau S. hatte bereits vielerorts um Hilfe nachgesucht: bei ihrem Geburtshelfer, ihrem eigenen Kinderarzt – der von „Koliken“ sprach und ihr versicherte, daß es sich „auswachsen“ würde – und bei ihren Eltern, die ihr die Schuld daran gaben, wenn das Baby weinte. Sie war hysterisch, weinte und drohte sogar, „dem Baby womöglich etwas anzutun“, wenn wir sie nach Hause schicken würden, ohne ihr geholfen zu haben.

Peters körperliche Verfassung wurde als normal beurteilt. Frau S. sah niedergeschlagen und ungepflegt aus. Sie kam allein und erklärte mir, daß ihre Familie (einschließlich ihres Ehemannes) überhaupt kein Problem erkennen könne. Sie fühlte sich von ihnen im Stich gelassen. Obwohl sie „wisse“, meinte sie, daß seine „Schreianfälle nur Koliken“ seien und sie die Schuld daran hätte, würde das nichts ändern. Sie wisse trotzdem nicht, was sie tun könne, und sei so niedergeschlagen, daß sie Angst hätte – um sich selbst und um das Baby.

Während sie sprach, sah Peters kleines Gesicht gequält aus, und er blickte stirnrunzelnd in die Ferne. Er hielt seinen Körper steif und hüpfte von Zeit zu Zeit auf, während seine Mutter erzählte und ihre Gefühle erkennbar wurden. Er zuckte zusammen, als ich ihn direkt anzusprechen versuchte. Als ich ihn unter gewissen Schwierigkeiten auf einen Blickkontakt konzentriert hatte, verfinsterte sich sein Gesicht, sobald ich mich ihm näherte, dann wandte er den Blick ab und sah in die Ferne. Als ich den Fehler machte, ihn auf den Arm nehmen zu wollen, brach Peter augenblicklich in ein gellendes, verzweifeltes Wehgeschrei aus. Seine Mutter seufzte tief und nahm ihn wieder in ihre hölzern wirkenden Arme. Er wurde ruhiger und begann erneut, mit seinem leeren Blick ins Weite zu starren.

Der Faktor, der mich an diesem Fall am stärksten beunruhigte, war der vollständige Mangel an positiver Interaktion; die Mutter hatte ein angespanntes und verkniffenes Gesicht, ebenso wie das Baby. Sie wandten den Blick voneinander ab; beide zogen sich innerlich zurück. Es gab zahlreiche Hinweise auf mangelnden Rapport und fehlende Gegenseitigkeit. Beide Partner wirkten niedergedrückt. Das Baby war zurückgezogen und reagierte negativ, wenn der untersuchende Arzt es zu erreichen versuchte. Es ist verblüffend, daß die ersten Ärzte, die zu Rate gezogen worden waren, die Ernsthaftigkeit dieses Falls nicht erkannt hatten. Wenn eine Mutter sagt, daß sie ihr Baby womöglich verletzen wird, sollte unbedingt eine Intervention veranlaßt werden.

Bei seiner Geburt hatte Peter knapp 3700 Gramm gewogen und einen guten Eindruck gemacht. Die Apgar-Werte waren 8-9-9, „beinahe perfekt". Bald jedoch entwickelte Peter Atmungsschwierigkeiten und mußte für 24 Stunden in ein Sauerstoffzelt verlegt werden. Frau S. sagte, sie hätte gewußt, daß irgendetwas „nicht in Ordnung" sei, und dieses Problem bestätigte ihre Erwartungen. Peter hatte eine leichte Neugeborenengelbsucht, und seine Mutter war überzeugt, daß dies der Beweis für zukünftige Probleme sei. Er wurde gemeinsam mit ihr nach vier Tagen entlassen, aber eine der Krankenschwester bemerkte im Vorbeigehen, daß er ein „wilder Kerl" sei, und deshalb wußte sie, daß ihr einiges bevorstand.

Während seiner ersten Lebensmonate zu Hause schien Peter in praktisch allen Bereichen Schwierigkeiten zu haben. Frau S. sagte, er sei „quengelig, seit wir ihn haben". Es war immer schwierig, ihn zu beruhigen; allerdings konnte man ein Weilchen für Abhilfe sorgen, indem man ihn in eine automatische Schaukel setzte oder im Kinderwagen wippte. Peters Unruhe steigerte sich im Laufe der ersten drei Monate soweit, daß er – von zwanzig Minuten nach einer Mahlzeit abgesehen – eigentlich ständig zu weinen schien. Sowohl das Essen als auch das Schlafen bereiteten Peter Schwierigkeiten. Er wand sich hin und her, während er gefüttert wurde, und krümmte sich häufig zusammen. Sein Speisezettel wurde immer wieder umgestellt. Zusätzlich aus dem Gleichgewicht gebracht war Frau S. durch ihre Schwierigkeit, mit Peter eine gemeinsame Beziehung zu entwickeln. Sie hatte das Gefühl, als nähme er ihre Versuche nicht zur Kenntnis, eine Interaktion aufzubauen.

Macht eine Pflegeperson, wie beiläufig auch immer, auf diesem Hintergrund eine Bemerkung wie „Er ist ein wilder Kerl", wird die Mutter sie als offizielle Bestätigung ihrer Projektion auffassen. Das Etikett bleibt an einem Kind haften und wird zu einer Prophezeiung, die ihre Erfüllung bereits in sich birgt. Auf dieser unausgereiften, sensiblen Stufe werden die Eltern sich an jedes Wort klammern, wenn es aus dem Mund eines Fachmanns kommt, und Pflegepersonen sollten sehr sorgfältig abwägen, was sie über ein Baby sagen, gleichgültig ob die Eltern einen übertrieben ängstlichen Eindruck machen oder nicht.

Trotz der Ängste seiner Mutter war Peter ein wohlgenährter, gesund aussehender Junge. Er wirkte aufmerksam und lächelte mich sogar gelegentlich an, wenn ich ihn aus einer Entfernung von knapp zwei Metern anblickte. Er saß ruhig auf dem Schoß seiner Mutter, erforschte aber, während ich mich mit ihr unterhielt, mit den Augen die Umgebung. Seine Mutter war ängstlich, sowohl in ihrer Fürsorge für ihn als auch im Gespräch mit mir.

Während des gesamten Entwicklungstests und der körperlichen Untersuchung, deren Ergebnisse vollkommen normal waren, zeigte Peter eine Übersensibilität gegenüber Reizen. Als er aufgeregt wurde, war es sehr schwierig, ihn zu besänftigen; allerdings beruhigte er sich, wenn seine Mutter ihn still auf dem Schoß hielt. Herumlaufen, Wiegen und Streicheln halfen überhaupt nicht.

Mein Eindruck war der, daß Peter unter anderem offenkundig eine Konstellation von anlagebedingten Eigenschaften aufwies, die von Stella Chess und Alexander Thomas (1984) als „schwierig" eingestuft wird. Er reagierte übersensibel auf Reize, geriet leicht aus der Fassung, war schwer zu trösten, und zu seiner Vorgeschichte gehörten Störungen des Schlaf- und Eßverhaltens. Frau S. jedoch gab sich an all dem selbst die Schuld und bezeichnete es als Peters „Unglücklichsein".

Meine Gespräche mit der Mutter konzentrierten sich zu Anfang auf Peters Temperament. Ich machte ihr einzelne Vorschläge: Sorgen Sie für einen ruhigen Raum, in dem Sie ihn füttern, damit konkurrierende und störende Reize vermindert werden; dämpfen Sie nahe Geräusche, wenn er schläft, indem Sie seine Tür schließen und seine Schwestern anderswo spielen lassen; gehen Sie zart mit ihm um, bieten Sie nach und nach angepaßte Reize an und achten Sie sorgfältig auf Anzeichen für Reizüberlastung, wie Wegdrehen oder Anspannung der Extremitäten.

Frau S. wurde aufgefordert, anzurufen, wenn es nötig sei, und wir vereinbarten ein Anschlußgespräch für die darauffolgende Woche.

Zu diesem Zeitpunkt konzentrierte die Intervention sich darauf, der Mutter zu helfen, indem ich ihr zeigte, daß es sich bei Peter um ein „schwieriges" Baby handelte. So kann ihre Neigung, sich selbst die Schuld zuzuschreiben, vielleicht ein wenig abgeschwächt werden. Wie wir aber bereits darstellt haben, wird es zweifellos notwendig sein, tiefer nachzuforschen, wenn wir die Wurzeln der Schuldgefühle dieser Mutter aufdecken wollen.

Zwischen dem ersten Besuch und dem folgenden eine Woche darauf, als Peter vier Monate alt wurde, rief Frau M. nicht an. Sie sagte mir, dem Kind gehe es besser, obwohl es nach wie vor schwierig sei, ausdauernd weine und quengele. Nachts schlief Peter durch, und allmählich gelang es ihr, mit ihm auf eine Wellenlänge zu kommen.

Meine Beobachtungen zeigten, daß Peter weiterhin übersensibel und angespannt blieb, seine Fähigkeit, mit Reizen fertig zu werden, aber gestiegen war. Er blickte nicht mehr ganz so ängstlich drein und konnte mich für kurze Zeit anschauen.

Frau S.s Gesicht war weicher, sie sah nicht mehr so zornig aus. Immer wieder sagte sie: „Was Sie mir erklärt haben, hat mir so sehr geholfen. Ich konnte Ihnen gar nicht sagen, wie schuldbewußt ich mich ihm gegenüber fühlte. Mir wurde klar, daß ich mich von Anfang an über ihn geärgert habe. Und ich habe ihm die Schuld an all dem Elend gegeben, das ich empfand." Danach erzählte sie, wie wohl sie sich fühle, wenn er sich in ihren Armen entspannte, „in dem ruhigen, dunklen Zimmer – wie Sie es mir gesagt haben". Er schien in der Tat beinahe in der Lage zu sein, sich einfach zum Vergnügen von ihr im Arm halten zu lassen. Sie hatte sich einen Schaukelstuhl gekauft, „wie Sie ihn hier in der Klinik haben". Und sie hatte festgestellt, daß sie sanft mit ihm sprechen und durch die Entspannung seines Körpers spüren konnte, daß ihre Stimme ihn nicht überwältigte, wenn sie ihn eine Weile sacht schaukelte. Indem sie Peter auf diese Weise näher kam und seine Reaktionen in ihren Armen kennenzulernen versuchte, merkte sie, daß sie sogar seinen Körper in ihren eigenen verwandeln konnte, und er hielt es aus. „Aber", sagte sie, „er mag es noch immer nicht, wenn ich ihm ins Gesicht sehe." Sie erklärte mir, wie es zu ihrer scheinbar abweisenden, hölzernen Haltung gegenüber dem Baby gekommen war. Er hatte sich so ablehnend verhalten, war so schnell durch ihr Gesicht und ihre Stimme überfordert, daß sie ihn schließlich so gehalten hatte, daß er von ihr wegsah. Nun brachte sie ihre Sehnsucht zum Ausdruck, diesem Baby nah zu kommen. Sie erzählte mir von ihrer Sehnsucht und sagte, daß ihr zuvor niemand geholfen hätte.

„Was habe ich anders gemacht?" fragte ich. Sie dachte ein wenig nach, dann sagte sie, ihrer Ansicht nach hätte ich sie nicht als überängstlich verurteilt. Es wurde in dem Gespräch auch klar, daß die Beobachtungen, die wir während meiner Interaktionen mit Peter, einschließlich der ärztlichen Untersuchung beim ersten Besuch, gemeinsam gemacht hatten, ihre Zuversicht gestärkt hatten, daß ich das, was sie sah, ebenfalls sah.

Wodurch ist dieser Mutter geholfen worden? Die entscheidenden Merkmale dieser zwei Besuche in der Klinik waren:

1. Der Kinderarzt ermöglichte es der Mutter, über sich selbst zu sprechen, ihre Ängste und Schuldgefühle in Worte zu fassen. Er beschränkte sich

nicht darauf, der Mutter zu versichern, mit ihrem Baby sei alles in Ordnung. Sein Einfühlungsvermögen vermittelte ihr, daß sie sich zu Recht überwältigt und verzweifelt fühlte. Diese Fähigkeit, zuzuhören und die Ernsthaftigkeit der „Symptome“ zu respektieren, die die Mutter beobachtete, ist von größtem therapeutischen Wert. Sie ermöglicht die Entwicklung eines Arbeitsbündnisses zwischen dem Berater und dem Mutter-Kind-Paar.

2. Die realen Schwierigkeiten im Umgang mit diesem Baby werden ausgesprochen. Dadurch fühlt die Mutter sich mit ihrer „Unzulänglichkeit“ weniger allein gelassen.
3. Wiederum ist der wichtige Wendepunkt der Augenblick, in dem das Baby nicht länger als gefährlicher Feind betrachtet wird und der Dialog sich auf die Gefühle der Mutter selbst zu konzentrieren beginnt. Sie konnte nun anfangen, über sich selbst zu sprechen, was zum Verständnis der tieferen Ursachen für ihre Schwierigkeiten führen sollte.

Nachdem sie mir von ihrer Sehnsucht erzählt hatte, ihrem Baby nahe zu sein, sagte Frau S., sie habe trotz der verbesserten Beziehung zu ihm nach wie vor das Gefühl, bei ihrem Kind zu versagen. Sie war nicht fähig, ein Lob für die außerordentlichen Fortschritte anzunehmen, die Peter in seiner kognitiven und sozialen Entwicklung gemacht hatte. Sie hatte daran gedacht wegzulaufen, und hatte einen tiefen Zorn empfunden, der ihre Schuldgefühle und den Verlust ihres Selbstwertgefühls nur noch steigerte. Die Beziehungen zu ihrem Mann und anderen Verwandten und Freunden waren mittlerweile gespannt.

Im Laufe dieses Gesprächs begann Frau S., von ihrer Kindheit zu erzählen, ihren Gefühlen, daß ihre Eltern ihr nicht nahe waren, und ihrer Entschlossenheit, es mit ihren eigenen Kindern anders zu machen. Frau S. hatte sich als Kind abgelehnt gefühlt. Sie sehnte sich danach, so wie ihre ältere Schwester zu sein, die hübsch und beliebt war. Aber sie merkte, daß ihre Eltern sie haßten. Nun, mit Peter, empfand sie die gleiche Ablehnung, die sie als Kind gefühlt hatte. Als dies in einer wahren Gefühlsaufwallung aus ihr herausbrach, füllten ihre Augen sich mit Tränen. Sie sagte: „Ich weiß, daß ich unvernünftig bin, aber ich weiß nicht, wie ich mit den Gefühlen umgehen soll, die in mir aufsteigen, wenn Peter weint.“

Frau S. wurde klar, daß zumindest ein Teil von Peters Unruhe eine Art Leiden an Reizüberlastung darstellte, und dennoch kam sie gegen ihr Gefühl nicht an, daß Peter sein Leiden manipulativ einsetzte, um ihre Aufmerksamkeit zu gewinnen. Dadurch wuchsen ihre Schuldgefühle. Glücklicherweise konnten wir offen darüber sprechen, denn ohne daß ich sie in irgendeiner Form dazu veranläßt hätte, setzte Frau S. voraus, daß auch ich ihr die Schuld für das fortgesetzte Weinen gab. Dies führte uns dazu, die Gefühle eingehend zu besprechen, die sie während einer von Peters langen Schreiphasen in meiner Praxis empfunden hatte.

Da Frau S.s Aufmerksamkeit sich so stark auf Peters negatives, unruhiges Verhalten konzentrierte, suchte ich nach einer Möglichkeit, diesen Teufelskreis zu durchbrechen. Ich schlug ihr vor, regelmäßig mehrmals am Tag Spielphasen von jeweils zehn Minuten einzulegen, in denen sie Peter ihre ungeteilte Aufmerksamkeit widmete. In diesen Phasen sollte sie nur auf positives Aufforderungsverhalten eingehen. Mein Vorschlag verfolgte zwei Absichten:

1. Frau S. sollte Zuversicht vermittelt bekommen, daß positive Interaktionen mit Peter möglich waren; und
2. sollte Peter lernen, daß er ihre Aufmerksamkeit auch anders als durch Quengelei wecken konnte.

Überdies schlug ich Frau S. vor, erst einmal einen Schritt zurückzutreten, wenn sie den Eindruck hatte, daß das verzweifelte Schuldgefühl oder die Hilflosigkeit sie überwältigten, und sie in den Griff zu bekommen, bevor sie auf Peter einging, um seinen Kummer zu lindern.

Als sie einen Monat später wiederkamen, waren Frau S. und Peter in besserer Verfassung. Peters bestürzende Schreiphasen hatten aufgehört. Wenn er nun weinte, „hatte es einen Grund“. Seine Mutter sagte, wenn er weine, denke sie an meine Vorschläge und setze sie in die Tat um. Sie trat einen Schritt von ihm „und von mir selbst“ zurück, um zu sehen, weshalb er weinte. Normalerweise war er durch zu viele Reize überlastet. Dann konnte sie sich mit ihm in ein ruhiges Zimmer setzen, ihn wiegen, leise mit ihm sprechen und ihn „lehren“, sie und ihre Art und Weise zu akzeptieren, ihn anzusprechen.

Als ich laut fragte, ob sie darauf hoffe, von jemanden beruhigt zu werden, über den wir bislang noch nicht gesprochen hatten, brach Frau S. in Tränen aus und sagte schluchzend, daß sie sich nach ihrer Mutter sehne, die sie und ihr Baby nicht besucht hatte. Sie hätte das Gefühl, als bliebe ihre Mutter genauso weg, wie sie es in ihrer Kindheit getan hatte, als sie Frau S. wegen ihrer Fehler ablehnte. Plötzlich setzte sie sich auf, hielt Peter näher an sich, schaute zärtlich auf ihn nieder und sagte: „Aber ich glaube, daß Sie mich verstehen, und das ist eine große Hilfe." Sie schien gleichzeitig ihr Baby und mich anzusprechen.

Sobald Frau S. einen verständnisvollen Verbündeten fand, der ihre Gefühle achtete und es zuließ, daß sie ihre Sehnsucht nach einer „guten, verständnisvollen" Mutter zum Ausdruck brachte, lernte sie nach und nach auch, Verständnis für ihr Baby zu entwickeln. Wie so viele Mütter, brauchte auch sie das Gefühl, selbst bemuttert zu werden, bevor sie sich ihrem Säugling intensiver hingeben konnte.

Dieser Fall zeigt, wie eine relativ kurze, intensive Auseinandersetzung mit einer sich entwickelnden Mutter-Baby-Beziehung zu einem kritischen Zeitpunkt Veränderung bewirken kann. Frau S. hatte während der Schwangerschaft Angst um ihren wachsenden Fötus empfunden, und die Trennung von ihrem Baby in der Phase nach der Geburt hatte ihr Gefühl bestätigt, eine unfähige Mutter zu sein, die ihrem Baby Schaden zugefügt hatte. Diese Erfahrungen waren der Grund dafür, daß die junge Mutter auf Peters Weinen und unruhiges Verhalten überreagierte und es als Zurückweisung betrachtete. Glücklicherweise veranlaßte ihre wachsende Verzweiflung Frau S., schon früh Hilfe zu suchen; überdies war sie in der Lage, unter die Oberfläche zu sehen und die Gründe für ihre Überreaktionen zu verstehen. Die frühe Intervention war für die Familie eine Chance, sich zu reorganisieren, bevor Störungen der Beziehung dauerhaften Schaden anrichten konnten. In Situationen dieser Art ist die kontinuierliche Unterstützung durch aufmerksame und einfühlsame Berater wichtig.

Die Übersensibilität des Kindes gegenüber äußeren Reizen trug viel zu dieser gestörten frühen Beziehung bei. Als man ihr dies erklärte, begann Frau S., Peter als ein feinfühliges, von ihr getrenntes Individuum zu betrachten. Solange die Übersensibilität und das Weinen für sie nur Symptome ihres eigenen Versagens gewesen waren, hatte sie ihr Kind nicht als Persönlichkeit betrachten können. Sie trennte immer weniger zwischen sich und Peter, was ihre Angst im Umgang mit dem Baby nur steigerte und sein strapaziöses Verhalten noch verstärkte. Sobald Frau S. anfangen konnte, auf positivere Reaktionen ihres Sohnes zu achten, die zutage traten, als sie ihn weniger stimulierte, konnte Peter lernen, Kontakt zu ihr aufzunehmen. Da auch sein Nervensystem reifte und er lernte, sich der Stimulierung durch seine Mutter anzupassen, ließ das Bedürfnis zu weinen nach. Jeder lernte vom anderen, und bald fühlte Frau S., daß Peter liebevoll auf sie zu reagieren vermochte und ihr das Gefühl gab, der erfolgreiche Mensch zu sein, der sie immer hatte sein wollen.

25 Clarissa: „Koste es, was es wolle“

Clarissa kam als Frühgeburt zur Welt; ihre Mutter war 31 Jahre alt und hatte bereits mehrere Fehlgeburten hinter sich. Man hatte ihren Muttermund durch eine Naht verschlossen, damit sie dieses Kind austragen konnte. Als in der 27. Woche Wehen einsetzten, öffnete man die Naht, und das knapp zwei Pfund leichte Kind wurde geboren. Das Baby überlebte trotz zahlreicher Komplikationen. Es hatte erhebliche Anpassungsprobleme mit Apgar-Werten von 5 nach einer Minute und 7 nach fünf Minuten, so daß es mit Sauerstoff wiederbelebt werden mußte. Eine Atemdepression schloß sich an. Sieben Wochen wurde Clarissa durch einen Schlauch in der Luftröhre künstlich beatmet und bekam zahlreiche Medikamente. Sie entwickelte eine Neugeborenengelbsucht, die am zweiten Tag einen Blutaustausch erforderlich machte. Weitere fünf Tage lang wurde eine Phototherapie durchgeführt. Nach einem chirurgischen Lungeneingriff bekam sie eine Infektion und Lungenentzündung, die vierzehn Tage lang mit Antibiotika behandelt wurden. Trotz all dieser Komplikationen überlebte Clarissa und konnte im Alter von 35 Wochen, acht Wochen nach ihrer Geburt, in Zimmerluft verlegt werden. Von diesem Zeitpunkt an konnten wir ihre Entwicklung mit Hilfe unserer Beurteilungstechniken verfolgen. Sie hatte weiterhin Atemprobleme; außerdem gab es Zeichen für eine Gehirnblutung, von der wir annahmen, daß sie möglicherweise einen leichten neurologischen Schaden hinterlassen hatte.

In diesem Zeitraum hatte ihre Mutter sie 51 Mal besucht, ihr Vater 49 Mal. Als wir die Eltern baten, an unseren Untersuchungen teilzunehmen, war Frau D. sehr glücklich, denn sie hoffte, wir würden feststellen, daß Clarissa „zu Dingen imstande ist, die ihr niemand zugetraut hätte“ – sie glaubte fest daran. Aber rasch fügte sie hinzu, daß sie ein normales, ausgetragenes Baby, ein kleines Mädchen, gesehen und gemerkt hatte, wie groß der Unterschied zu Clarissa war. Sie wußte, daß es lange dauern würde, aber die Tatsache, daß das Baby überlebt hatte und bereits Fortschritte machte, gab ihr das Gefühl, daß es mit der Zeit kräftiger werden würde. Frau D. hatte ihre Arbeit als Redakteurin wiederaufgenommen, beabsichtigte jedoch, sich beurlauben zu lassen, sobald Clarissa nach Hause käme. Beide Eltern hatten eine sehr enge Beziehung zum Personal auf der Neugeborenen-Intensivstation entwickelt; ihre eifrige Kooperation zeugte von ihrem tiefen Bedürfnis nach Unterstützung.

Im Rahmen einer fortlaufenden Studie untersuchten wir Clarissa von der der 36. bis zur 44. Woche des Konzeptionsalters alle vierzehn Tage anhand der Neonatal Behavioral Assessment Scale. Mutter und Vater nahmen sich jedesmal frei, um mit dabei sein zu können. Die Krankenschwestern hatten ihnen gezeigt, wie man den erforderlichen Sauerstoff zuführte, sobald die Anstrengung für Clarissa allzu groß wurde, und sie machten den Eindruck, als wüßten sie, wann und wie sie auf Clarissa einwirken mußten. Sobald das Baby jedoch den Reizen nicht mehr gewachsen war, denen es durch unsere Untersuchungen ausgesetzt wurde, sahen beide Eltern entmutigt und niedergeschlagen aus. Während der Untersuchung in der 36. Woche regte Clarissa sich sehr auf, und da sich ihr Aussehen verschlechterte, mußte die Untersuchung abgebrochen werden. Das Baby führte jedoch seine rechte Hand zum Mund und beruhigte sich auf diese Weise selbst. Frau D. bemerkte es und strahlte geradezu vor Freude. Als Clarissa das Gesicht des untersuchenden Arztes kurz beobachtete, um ihm zu folgen, konnte ihre Mutter kaum an sich halten. Trotz der extremen Zerbrechlichkeit dieses Babys, trotz seiner schwachen Atmung, die dazu führte, daß es sich blau verfärbte und aufhörte zu atmen, sobald man es stimulierte, trotz eines schwachen Muskeltonus in den Armen und eines erhöhten Tonus in den Beinen (der ein neurologisches Defizit wahrscheinlicher werden ließ) und trotz schlechter Zustandskontrolle, die der Grund dafür war, daß sie sich innerhalb sehr kurzer Zeit von einem ruhigen Zustand in einen erregten Weinzustand hineinsteigerte, fiel den untersuchenden Ärzten auf, daß Clarissa versuchte, sich selbst zu kontrollieren, und vorübergehend auf akustische und optische Reize reagierte. Ihre Eltern schienen sich all ihrer Defizite bewußt zu sein, waren aber auch in der Lage, ihren Versuchen, sie zu kontrollieren, und anderen Anstrengungen Beachtung zu schenken. Sie versuchten, die Grenzen ihrer Reaktionsfähigkeit zu verstehen – den schmalen Grat zwischen ihrer Reaktionsschwelle und dem Ausmaß an Reizen, von dem sie überwältigt wurde.

Selbst wenn bei einem Baby ein Hauptproblem wie beispielsweise eine wesentlich verkürzte Schwangerschaft vorliegt, muß die Beurteilung sich auf die Interaktion zwischen Eltern und Säugling konzentrieren. Sollte eine spezielle Therapie erforderlich sein, ist es für die Eltern nur vorteilhaft, wenn sie sich jederzeit als Teil des therapeutischen Teams begreifen können. Zu diesem Zeitpunkt war es notwendig, daß wir Clarissas Eltern die spezifischen Stärken ihres Babys wie auch seine Defizite demonstrierten und ihnen zeigten, welche Interaktionsformen für einen labilen Säugling angemessen sind.

In der 40. Woche des Konzeptionsalters kam Clarissa nach Hause. Nach wie vor war es schwierig, mit ihr zu kommunizieren. Sie konnte sich selbst leichter trösten, als wir es vermochten. Dies wurde von den Eltern bestätigt, die sie als „herausforderndes Baby“ bezeichneten und sagten, sie müßten „einfach abwarten, bis sie ansprechbar“ sei. Beim nächsten Besuch erzählte Frau D.

dem Forschungsteam von ihren Problemen infolge ihrer Unfruchtbarkeit und ihrer Entschlossenheit, ein Baby zu bekommen. Clarissa war also ein „ganz besonderes“ Kind. Ihre Eltern waren fest entschlossen, dafür zu sorgen, daß sie sich nun so gut wie möglich „herausmachte“: „koste es, was es wolle“. Die Mutter hatte ihre Milchproduktion zwölf Wochen lang aufrechterhalten und bemühte sich allen Schwierigkeiten zum Trotz intensiv, Clarissa zu stillen. In der neurologischen Beurteilung kam das Baby bei diesem Besuch nach wie vor auf nur 5 von 14 möglichen Punkten, es zeigte ein durchwegs mangelhaftes Reflexverhalten, einen wechselnden Muskeltonus, anomale Augenbewegungen und eine Affektlabilität. Sein Weinen klang schrill, angestrengt und durchdringend. In den vier Wochen seit der letzten Untersuchung hatte Clarissa nur geringe Fortschritte gemacht, und ihre Erholung wirkte auf uns nach wie vor ungewiß. Ihre Eltern bemühten sich tapfer, fröhlich zu erscheinen; es fiel ihnen schwer, zuzugeben, daß sie um Clarissas Zukunft wirklich besorgt waren. Obgleich sie erzählten, daß der Neurologe sich beunruhigt über einen möglichen „Hirnschaden“ geäußert hatte, sahen sie für gewöhnlich ganz ruhig zu, wenn wir ihr Baby untersuchten.

Frühgeborene Babys weisen eine Vielzahl charakteristischer Eigenschaften auf: Mit einem Monat sind sie weniger lange wach und verbringen den größten Teil dieser Zeit damit, zu quengeln und zu weinen (bis zum Alter von acht Monaten); man kann sie überdies weniger leicht beruhigen (Als, 1982). Selbst wenn sie soweit sind, daß sie nach Hause entlassen werden können, sind frühgeborene Babys weniger aufmerksam und reaktionsfähig als ausgetragene Babys der Kontrollgruppe (Di Vitto & Goldberg, 1979). Die Eltern nehmen anfangs weniger Körperkontakt mit ihren Säuglingen auf, verbringen weniger Zeit damit, ihnen ins Gesicht zu sehen, lächeln ihre Babys weniger oft an und sprechen weniger mit ihnen. In der ersten Zeit fassen die Eltern ausgetragener Säuglinge ihre Babys während der Mahlzeiten öfter an, sie schmusen und sprechen mehr mit ihnen als die Eltern frühgeborener Babys. Diese Unterschiede verschwinden mit der Zeit, während einer Spielphase im Alter von acht Monaten aber wird deutlich, daß frühgeborene Säuglinge weniger spielen, häufiger quengeln und ihre Eltern sich ihnen aufmerksamer widmen als ausgetragenen Babys. Nach einem Jahr verschwindet dieser Unterschied allmählich (Goldberg, Brachfield & Di Vitto, 1988).

Im ganzen gesehen sind die Interaktionen mit Frühgeborenen für Eltern strapaziöser; sie stellen ihre Fähigkeit auf die Probe, sich auf ein weniger reaktionsfähiges, weniger stabiles Baby einzustellen. Dies trifft auch auf „professionelle" Säuglingsbetreuer zu; als untersuchender Arzt müssen wir den frühgeborenen Säugling wesentlich stärker stabilisieren und unterstützen, als es bei einem termingerecht geborenen Baby der Fall ist. Einflüsse aus ihrer Umgebung führen beim frühgeborenen Baby leicht zu Überreaktionen, es gerät schneller unter Streß und Überstimulierung und verlangt bei der Beurteilung differenzierter abgestimmte Vorgehensweisen und Techniken (Als, 1983).

Die Eltern neigen dazu, diese Unzulänglichkeiten auszugleichen; Mütter tendieren zu hyperaktivem Verhalten, während der Säugling seinen Blick eher abwendet. Dies ist ein gutes Beispiel für einen scheiternden Rapport zwischen Mutter und Kind. Die Mutter wird aufdringlich, weil sie von ihrem Baby keine angemessenen Botschaften, keine entsprechende Rückmeldung erhält. Wenn man Müttern zeigt, wie sie das Verhalten des Babys imitieren können, werden sie ruhiger; das Baby ist nun eher in der Lage, den Blickkontakt aufrechtzuerhalten (Field, 1979).

Diese Untersuchungen frühgeborener Säuglinge haben unsere Erforschung der frühen Interaktionen auch im allgemeinen Sinn bereichert. Untersuchungen der Fähigkeit des frühgeborenen Säuglings, auf die positive Interaktion mit einer erwachsenen Bezugsperson einzugehen, haben uns geholfen, den normalen Erholungsprozeß nach Wehen und Entbindung und die erstaunliche Fähigkeit aller neugeborenen Babys zu verstehen, sich von Schädigungen des Nervensystem zu erholen.

Nach und nach hatten die Bemühungen des Forschungsteams ein wenig mehr Erfolg – mit vierundvierzig Wochen wirkte Clarissa nicht mehr ganz so zerbrechlich; sie war weniger schnell überlastet und sprach besser auf akustische und optische Reize an. Noch immer mußte man sie sehr vorsichtig wickeln und Reize sehr ruhig und langsam anbieten.

Voller Eifer versuchten die Eltern, von uns zu lernen, wie man am besten mit ihr umging, und erwarteten, daß wir ihnen Mut machten. Ohne zu klagen erzählten sie, daß sie nie mit ihr hinausgehen konnten und sie beinahe Tag und Nacht im Auge behielten. Ihren häufigen, unkontrollierbaren Schreiphasen begegneten sie, indem sie sie wickelten, häufig fütterten und all die Techniken anwandten, die sie bei uns abgesehen hatten. Sie benutzten unsere Besuche als Gelegenheit, selbst Unterstützung zu finden und sich zu reorganisieren, aber auch als Chance, die Fortschritte des Babys zu beobachten. Die Mutter hatte sich entschlossen, auf unbegrenzte Zeit bei Clarissa zu Hause zu bleiben, und der Vater kam jeden Abend nach Hause, um seine Frau zu entlasten. Sie unterstützten einander in allem, jeder lobte den anderen, aber sie brachten auch unverhohlen ihren Wunsch zum Ausdruck, ihre weitere Familie in der Nähe zu haben, damit sie ihnen helfen könnte.

Bei der Visite mit fünf Monaten war Clarissas Körperhaltung so besorgniserregend, daß das Forschungsteam sich entschloß, sie zur Beurteilung und Behandlung an ein nahegelegenes neurologisches Zentrum zu überweisen. Bei Zusammenkünften mit einem psychiatrisch ausgebildeten Sozialarbeiter, einem Mitglied unseres Teams, stellten die Eltern zahlreiche Fragen wegen dieser Überweisung und brachten ihren Ärger und ihre Enttäuschung darüber zum Ausdruck, daß ihre Fragen im Hinblick auf die langfristige Entwicklung des Kindes nicht definitiv beantwortet wurden.

Als Clarissa acht Monate alt war, begann man mit einer Physiotherapie. Im Alter von neun Monaten wuchs Clarissas Fähigkeit, längere Zeit aktiv zu spielen; auch ihre Reaktionen auf die Menschen ihrer Umgebung verbesserten sich. Sie weinte nicht mehr so intensiv wie mit fünf Monaten, aber es war immer noch schwierig, ihr Spiel oder ihre Übergänge vom Schlaf zum Wachzustand und umgekehrt zu beeinflussen; mußte sie nach wie vor Tag und Nacht mindestens alle drei Stunden gefüttert werden. Mittlerweile schielte sie auch sehr stark.

Ihre Eltern sahen erschöpft aus. Nach einer langen Diskussion über Clarissas Ernährungs- und Schlafprobleme – Clarissa war nun neun Monate alt – erkundigten die Eltern sich offen nach ihrer Entwicklungsverzögerung und rückten mit den Fragen bezüglich eines Gehirnschadens heraus, die sie bislang zurückgehalten hatten. „Wird sie jemals ganz gesund werden?“ Diese Frage hatte in ihren Gedanken immer an erster Stelle gestanden, sie hätten jedoch nicht gewagt, sich dies einzugestehen, sagten sie, bis wir „sie dazu gezwungen hätten“. Es schien sie zu erleichtern, darüber zu sprechen. Sehr rasch fügten sie hinzu, daß sie viel Freude an Clarissa hätten und sich all ihrer Geschicklichkeiten bewußt seien, die sie allmählich entwickelte. In der Tat war unsere Beurteilung mit neun Monaten (anhand der Bayley-Skala) altersentsprechend, wenngleich sich der Untersucher unaufdringlich und geduldig verhalten und doppelt soviel Zeit wie üblich aufwenden mußte.

Der Beitrag einer dynamischen Psychiatrie besteht in solchen Situationen aus zwei Formen der Ermutigung. Den Eltern muß es gestattet sein, ihre Sorgen, Ängste und Fragen auszusprechen, die sie spontan nicht zu äußern wagen. Sie müssen fühlen, daß sie mit dem medizinischen Team geteilt werden können. Sehr häufig sind Eltern sehr kranker Kinder außerordentlich erleichtert, wenn ein Arzt ihnen die Möglichkeit gibt, ihre Angst vor einem schlechten Ergebnis, ihre Angst vor dem Tod, ihre ambivalenten Gefühle hinsichtlich der Behandlung usw. zum Ausdruck zu bringen. So gewinnt die Kommunikation selbst einen therapeutischen Charakter.

Für die Eltern ist es auch notwendig, daß sie ihre Gefühle in bezug auf die Situation ausdrücken und sich ihre eigene Traurigkeit, ihren Kummer und Zorn bewußt machen können. Obwohl dieses Bedürfnis auf der Hand zu liegen scheint, sind wir in unserer Arbeitsteilung zwischen psychiatrischen und kinderärztlichen Teams doch überrascht, wenn wir sehen, wie häufig auch das medizinische Personal Angst vor einer offenen Gefühlsäußerung hat, besonders vor Tränen und Traurigkeit. Ärzte und Krankenschwestern sind mit tröstenden, beruhigenden Worten rasch bei der Hand, die die tragischen Aspekte der Situation in der Regel aber zudecken und die Trauerarbeit blockieren.

Bei einem erneuten Besuch – Clarissa war nun achtzehn Monate alt – waren wir von der kontinuierlichen Erholung dieses Kindes beeindruckt. Noch immer war sie etwas labil, aber sie schien ihre eigenen Fähigkeiten zu kennen und war in der Lage, sich selbst vor einem „Auseinanderfallen“ zu schützen. Sie schlief nun durch und aß selbständig. Sie spielte kreativ alleine. Ihre Mutter sprach ziemlich ausführlich darüber, wie schwierig es gewesen war, Clarissa allein spielen zu lassen und ihre ständigen Forderungen zu ignorieren. Nachts hatte sie Clarissa zunächst ein Weilchen weinen lassen, und dann begann Clarissa – zur Überraschung der Mutter – durchzuschlafen. Tagsüber konnte sich Clarissa selbständig und einfallsreich verhalten, wenn man ihr anfängliches Gequengel ignorierte. Das war Frau D. schwergefallen, aber der Physiotherapeut hatte ihr gezeigt, daß Clarissa mehr aus sich herausgehen und selbständiger sein konnte, als sie selbst sich bewußt gemacht hatte. Mit Hilfe einer Brille konnte das Kind deutlich besser sehen. Clarissa sprach nun in Drei- und Vierwortsätzen; ihr Sprachverständnis war vollkommen altersentsprechend.

Während der ärztlichen Untersuchung bekam Clarissa einen langen Wutanfall, der sich legte, als ihre Mutter sie auf den Arm nahm, um sie zu beruhigen. Muskeltonus und Reflexe der unteren Extremitäten waren nur wenig höher als normal, ebenso ihre Aufnahmefähigkeit gegenüber akustischen Reizen. Nach wie vor spreizte sie die Beine beim Laufen etwas weit auseinander. Ihre Untersuchungsergebnisse lagen laut Bayley-Skala leicht über ihrem Alter; überdurchschnittlich waren ihre Ausdauerleistungen sowie die Koordination der fein- und grobmotorischen Fertigkeiten.

Ihre Eltern sagten, sie sei lustig, rede die ganze Zeit und mache ihnen viel Freude. In der Tat war sie entzückend, entschieden eigensinnig und sehr charmant. Wenn sie mit einer Aufgabe nicht gleich zurecht kam, ließ sie nicht lokker, sondern versuchte es immer wieder, bis sie es geschafft hatte. Konnte sie eine Aufgabe nicht lösen, warf sie Mutter oder Vater einen raschen, hilfesuchenden Blick zu, als sei sie selbst über ihr Scheitern sehr enttäuscht. Wir hatten das Gefühl, daß die Entschlossenheit ihrer Eltern, alles zu tun, um die Erholung dieses Kindes zu fördern, sich nun in Clarissas eigener Entschlossenheit widerspiegelte, ihre Sache gut zu machen.

Die Eltern waren für unsere Beratung dankbar, hatten aber das Gefühl, daß wir ihnen „nicht genug gesagt hatten". Obwohl sie sich um ihre Erholung nun eigentlich keine Sorgen mehr machten, wäre es ihnen lieber gewesen, über jeden Schritt dieser Erholung und die weiteren Aussichten besser auf dem Laufenden gehalten zu werden. Anscheinend hatten sie das Gefühl, in ihrem Kampf ziemlich allein dagestanden zu haben. Aber nachdem sie dies ausgesprochen hatten, begannen sie, ausführlich ihre Erinnerungen an jede einzelne unserer Beurteilungen wiederzugeben, und zu berichten, wieviel sie von jeder einzelnen Untersuchung gelernt hatten. Bei den ärztlichen Untersuchungen verhielten die Eltern sich zwar zurückhaltend, aber es machte ihnen Freude, Clarissa bei den Verhaltenstests zu beobachten. Sie konnten sehen und fühlen, daß sie von Mal zu Mal dazugelernt hatte.

Die Entwicklungsprozesse des Säuglings mit den Eltern zu besprechen und diese dafür zu gewinnen, seine Möglichkeiten optimal auszuschöpfen, hat Wirkungen erzielt, die all unsere Erwartungen übertroffen haben. Wenn wir den Eltern zeigen, wie man das Baby zu bestmöglichem Verhalten anregen kann, können sie unsere Methoden übernehmen, um auf eine optimale Erholung des Kindes hinzuarbeiten. So bieten die Untersuchungen und Beurteilungen frühgeborener Babys uns wie auch den Eltern die Möglichkeit, Organisation und Verlauf ihrer Entwicklung zu beobachten. Während der Beurteilung eines jeden kleinen Babys lassen sich nicht nur vorhandene Fähigkeiten beobachten, vielmehr sehen wir auch, wie die Säuglinge auf ihre Eltern einwirken und wie diese selbst reagieren. Indem wir unsere Beobachtungen mit ihnen gemeinsam besprechen, geben wir den Eltern die Möglichkeit, nicht nur die Defizite des Säuglings wahrzunehmen, sondern auch sein positives Potential zu erkennen.

Wiederholte, mit den Eltern besprochene Beobachtungen sind eine wirksame Interventionsform. Sie fördern die Fähigkeit der Eltern, den Säugling – trotz aller mit Frühgeburten verbundenen Komplikationen – als fähiges und sich entwickelndes Individuum wahrzunehmen. Selbst wenn eine Schädigung festgestellt worden ist, wird sein Erholungsprozeß dadurch gestärkt. Die Durchführung dieser Beurteilungen im frühesten Säuglingsalter und die Besprechung der Ergebnisse mit den Eltern, wie an diesem Beispiel dargestellt, scheinen am therapeutischen Effekt ganz wesentlich beteiligt zu sein.

26 Bob: „Sie haben ihn weggebracht“

Bob kam als Frühgeborenes in einem Vorstadtkrankenhaus zur Welt; er wog knapp vier Pfund. Mit dem Verdacht auf Atmungsprobleme wurde er zur Beobachtung auf unsere Säuglingsintensivstation verlegt, obwohl er im großen und ganzen in guter Verfassung zu sein schien.

Als seine Mutter ihn im Laufe der ersten Woche nach der Entbindung nicht besuchte, begann unser Personal, sich große Sorgen zu machen. Frau R. wurde zu einem Termin bestellt, und nun erzählte sie, daß sie furchtbare Angst bekommen hatte, als man das Kind von ihr trennte; sie fürchtete, daß die Ärzte gefährliche Operationen an ihm vornehmen würden und sie ihn nicht lebendig wiedersähe. Diese Todesahnung hatte vorweggenommene Trauergefühle ausgelöst; sie wollte keine Bindung an ein Kind entwickeln, das einem frühen Tod geweiht war.

Sowohl die Krankenschwestern auf der Station als auch der Geburtshelfer erklärten ihr, daß ihre Überzeugung unrealistisch sei. Bob hatte nur geringfügige Atemprobleme, und das Klinikpersonal war hinsichtlich seiner weiteren Entwicklung nicht beunruhigt. An Frau R.s Einstellung konnte diese Zusicherung jedoch nichts ändern. Als ich zu ihr ging, um mit ihr zu sprechen, offenbarte die Mutter den Ursprung ihrer Ängste. Als sie sechs Jahre alt war, hatte ihre Mutter einen Jungen zur Welt gebracht. Damals hatte sie häufig gespielt, sie selbst wäre seine Mutter. Im Alter von neun Monaten bekam er eine starke Lungenentzündung. Der herbeigerufene Arzt „brachte ihn weg“ – in einem Krankenwagen –, und das Mädchen sah seinen Bruder erst einige Tage darauf wieder – er lag im Sarg.

Als ihr eigenes Baby von den Ärzten „weggebracht“ und im Krankenwagen in eine Spezialabteilung verlegt wurde, war Frau R. sich sicher, daß sie nun alles noch einmal erleben würde. Ihr Sohn hatte sich in ihren Bruder verwandelt; auch er würde an einer Erkrankung der Atemorgane sterben. Diese Mutter befand sich in einem akuten Angstzustand. Sie vermied es, eine Bindung an Bob zu entwickeln, um sich selbst vor ihren Schmerz- und Trauergefühlen zu schützen, die sein Tod auslösen würde.

Wie in jedem derartigen Fall mußten wir der Mutter in erster Linie Gelegenheit geben, sich auszusprechen, statt allzu rasch auf beruhigende Manöver zurückzugreifen. Es war unbedingt erforderlich, daß diese Mutter den Leidgefühlen aus ihrer Vergangenheit Luft machen und ihre Vorwegnahme des Verlusts in der Gegenwart in Worte fassen konnte. Die größte Hilfe bestand darin, sie ausführlich über eine Tragödie aus der Vergangenheit berichten zu lassen. Als Frau R. uns erzählte, was mit ihrem Bruder geschehen war, wurden viele aufgestaute Gefühle freigesetzt. Nun konnte sie besser verstehen, daß die Parallelen, die sie zwischen den Ereignissen der Vergangenheit und der aktuellen Situation gezogen hatte, vorwiegend ein Produkt ihrer Einbildung waren.

Als wir diese Verwirrung von Vergangenheit und Gegenwart geklärt hatten, war Frau R. erleichtert. Nun – und nicht eher – konnte sie unsere Erklärungen über Bobs geringfügige Atmungsprobleme in sich aufnehmen. Seine Symptome wurden ihr beschrieben. Wir zeigten ihr seine Röntgenaufnahmen und ermunterten sie, das Kind zu besuchen. Jetzt endlich „entdeckte" sie ihn. Es war, als würde Bob in diesem Moment geboren. Eine echte Bindung begann sich zu entwickeln.

Bei einem späteren Besuch, als Bob neun Monate alt wurde (das Alter, in dem der Bruder gestorben war), bekam Frau R. vorübergehend wieder Angst, aber wir waren in der Lage, sie zu beruhigen.

Dieses Scheitern der Bindung – das unter Umständen sehr gravierende Folgen hätte haben können – war in erster Linie auf das Phantasieleben der Mutter zurückzuführen, das in den Umständen von Bobs Geburt eine gewisse Bestätigung fand. Frau R. hatte eine sehr enge Beziehung zu dem aus der Vergangenheit stammenden Erinnerungsbild an den toten Bruder, zu dem realen Baby aber konnte sie keine Beziehung aufnehmen. Eine solche Situation ist überhaupt nicht ungewöhnlich oder selten; die Reaktionen auf ein frühgeborenes Baby wühlen häufig schmerzhafte Gefühle aus der Vergangenheit auf und sind in jedem Fall sehr intensiv. Eine derartige Furcht vor der Bindung ist nicht notwendig „anomal" oder „pathologisch".

Diese besondere Form einer mütterlichen Reaktion auf eine Frühgeburt wurde dargestellt, um noch einmal einen Grundsatz der Beurteilung kleiner Kinder zu veranschaulichen: Selbst wenn ein festumrissenes Problem beim Säugling selbst vorliegt, das an sich bereits zu Schwierigkeiten führt, muß die Beurteilung der Interaktion zugleich berücksichtigen, inwiefern die Eltern zum Scheitern oder zu Verzerrungen der gegenseitigen Beziehung beitragen.

Anders gesagt: eine Intervention ist effektiver, wenn sie diesen „imaginären Interaktionen" ebenso große Aufmerksamkeit widmet wie den Problemen des frühgeborenen Babys. Eine wachsende Anzahl von Programmen für Frühgeborene und Eltern berücksichtigt diese beiden Aspekte der Intervention. Marshall Klaus und John Kennell, die auf diesem Gebiet Pionierarbeit geleistet haben, arbeiteten für derartige Interventionen bei „Frühchen" Richtlinien aus (1982). Auch andere Autoren haben versucht, sich gleichzeitig auf die „Defizite" des Säuglings und auf die Beteiligung der Eltern am möglichen Scheitern einer Interaktion zu konzentrieren (Minde, Manton, Manning & Hiner, 1980; Parmelee, Sigman, Kopp & Haber, 1983; Samaraweera et al., 1983).

27 Antonio: „Ein schlimmes Auge“

Antonio war das erste Kind einer 34 Jahre alten Mutter – ein Baby, das sie sich sehr gewünscht hatte. Frau Q.s Ehemann blieb während der Geburt bei ihr, und beide waren sie entzückt, als sie einen gesunden, kräftigen Jungen zur Welt brachte. Bei der Untersuchung auf dem Entbindungstisch war er hellwach. Als er seine Augen weit öffnete, um ihren Gesichtern zu folgen, fiel seiner Mutter eine Trübung der linken Pupille auf. Augenblicklich erschrak sie. Als der Kinderarzt das Baby in ihrem Zimmer untersuchte, versicherte er ihr rasch, daß es sich wahrscheinlich um eine angeborene Katarakt (Linsentrübung) handele und die Linse später operativ entfernt werden könnte. Zu diesem Zeitpunkt schien sie dies zu akzeptieren, später aber bat sie den Arzt bei jedem Sprechstundenbesuch, seine Meinung noch einmal zu wiederholen. Das war kein Problem, da die Katarakt mittlerweile von einem Augenspezialisten bestätigt worden war. Frau Q. aber hatte Tränen in den Augen, wann immer sie auf dieses „geringfügige“ Gebrechen zu sprechen kam. Sie gab sich unumwunden selbst die Schuld daran und hinterfragte alles, was sie während der Schwangerschaft getan hatte. Hatte sie etwas Falsches gegessen? Hatte sie womöglich eine Infektion gehabt, die niemandem aufgefallen war? Lag es vielleicht an ihrem Erbgut oder dem ihres Mannes? Aber ihr war von Blindheit oder gravierenden Sehproblemen doch nichts bekannt. Könnte es vielleicht mit ihrer eigenen Kurzsichtigkeit zusammenhängen?

Bei jedem Sprechstundenbesuch diskutierte sie sein Augenproblem. Der Kinderarzt versuchte, sie zu beruhigen, indem er ihr Antonios hervorragende visuelle Entwicklung deutlich machte. Mit sechs Monaten hatte er ein Verständnis für die Objektpermanenz entwickelt. Das war früh. Er blickte nach unten, wenn ein Spielzeug unter den Tisch fiel, als ob er wüßte, wohin es verschwunden war, und es zurückholen wollte. Auch seine motorische Entwicklung verlief rasant. Er krabbelte mit sechs Monaten, saß mit sieben Monaten frei und beschäftigte sich mit Spielsachen. Als er acht Monate alt war, konnte er stehen, wenn er sich an einem Stuhl festhielt. Insgesamt war seine Entwicklung von einem ganz offenkundigen Drang begleitet, „ans Laufen zu kommen“. Er war ein wunderschönes Baby mit braunen Augen, das seine Umwelt begeistert in Besitz nahm. Er spielte voller Lebenskraft und gluckste dabei vor Wonne. Beim „Guck-Guck-Spiel“ demonstrierte Antonio, daß er einen bezaubernden Sinn für Humor hatte; er lachte, wenn er sein Gesicht versteckte. Der Kinderarzt war hingerissen von seiner Entwicklung, seinem Charme und seiner Ausgelassenheit; er hoffte, daß seine Mutter all dies uneingeschränkt genießen könnte.

Sinn für Humor und ein bezauberndes Zugehen auf andere Menschen zeugen gewöhnlich von innerem Reichtum und günstigen Anlagen. Diese Eigenschaften eines Babys sind sehr vielversprechend.

Antonios Mutter jedoch schien bei jedem Besuch ängstlicher zu werden. Je weiter Antonio sich entwickelte, desto weniger stolz schien sie auf seine Errungenschaften zu sein. Sie fragte sich besorgt, wie weit geöffnet seine Augen seien und wie stark sein linkes Auge auffalle. „Werden andere Leute sein Gebrechen nicht bemerken? Werden sie ihn später nicht hänseln?"

Obgleich Antonios motorische Entwicklung so zufriedenstellend verlief, war seine Mutter ungewöhnlich besorgt, daß er sich womöglich verletzen könnte. Sie hatte Angst, er würde fallen, wenn er auf ein Möbelstück kletterte. Antonio war ausgesprochen interessiert daran, sein Essen zu untersuchen und mit ihm zu spielen. Frau Q. aber brachte es nicht über sich, ihm zu erlauben, sich mit den Fingern kleine Nahrungsstückchen selbst in den Mund zu stecken, „aus Angst, er könne daran ersticken". Nachts mußte sie immer wieder in sein Zimmer gehen. Sie gab zu, daß sie Nacht für Nacht mehrmals seine Atmung überprüfte. Sobald sein Schlaf leichter wurde und er sich hin und herwälzte und dabei murmelte, wie es bei jedem Baby ca. alle vier Stunden der Fall ist, *mußte* sie einfach zu ihm gehen. Sie konnte sich nicht an den Rat des Arztes halten, ihn selbst lernen zu lassen, alleine wieder einzuschlafen. Sie behauptete, sie müsse ihn auf ihrem Arm in den Schlaf wiegen und mit klagender Stimme immer wieder „Armes Baby" sagen. Sobald Antonio sich im Schlaf regte, mußte sie ihn rasch wecken, aufnehmen und zusammen mit ihm weinen. Als er immer schlechter schlief – er wachte mittlerweile alle zwei Stunden auf –, sah der Kinderarzt, daß es nichts fruchtete, sie zu beruhigen und dabei zu unterstüzen, ihn sein eigenes Schlafmuster finden zu lassen. Sie war nicht in der Lage zu akzeptieren, daß Antonios Problem verhältnismäßig geringfügig war, und fing an, ihn ständig zu „beglucken". Der Arzt begann zu fürchten, daß sie ihm ein Gefühl der Verletzlichkeit vermitteln könnte, das sein entzückendes, extravertiertes Temperament dämpfen würde. Er konnte vorhersehen, daß Frau Q. dabei war, ein „leicht verwundbares" und ängstliches Kind aus ihm zu machen, das sich dem Leben nicht gewachsen fühlt. Der Verlust des perfekten Babys, mit dem sie gerechnet hatte, war für sie eine derartige Verletzung gewesen, daß ihre Angst und Schuldgefühle im Rahmen einer gewöhnlichen pädiatrischen Beziehung nicht zu behandeln waren. Um Antonio und seine zukünftige Entwicklung zu schützen und Frau Q. zu helfen, sich von dieser fixen Vorstellung zu befreien, ihr Baby sei behindert, überwies der Kinderarzt sie an mich, damit ihre Probleme auf einer psychotherapeutischen Ebene intensiver durchgearbeitet werden konnten.

Selbst wenn die Persönlichkeit eines Babys und seine Gesamtentwicklung noch nicht beeinträchtigt erscheinen, müssen ungelöste Probleme wie im vorliegenden Fall aufmerksam beobachtet werden. Das Problem, die mangelnde Unabhängigkeit beim Essen und in der motorischen Entwicklung, könnte sich aufgrund des unverarbeiteten Kummers möglicherweise verschlimmern. Es war an der Zeit, die tieferliegenden Konflikte zu betrachten, die die unrealistische Angst nährten.

Im Laufe der psychiatrischen Gespräche wurden Frau Q.s Sorgen immer noch größer. Antonios „Behinderung" brachte sie nahezu aus der Fassung; sie erging sich in endlosen Grübeleien, fragte sich, warum es gerade sie getroffen hatte, und wurde zunehmend depressiv. Ihre Erschöpfung wirkte sich erschwerend auf diese niedergedrückte Stimmung aus; sie erlaubte sich keinen tiefen Schlaf mehr. Die ganze Nacht über horchte sie wachsam auf Antonios Stimme. Die Schlafproblematik fesselte meine Aufmerksamkeit ganz besonders; sie war auf übertriebene Angst zurückzuführen, und wir mußten verstehen, woher diese Angst rührte. Frau Q. erklärte mir, wie schockiert sie gewesen war, als man ihr von Antonios Problem erzählt hatte. Als man ihr sagte, daß eine Operation erforderlich sein würde, war sie furchtbar erschrocken. Sie glaubte, daß er unter der Narkose sterben würde.

Je mehr sie erzählte, desto deutlicher wurde, daß Frau Q. den Schlaf selbst als Bedrohung empfand. Ihre Angst veranlaßte sie dazu, immer wieder nach Antonio zu sehen; sie wollte sicherstellen, daß ihm im Schlaf nichts zustoßen würde. Diese spezifische Angst mußte weitergehend aufgeklärt werden, was allmählich geschah.

Frau Q. erinnerte sich daran, daß, als sie selbst acht Jahre alt war, ihre ältere, zwölfjährige Schwester plötzlich eine Facialisparese (halbseitige Lähmung der Gesichtsmuskulatur) entwickelt hatte, die – abgesehen von anderen Symptomen – zu einer Lähmung des linken Augenlides geführt hatte. Unter Schmerzen erinnerte sie sich an den Kummer der Familie, an die Fürsorge, die man dem „schlimmen" Auge gewidmet hatte (das Augenlid wurde mit einem Heftpflaster zugeklebt), und die spöttischen Kommentare der Klassenkameradinnen ihrer Schwester. Die Ähnlichkeit zwischen der Augensymptomatik ihrer Schwester und derjenigen Antonios war auffallend. Noch auffälliger aber war die Tatsache, daß die Mutter diese Verbindung bisher noch nicht bewußt hergestellt hatte. Nun „ging ihr ein Licht auf", als wir sie zu der Einsicht ermunterten, daß Antonios Augensymptom offenbar schmerzhafte Erinnerungen geweckt haben mußte. Daraufhin fiel ihr ein, daß die Gesichtslähmung ihrer Schwester unvermittelt *über Nacht* aufgetreten war. Es ging ihr gut, als sie sich schlafen legte, und sie hatte die Lähmung, als sie aufwachte. Auch dies hatte zu einer Verwechslung von Vergangenheit und Gegenwart geführt. Ihre

Angst, daß die Nacht ihrem Kind – ebenso wie der Schwester – Schaden zufügen würde, erklärte ihre Wachsamkeit, wenn Antonio schlief, und ihre Angst vor einer Narkose.

In diesem Fall hatte die ausführliche Darstellung der Lebensgeschichte der Mutter an sich bereits einen therapeutischen Effekt; die entscheidende Einsicht kam dadurch zustande, daß ein Zusammenhang hergestellt wurde: Antonio hat das gleiche Symptom wie die Schwester. Seine Schlafstörung ist auf die Angst der Mutter zurückzuführen, er könne, ebenso wie die Schwester, über Nacht erkranken. Das Gespenst, daß bei Tageslicht betrachtet werden muß, war – aufgrund der Ähnlichkeit ihrer Augensymptomatik – die Wiedergeburt der Schwester in der Person Antonios.

Später offenbarte die Mutter, daß sie eben dieser älteren Schwester gegenüber lange Zeit ambivalente Gefühle gehegt hatte. Sie war eifersüchtig auf sie, weil sie das Lieblingskind des Vaters war. Ihre unbewußte Vergeltungsangst ließ Frau Q. nun fürchten, daß ihr Sohn dasselbe Schicksal erleiden mußte wie die Schwester, ihre Rivalin.

Die Aufklärung dieser unbewußten, aus der Vergangenheit stammenden und in der Gegenwart wiederholten Gefühlsstruktur war veränderungsfördernd. Frau Q. fühlte sich außerordentlich erleichtert. Sie wachte nicht mehr jedes Mal auf, wenn Antonio sich bewegte, und seine Schlafstörung verschwand. Wichtiger noch war es, daß ihre Depression wich und sie begann, Antonio mit anderen Augen zu sehen. Seine Behinderung erschien ihr nun geringfügig. Sie entwickelte eine wesentlich größere Zuversicht im Hinblick auf eine chirurgische Behandlung und arbeitete mit den Ärzten besser zusammen.

Bei einem Anschlußbesuch fielen uns zwei ermutigende Faktoren auf. Sie zeigte keine Angst mehr, als Antonio durchs Büro rannte, und hatte überdies beschlossen, wieder schwanger zu werden. Während dieser zweiten Schwangerschaft äußerte sie keinerlei Besorgnis um die Gesundheit des zukünftigen Kindes; sie bekam ein kleines Mädchen, mit dem sie sehr gut zurecht kam.

Die Reaktion auf die Geburt eines Babys, das an einer Behinderung leidet, folgt bestimmten Mustern (Solnit & Stark, 1961). Die Schockphase zu Anfang ist auf die abrupte Erkenntnis zurückzuführen, daß das Kind nicht der in der Schwangerschaft entwickelten Idealvorstellung vom Baby entspricht. Überdies müssen die Eltern um den Verlust ihres Selbstbildes trauern; in diesem Selbstbild waren sie als Menschen erschienen, die mit einem wunderschönen Baby ein Abbild ihrer

Selbst würden erschaffen können. Ihnen ist eine Wunde zugefügt worden, die alte Verletzlichkeiten der Selbstachtung dieser Eltern wiederaufleben läßt.

All diejenigen, die mit Eltern eines behinderten Neugeborenen zu tun haben, müssen diesen Trauerprozeß erkennen, damit sie im Vorfeld intervenieren können. Folgende Entwicklungen gilt es ganz besonders zu vermeiden:

Die Eltern verschanzen sich hinter einer Verleugnung des Problems ihres Kindes und behindern medizinische und pädagogische korrigierende Maßnahmen.
Die Eltern klagen sich selbst an, das Problem verursacht zu haben, so daß sie Schuldgefühle und Depression entwickeln und Paarkonflikte entstehen.
Die Eltern geben dem medizinischen Personal die Schuld.
Die Eltern lehnen das Kind ab.

Das Hauptproblem in all diesen Fällen besteht darin, daß das Selbstbild der Eltern, das die Behinderung des Kindes widerspiegelt, zusammenbricht. Die Bindung kommt womöglich nicht zustande, weil das Kind, weit entfernt davon, Anlaß für elterlichen Stolz zu geben, zum Beweis ihres Versagens geworden ist.

Wie wir im ersten und vierten Teil gezeigt haben, ist es normal, daß junge Eltern ihr Kind idealisieren. Geschieht dies nicht, so ist die Interaktion von Eltern und Kind gefährdet. Wenn Trauer und Reorganisation nicht stattfinden können, gibt es verschiedene alternative Entwicklungen. Es kann sein, daß die Eltern überängstlich und überbesorgt werden, so wie es im letzten Beispiel der Fall war. Unter anderen Rahmenbedingungen wird das Kind zum Sündenbock der Familie gemacht; es wird dazu benutzt, die „schlechten" Eigenschaften anderer Familienmitglieder in sich zu konzentrieren und zu repräsentieren. Jede Person projiziert ihre innerlichen Unzulänglichkeitsgefühle auf dieses Kind; die sichtbare Behinderung dient als manifester Beweis der Schlechtigkeit und schützt doch zugleich das Selbstwertgefühl der anderen Familienmitglieder. Voraussagen, die sich selbst erfüllen, heben mit Nachdruck solche Anlagen des Kindes hervor, die vielleicht auf sein zukünftiges Scheitern schließen lassen könnten; so wird die Beziehung der Eltern zu ihrem Kind nicht von dessen Entwicklungsmöglichkeiten geprägt, sondern steht ganz im Zeichen dieser Mißerfolgserwartungen. In anderen Fällen, in denen Schuldgefühle wegen der Verursachung der Behinderung im Vordergrund stehen, versuchen die Eltern unter Umständen, durch uneingeschränkte Hingabe Wiedergutmachung zu leisten. Sie müssen ihr eigenes Leben opfern, gleichsam als Strafe dafür, daß sie die Behinderung verursacht haben.

Eine frühzeitige Intervention, wie wir sie vorgeschlagen haben, hilft diese Konstellationen vermeiden. Zwar verursacht die Geburt eines behinderten Kindes immer einen gewaltigen emotionalen Aufruhr, der die Bindungsfähigkeiten der Eltern in jedem Fall auf die Probe stellt, verschiedene Faktoren aber können dabei helfen, die Verwundung des elterlichen Selbstwertgefühls zu lindern. Zu ihnen gehört ein genaues Verständnis der Behinderung. Es ist interessant, daß Eltern in Fällen, in denen eine Behinderung bereits während der Schwangerschaft festgestellt wird, wesentlich schlimmere Ängste und Erwartungen äußern als in Fällen, bei denen das Kind nach der Geburt sehen und die Schädigung realistisch wahrnehmen können (Drotar, Baskiewicz, Irvin, Kennell & Klaus, 1975; Johns, 1971).

Mütter, die wußten, daß sie mit Kindern schwanger waren, denen aufgrund der Einnahme von Contergan Gliedmaßen fehlten, ließen den Gedanken an eine Heimeinweisung dieser Kinder fallen, als sie sie zum ersten Mal sahen und entdeckten, daß sie fähig waren, sie zu lieben. Selbst ein Kind mit einer schwerwiegenden Behinderung kann eine starke Bindung auslösen (Roskies, 1972).

Diese Daten legen nahe, daß die Phantasien über eine Behinderung unter Umständen wesentlich schlimmer sind als seine realistische Wahrnehmung; überdies vermag die Fähigkeit eines Kindes, Bindung und elterliche Einstellung hervorzurufen, der Enttäuschung und dem Kummer gewaltig entgegenzuwirken.

Verschiedene Interventionsprogramme haben auch gezeigt, daß eine Unterstützung der elterlichen Einstellung effektiv sein kann, insbesondere dann, wenn sie mit einer Demonstration der individuellen Eigenschaften des Kindes einhergeht (Bromwich & Parmelee, 1979). Der Mutter die Interaktion mit einem behinderten Kind beispielhaft vor Augen zu führen, kann ebenfalls ihre Bindung stärken und dazu beitragen, gegen die Depression anzukämpfen (Als, 1982).

Welche Technik auch immer benutzt wird (Anleitung, Unterstützung, Psychotherapie), der Arzt sollte das Problem des Selbstwertgefühls sehr aufmerksam im Auge behalten. Eine Bindung an einen „enttäuschenden Säugling“ kann sich nur dann entwickeln, wenn die

Eltern imstande sind, die Verletzung ihres Selbstbildes zu verarbeiten. Dabei ist häufig eine spezielle Hilfe vonnöten. Man sollte nie vergessen, daß ein Baby im Innern der Mutter entsteht. Als solches repräsentiert ein Neugeborenes auf sichtbare Weise den innersten Teil ihres eigenen Selbst.

28 Sarah: „Malina“

Sarah ist das zweite Kind von Frau L., einer Spanierin, die von ihrem Kinderarzt an unsere Erziehungsberatungsstelle überwiesen worden war. Sie war ein ruhiges kleines Mädchen, wirkte für ihre sieben Monate recht unreif und saß ein wenig wackelig vor ihrer Mutter auf dem Boden. Sie spielte monoton mit zwei Spielzeugen, die man ihr gegeben hatte. Mit dem einen schlug sie ständig auf den Boden und nahm es in den Mund, ohne jedoch ein wirkliches Interesse zu bekunden. Sie ließ es fallen, nahm ein anderes auf, klopfe damit ebenso gleichgültig auf den Boden und steckte es sich in den Mund, so als ob sie nur die Zeit totschlage und darauf warte, daß irgendetwas geschähe. Für jedes dieser Spielzeuge hatte sie nur geringes Interesse übrig. Sie untersuchte sie nie und schaute sich auch nicht nach uns um, um zu sehen, ob wir sie beobachteten. Völlig desinteressiert und teilnahmslos schien sie beinahe völlig in ihrer eigenen Welt versunken zu sein.

Mitten in unserem Interview begann ihre Mutter zu weinen. Als hätte sie darauf gewartet und als stünde sie mit ihr in absolutem Einklang, drehte Sarah sich augenblicklich um und sah, mit einem wirklich besorgten Blick, ihre weinende Mutter an. Zum ersten Mal überhaupt war eine Veränderung ihres Ausdruck zu erkennen. Als sie sich im Sitzen umdrehte, kippte sie vornüber. Mit kurzer Verzögerung sprang ihre Mutter auf, um sie aufzufangen. Sarah gab einen lebhaften Laut von sich und sah ihre Mutter an. Einen winzigen Moment lang kommunizierten sie gemeinsam miteinander. Dann wandte Sarah sich ab; ihre Mutter kam erschöpft zurück, um erneut in ihren Sessel zu sinken und ihr Gespräch mit mir fortzusetzen. Sarah nahm ihr träges Klopfen mit den Spielsachen, die um sie herumlagen, wieder auf. Ein einziges Mal nur versuchte sie, ihre Mutter von mir wegzuziehen, gab aber schnell wieder auf. Teilnahmslos wandte sie sich erneut ihrem abgestumpften, monotonen Spiel zu, als sei sie an diesen Kommunikationsmangel bereits gewöhnt.

In unserer Arbeit mit Säuglingen werden wir häufig mit Müttern konfrontiert, die Depressionen unterschiedlichen Grades aufweisen – sie reichen von einer Niedergeschlagenheit nach der Entbindung bis hin zu langwierigen, akuten Depressionen. Während schwere Fälle – wie die Wochenbettpsychosen – selten sind, treten viele Erstepisoden psychiatrischer Krisen bei Frauen im gebärfähigen Alter häufig innerhalb des ersten Monats nach der Entbindung auf (Pfaffenbarger, 1982).

Sind es bei Frühgeburten in erster Linie die Probleme des Säuglings, die zu Schwierigkeiten beim Zustandekommen der Bindung und wechselseitigen Beziehung führen, so ist der Hauptfaktor einer gestörten Beziehung im Fall einer Depression der Mutter deren emotionale Zurückgezogenheit und Gehemmtheit. Wie wir deutlich gemacht haben, sind jedoch immer beide Seiten beteiligt.

Frau L. war seit Sarahs Geburt sehr deprimiert. Mutter einer Tochter zu sein, brachte sie aus der Fassung: „Sie soll nicht genauso traurig werden wie ich." Sarah sah ihre Mutter kaum an. Häufig drehte sie ihren Körper von der Mutter weg. Selbst als ich die Mutter bat, die Aufmerksamkeit des Kindes direkt auf sich zu lenken, sahen sie einander nicht an. Das Baby spielte weiterhin mit einem Spielzeug.

In auffälligem Gegensatz dazu stand Sarahs Reaktion auf ihren fünfjährigen Bruder, der beim nächsten Besuch mitkam. Sobald er sie rief, strahlte sie, lächelte und geriet in Erregung. Ebenso reagierte sie auf mich. Sie schien sich für dankbarere Partner „aufzubewahren". Die Mutter sagte, diese unterschiedliche Reaktion sei bei Sarah üblich: Sie „zöge" ihren Vater und ihre zwei Brüder „vor".

Ich stellte fest, daß die Mutter eine recht eigentümliche Art hatte, mit Sarah zu kommunizieren; sie saß in einiger Entfernung vom Baby auf dem Boden, faßte es kaum an und sprach mit sehr leiser, flüsternder Stimme. Als ich sie fragte, warum sie so spreche, erklärte sie, daß eine laute Stimme Sarah erschrecken würde.

Wenn die Mutter versuchte, Sarah zu rufen – und das Baby nicht auf sie einging –, reagierte Frau L. folgendermaßen: Zunächst nannte sie ihre Tochter „Malina" (die spanische Bezeichnung für „ungezogenes Mädchen"), und dann winkte sie ihr wie zum Abschied zu. Auf diese Weise vermittelte sie Sarah zwei Dinge: „Du bist ungezogen, wenn du mich nicht beachtest", und: „Wir werden einander verlassen, wenn du mir keine Aufmerksamkeit widmest."

Es war auffallend, wie sensibel diese Mutter auf jedes Anzeichen reagierte, das man so interpretieren konnte, als lehne Sarah sie ab. Im Grunde reagierte sie vorwiegend auf diese Aspekte im Verhalten des Babys. Mit anderen Worten: sie konnte es nicht ertragen, wenn Sarah Selbständigkeit zeigte, weil sie dies als aktive Zurückweisung deutete. Sobald das Baby sich vom direkten Kontakt abwandte (zum Beispiel, wenn es sich mit einem Spielzeug beschäftigte), kappte die Mutter jede Verbindung und förderte die Distanz zwischen ihnen beiden (indem sie wie zum Abschied winkte). Die sehr geringe Ansprechbarkeit der Mutter trug zusätzlich dazu bei, die Intensität und Häufigkeit ihrer Kommunikation zu beeinträchtigen.

Nach einer Unterbrechung – es waren Ferien – begannen wir zwei Monate später mit der Therapie. Sarah war nun neun Monate alt und hatte nur sehr geringe Fortschritte gemacht. Nach wie vor saß sie auf dem Boden und spielte monoton vor sich hin, ohne sich für ihre Spielsachen zu interessieren. Sie saß nun sicherer, war jedoch bewegungsunfähig, wenn sie vornüber kippte. Sie war allzu „brav". Sie versuchte, allerdings nur kurz, ihre depressive Mutter zu irgendeiner Interaktion zu bewegen. Wenn sie beide aufeinander eingingen, so nur für kurze Zeit, und Sarah schien die Interaktion zu beenden, indem sie wegsah, so als ob es für sie bereits notwendig wäre, sich die Kontrolle über die Dauer ihrer engen Interaktion zu sichern. Sie sah nun ebenso niedergeschlagen aus wie ihre Mutter. Ihre Bewegungen waren langsam, still; sie schien von ihrer Umgebung wenig zu erwarten. Einmal nahm Frau L. Sarah auf den Arm. Sie trommelte auf ihre Mutter ein, um ihre Aufmerksamkeit zu gewinnen; als die Mutter schließlich auf sie einging, wandte Sarah sich ab, als sei dies entweder schmerzhaft oder aber ungewohnt für sie. Sie wand sich in ihren Armen, um heruntergelassen zu werden. Als ihre niedergeschlagene Mutter sie später mit müden, langsamen Bewegungen noch einmal hochnahm, biß Sarah in ihr Gesicht und küßte sie heftig, als versuche sie, sie aufzuwecken. Schließlich widmete ihr die Mutter ihre Aufmerksamkeit, aber die Interaktion der beiden war lustlos, und sie spielten nicht wirklich miteinander. Frau L. versuchte nun, Sarah die Nase zu putzen, und Sarah wand sich heftig, um von ihr loszukommen. Im Anschluß daran griff Sarah nach der Nase ihrer Mutter und stocherte an ihren Augen und in ihrem Gesicht herum, mit derselben aggressiven Entschlossenheit, die die Mutter beim Naseputzen an den Tag gelegt hatte. Als ihre Mutter sie festhielt, versuchte Sarah, sich in sie hineinzuwühlen, als sei diese Art aggressiven Anschmiegens ihre einzige Möglichkeit, Zugang zu dieser depressiven Frau zu finden. Das ganze Verhalten war eine Mischung aus trauriger und aggressiver taktiler Interaktion, die jeder Verspieltheit entbehrte.

Im Laufe dieses Besuchs begann die Mutter, von sich selbst zu sprechen. Sie erklärte, sie habe sich ein Baby gewünscht, weil sie gehofft habe, in ihm einen Kameraden zu finden, der sie nicht verlassen würde. Sehr ergreifend brachte sie ihren Schmerz zum Ausdruck, den Sarahs Unabhängigkeit ihr bereitete: „Ich wünschte, sie bliebe in meinem Bauch." Dann erklärte sie, jedesmal wenn Sarah sich abwende oder nicht reagiere, fühle sie sich wirklich im Stich gelassen. Deshalb nannte sie sie „Malina" und winkte ihr zu, als ginge sie fort. Im weiteren Verlauf meinte sie: „Immer, wenn ich jemanden liebe, werde ich verlassen." (Zwei Wochen später verkündete sie, erneut schwanger zu sein, und es wurde deutlich, daß sie wieder den Wunsch hatte, ein Baby als Teil ihrer selbst zu erleben.)

Auch diese Reaktionen sind für bestimmte depressive Menschen charakteristisch; sie sind nicht in der Lage, Annäherungsversuche wahrzunehmen, sondern registrieren einzig und allein Verhaltensweisen, die als Zeichen von Ablehnung betrachtet werden können.

Nach langen Gesprächen erfuhr ich, daß Frau L. ein „Ersatzkind“ gewesen war; sie kam ein Jahr, nachdem ein Bruder im Alter von neun Jahren bei einem Autounfall ums Leben gekommen war, zur Welt. Während ihrer ganzen Kindheit erlebte sie einen Vater, der aufgrund dieses Todesfalls depressiv war; sie fühlte sich ohnmächtig, wenn sie versuchte, ihn zu trösten. Zu ihrem eigenen Nachteil verglich sie sich mit dem Bruder und fühlte sich immer stärker abgelehnt, da sie „wußte“, daß der Vater ihr den verstorbenen Bruder immer und ewig vorziehen würde.

Nun ist sie mit Sarah in einer vergleichbaren Konstellation befangen; sie „weiß“, daß Sarah sie nicht liebt und zwangsläufig Männern den Vorzug geben wird (dem Vater, den Brüdern und selbst mir), ebenso wie ihr Vater den Bruder lieber hatte als sie.

Dies ist das entscheidende Merkmal für das derzeitige Scheitern des Rapports zwischen der Mutter und Sarah; als wir zu dieser Einschätzung gelangten und sie mit dem tatsächlichen Geschehen in den Interaktionen verknüpften, konnte eine Behandlung einsetzen.

Sarah selbst wurde in der Behandlung zur einer mächtigen Verbündeten. Obwohl die Mutter sich abwandte, wenn Sarah allein spielte, ließ das Baby in seinen Versuchen nicht nach, sie erneut miteinzubeziehen. Als wir in der Lage waren, ihr Sarahs fortgesetztes Werben um sie aufzuzeigen, begann die Mutter, ihre Anhänglichkeit zu begreifen. Auf diese Weise wurde auch die verdrängte Bindungsfähigkeit der Mutter selbst gestärkt. Unsere Arbeit bestand darin, die Möglichkeit zu schaffen, daß ein solches Verstärkungssystem sich entwickeln konnte. Wir lenkten die Aufmerksamkeit der Mutter auf das Werben des Säuglings und halfen ihr zugleich, die Geister der Vergangenheit von der aktuellen Beziehung zu trennen.

Wir wurden Zeugen einer allmählichen Veränderung der Interaktion; je bewußter diese Mutter Sarahs Versuche erkannte, sie miteinzubeziehen, desto eher vermochte sie sich vorzustellen, daß Sarah sie brauchte. Nun konnten wir eine wachsende Wechselseitigkeit ihrer Beziehung beobachten. Nach nur wenigen Monaten glaubte die Mutter nicht mehr, daß Sarah Männer bevorzuge; sie hörte auf, sie „Malina“ zu nennen, als ihr deutlich bewußt wurde, daß Sarah an ihr hing.

Es dauerte jedoch zwei Jahre, bis diese Mutter ihre Depression mit Hilfe der Therapie und einer medikamentösen Behandlung überwunden hatte. In der Zwischenzeit bestand unser Ziel darin sicherzustellen, daß die Beziehung zwischen Mutter und Tochter keinen Bruch erlitt.

Depression der Mutter und frühzeitige Intervention

Im dritten Teil haben wir den Rapport als Schema angemessener Reaktionen auf die Signale, Bedürfnisse und emotionalen Mitteilungen des Partners definiert. Der Rapport bringt eine Verfügbarkeit zum Ausdruck; er gibt Einfühlungsvermögen sowie die Fähigkeit zu erkennen, sich von der inneren Verfassung des Partners beeinflussen zu lassen. Somit umfaßt er auch das, was Robert Emde als „emotionale Verfügbarkeit" und Daniel Stern als „Übereinstimmung" bezeichneten. Die Aufmerksamkeit des Kinderarztes oder der Kinderkrankenschwester wird sich in erster Linie darauf konzentrieren, auf welche Weise angeborene Krankheiten, Anomalien oder abweichende Charaktereigenschaften des Säuglings seine rapportfähige Reaktionen beeinträchtigen. Kinderpsychiater oder Sozialarbeiter in Erziehungsberatungsstellen werden ihr Augenmerk verstärkt auf Probleme der Eltern richten, die unter Umständen die Entstehung des Rapports verhindern, also auf Ambivalenz, Angst, mangelnde Identifizierung mit der Elternrolle und unverarbeiteten Kummer.

Unter den vielfältigen Problemen des Kindes oder der Mutter, die ihren Rapport beeinträchtigen können, ist die Depression der Mutter einer der häufigsten und gravierendsten Konflikte. Sarahs Fall liefert zahlreiche Beispiele für nichtrapportfähiges Verhalten, das heißt ein Verhalten, das sich zwar an den Partner wendet, jedoch in keiner Weise auf die gleichzeitig von ihm ausgehenden Signale oder Mitteilungen zugeschnitten ist. Beispielsweise flüsterte Frau L., als spräche sie mit sich selbst, und saß dabei ein Stück weit von Sarah entfernt auf dem Boden – blind für jeden Versuch des Säuglings, sie zu erreichen.

Die Manifestationen eines mangelnden Rapports oder eines gegen den Rapport gerichteten Verhaltens lassen sich unter mehreren Gesichtspunkten beschreiben: unter dem Aspekt ihrer Häufigkeit, der Aktivitäten, bei denen sie zutage treten (Füttern, Sich-Ansehen, körperliche Annäherung usw.) und in bezug darauf, welcher Partner der Dyade den größten Anteil an ihrem Zustandekommen hat.

Mittlerweile hat man experimentell nachweisen können, daß der scheiternde Rapport sich selbst bei leichten Formen einer Depression oder eines depressiven Verhaltens auf die Säuglinge auswirken kann. Der bekannteste experimentelle Nachweis dieser Art ist das im dritten Teil beschriebene „Still-face-Experiment". Edward Tronick, der mit dieser „Still-face“-Versuchsanordnung in großem Umfang gearbeitet hat, meint, daß Säuglinge, denen es nicht gelingt, die Mutter aktiv miteinzubeziehen, ein Gefühl der Ohnmacht entwickeln, das nun ausschlaggebend zur Entstehung eines Zustands beiträgt, den man als Form der Depression beschreiben kann (Tronick et al., 1978). Die ausbleibende Resonanz auf seine Versuche, den Kontakt wiederherzustellen, ist entscheidend für die Reaktion des Säuglings auf dieses Experiment und – zweifellos – auch für seine Reaktion auf eine depressive Mutter. Tronick konnte zeigen, daß selbst derart kurzfristige – experimentell herbeigeführte – Unterbrechungen des Rapports Veränderungen hervorriefen, die über die Dauer des Experiments hinaus Bestand hatten (Tronick et al., 1984).

Wenn solche geringfügigen, zeitlich begrenzten Unterbrechungen des Rapports Säuglinge derart deutlich und vergleichsweise nachhaltig beeinflussen, dann kann es uns nicht überraschen, wenn wir feststellen, daß eine Depression der Mutter bereits in den ersten Lebensmonaten des Babys noch umfassendere und längerfristige Auswirkungen zeitigt. James Robertson berichtet vom Fall eines zwei Monate alten Babys, dessen Mutter depressiv wurde, nachdem sie über eine mögliche Krebserkrankung ihres Ehemanns informiert worden war. Die Mutter begann, sich innerlich zurückzuziehen, reagierte nicht mehr auf das Lächeln und die Lautäußerungen des Babys; sie sprach kaum noch mit ihm. Innerhalb einer Woche ließ sich in seiner Entwicklung ein deutlicher Rückschlag beobachten: Seine körperliche Aktivität verringerte sich, und es war nur schwer zu einem Lächeln zu bewegen. Obwohl eine Krebsdiagnose innerhalb weniger Tage ausgeschlossen werden konnte, blieb das Baby ernst und teilnahmslos. Dieser Entwicklungsrückschlag war mehrere Monate lang deutlich zu erkennen. Das Baby blieb passiv, anspruchslos, und noch im Alter von einem Jahr war seine Entwicklung um zwei Monate verzögert (Robertson, 1965).

Andere Arbeiten verbinden die Vorteile der klinischen mit denen der forschungsorientierten Methoden. Tiffany Field ging der Frage nach, ob depressive Gefühle sich bei Säuglingen feststellen lassen und ob sie mit der Interaktion mit einer depressiven Mutter in Verbindung gebracht werden können (Field, 1985). Die Ergebnisse ließen erkennen, daß drei bis vier Monate alte Säuglinge in der Interaktion mit Müttern, die unter einer Wochenbettdepression litten, deutlich seltener ein positives Mienenspiel und positive Lautäußerungen zu erkennen gaben als die Säuglinge nichtdepressiver Mütter, mit denen sie verglichen wurden. Insgesamt gesehen legt die bisherige Erforschung der Auswirkungen einer Depression der Mutter in der frühen Kindheit nahe, daß selbst sehr geringfügige Defizite der mütterlichen Rapportfähigkeit von dem kleinen Baby wahrgenommen werden. Werden sie bald wieder ausgeglichen, kann der Säugling unter Umständen lernen, mit ihnen zurechtzukommen. Sind sie von Dauer, so wirken sie sich möglicherweise langfristig auf ihn aus. Dies wird um so wahrscheinlicher der Fall sein, wenn solche Verhaltensweisen der Mutter häufig auftreten und Erwartungsenttäuschungen alle Aspekte ihrer Beziehung in Mitleidenschaft ziehen. Negative, feindselige oder teilnahmslose Reaktionen werden vermutlich ein negatives Lernmodell entstehen lassen – mit dem Ergebnis, daß das Baby sich innerlich zurückzieht oder depressiv wird. Und schließlich wird die Unfähigkeit des Säuglings, die Mutter zu einer rapportfähigen Reaktion zu bewegen, dazu beitragen, daß das Kind selbst eine „Depression“ entwickelt. Babys, die wenig Bestätigung oder Unterstützung ihres eigenen Verhaltens erfahren, werden sich wahrscheinlich nach innen wenden und in sich selbst zurückziehen, um auf diese Weise zu versuchen, sich ihre begrenzten Energien zu bewahren.

Wenn Mütter unter einer akuten, schwerwiegenden und mit emotionalem Gehemmtsein und innerlicher Zurückgezogenheit einhergehenden Depression leiden, werden Defizite ihrer emotionalen Verfügbarkeit sowie eine Unfähigkeit, auf die Appelle des Säuglings einzugehen und mangelnde Stimulierung vorherrschend. Bei Kindern, deren Eltern sehr depressiv sind, treten ungemein häufig psychiatrische Probleme, insbesondere der depressiven Form, auf. Offenbar sind die frühe Kindheit und die Adoleszenz Phasen, in denen die Kinder für eine depressive Erkrankung der Eltern in besonderem Maße anfällig sind (Beardslee, Bemporad, Keller & Klerman, 1983).

29 Mary: „Erholungspause"

Mary, acht Monate alt, und ihre Eltern, Herr und Frau A., wurden zur Beratung überwiesen, weil das Kind sich häufig erbrach. Mary war eine „Mangelgeburt"; ihre Wachstumskurve wies eine gewisse Verzögerung auf. Der Kinderarzt hatte den Eltern wiederholt gesagt, sie sei ein „Leichtgewicht", und sogar das Wort „Zwerg" fallenlassen. Verschlimmert wurde dieses Problem nun dadurch, daß Mary ihre Mahlzeiten mehrmals am Tag wiederausspuckte und mitunter auch ganz erbrach. Man fürchtete, daß ihr Wachstum dadurch zusätzlich gehemmmt werden könnte.

Marys Eltern waren beide Lehrer. Sie schienen sich sehr für ihr Baby zu engagieren und wollten ihr „vielfältige Erfahrungen" vermitteln. In meiner Praxis versuchten sie, sie zum Laufen zu veranlassen, und sprachen auf eine sehr erwachsene Weise mit ihr, indem sie ihr zum Beispiel auseinandersetzten, weshalb sie diesen Termin vereinbart hatten. Unablässig verwickelten sie sie in Aktivitäten, ohne ihr eine „Erholungspause" einzuräumen, in der sie hätte „auftanken" können.

Andererseits schien Mary ein recht passives Kind zu sein. Sie sah recht kümmerlich und mager aus. Man hatte ihr einen Schnuller in den Mund „gestopft"; so konnte sie das Spielzeug, mit dem sie sich auf eine monotone Weise beschäftigte, mit dem Mund nicht erforschen. Sie untersuchte es aber auch weder visuell noch mit den Händen richtig. Sie schien sich einfach nur die Zeit zu vertreiben. Ihr Vater hielt sie nahezu pausenlos fest und schaukelte sie hin und her; sie schien darauf zu warten, daß er sie ansah und mit ihr sprach. Beide Eltern verbrachten viel Zeit damit, ihr Spielsachen aufzudrängen und ihr zu zeigen, wie sie funktionierten. Wenn die Eltern sie von einem zum anderen reichten, sah sie nie zu dem Elternteil zurück, das sie gerade abgegeben hatte. Dieser sonderbare Mangel an Anhänglichkeitsverhalten ließ befürchten, daß sie mit einer befriedigenden Interaktion gar nicht erst „rechnete". In unserem Büro schien eine solche ihr auch niemals zuteil zu werden.

Versuchte sie, allein aufzustehen, übernahm ihr Vater die Initiative und warf sie hoch in die Luft, bis sie spuckte. Weiterhin hielt er sie fest, ohne sie jedoch anzusehen, mit ihr zu sprechen oder zu spielen. Er schien sich kontinuierlich von ihr zu distanzieren. Obwohl sie immer mehr motorische Aktivität zu verlangen schien, machte sie den Eindruck eines sehr schwerfälligen Baby. Einmal durfte sie allein stehen, und bei dieser Gelegenheit marschierte sie um den Sessel herum, strahlte und „erzählte". Als ihre Eltern nicht reagierten, schlug sie ihren Kopf auf den Sessel. Sie biß ihre Mutter ins Bein; diese nahm sie hoch und ließ sie wieder passiv auf ihrem Schoß sitzen. Nun nahm der Vater sie und reichte ihr ein Spielzeug, ohne jede zwischenmenschliche Interaktion. Sie „erzählte" ins Blaue hinein und rechnete offenbar nicht mit einer Reaktion. Als sie ihr eintöniges Spiel schließlich unter protestierendem Gequengel abbrach, drehte Herr A. sie auf seinem Schoß energisch um und ging auch diesmal nicht wirklich auf sie ein. Daraufhin begann sie, mit ihrem Schnuller zu spielen. Ein so kreatives und intensives Spiel hatten wir bislang noch nicht an ihr beobachtet: Liebevoll drehte sie den Schnuller hin und her, um ihn zu untersuchen, führte ihn zum Mund, steckte ihn hinein und zog ihn mit einem „Plopp" wieder heraus. Ihr Gesicht strahlte. Dieser Gegenstand war offenbar ihre zuverlässigste Interaktionsquelle.

Während dieses Besuchs schien Frau A. bei einer Gelegenheit feinfühlig auf Mary zu reagieren. Als sie rhythmisch mit einem Spielzeug klopfte, ahmte ihre Mutter sie unbewußt nach. Es war jedoch offenkundig, daß sie Mary gegenüber gehemmt war und das Kind eher zu Interaktionen mit Spielzeugen als mit Menschen ermunterte. In gewisser Weise schien sie sich vor ihr zu fürchten.

Wenn Herr A. Mary im Arm hielt, zeigte er weder Zärtlichkeit noch Einfühlsamkeit. Er reagierte argwöhnisch auf jeden Stimmungsumschwung und erstickte ihre wenigen Versuche, sich selbständig zu machen, im Keim.

Während der gesamten Dauer dieses ersten Sprechstundenbesuchs der Familie traten mehrere auffällige Verhaltensmerkmale in Erscheinung. Zunächst einmal übernahm der Vater in der Interaktion mit dem Baby zumeist die Führung. Er drängte Mary zu motorischer Aktivität, zu Geh-„Übungen", und erzeugte eine Überstimulierung, indem er ihr ständig neue Spielzeuge anbot – und zwar in einer schulmeisterhaften Manier, nicht etwa spielerisch oder humorvoll. Bei einer Gelegenheit deutete der Vater auf eine Abbildung in einer Zeitschrift und benutzte in seiner Beschreibung das Wort „Bonsai"! Weder er noch die Mutter verwandten viel Zeit darauf, liebevoll mit ihrem Kind zu sprechen, mit Mary zu schmusen; sie vermochten sie nicht einmal längere Zeit entspannt und zärtlich anzusehen. Mary machte oft den Eindruck, geradezu begierig auf weitere Stimulierung zu warten, ließ aber keine anhängliche Bindung an ihre Eltern erkennen.

Da diese ungewöhnliche Interaktion unsere Neugierde erregte, baten wir die Eltern um die Erlaubnis, die Sprechstundenbesuche auf Videoband aufnehmen zu dürfen. Anschließend unterzogen wir diese Filme einer Mikroanalyse, und so waren wir in der Lage, bestimmte Merkmale dieser Familieninteraktion quantitativ zu erfassen. Wir stellten fest, daß der Vater tatsächlich wesentlich mehr Zeit in der Interaktion mit Mary verbrachte als die Mutter. Die Untersuchung der Videobänder zeigte überdies, daß der Vater mit zahlreichen Reaktionen oder Annäherungen an das Baby einem Rapport entgegenwirkte. Einige wenige Verhaltensweisen der Mutter wurden ebenso beurteilt. Am auffälligsten war die Tatsache, daß beinahe die gesamte Interaktion über den direkten Körperkontakt stattfand (und nicht über Stimme oder Blick).

Im Rahmen dieses Interaktionsschemas blieb Mary keine Zeit, sich von den langwierigen körperlichen Stimulierungsaktionen zu erholen. Sie war „gezwungen" zu reagieren, und ihr Vater überwältigte sie unaufhörlich mit Aktivitäten, die sie weder suchte noch zu integrieren in der Lage war. Ihre einzige Fluchtmöglichkeit vor diesen Reizen, die pausenlos auf sie einstürmten, war das Erbrechen.

Bei einem späteren Besuch kam der Vater auf seine „Erziehungsideologie" zu sprechen. Er erklärte, Mary solle intelligent und selbständig werden; folglich forderte er unaufhörlich ihre geistigen und motorischen Fähigkeiten heraus. Als Vater sah er sich in der Rolle eines „Lehrers", der pausenlos ihre Geschicklichkeiten auf die Probe stellte.

Wir teilten dem Vater nun mit, welchen Eindruck wir von seinem eigentümlichen Verhalten hatten, und fragten ihn, weshalb er denn glaube, Mary ständig diesen Reizen aussetzen zu müssen. Daraufhin erfuhren wir eine tragische Geschichte: Er hatte einen Zwillingsbruder gehabt, der frühe Symptome einer geistigen Behinderung und leichter neurologischer Probleme aufwies. Die Untersuchungen brachten schließlich an den Tag, daß er an einer seltenen progressiven Krankheit litt. Diesem kranken Bruder widmete die Familie nun hingebungsvoll ihre gesamte Aufmerksamkeit; Marys Vater litt sehr unter diesem Verhalten und entwickelte eine heftige Eifersucht auf den Bruder, bis dieser im Alter von 20 Jahren starb.

Diese Krankheit erwies sich als erblich. Als Frau A. mit Mary schwanger wurde, waren beide Eltern äußerst besorgt, da sie fürchteten, das Kind könne von demselben Problem betroffen sein. Seit Mary auf der Welt war, hatte der Vater seine Sorge, sie könne geistig zurückgeblieben oder in ihrer motorischen Entwicklung behindert sein, durch ständige Stimulierung zu zerstreuen versucht. Mit seiner zwanghaften und einem echten Rapport entgegenwirkenden Aktivität kämpfte er gegen das Gespenst seines behinderten Bruders an und war infolgedessen unfähig, Marys Bedürfnisse wahrzunehmen oder auf sie einzugehen.

Nachdem Herr A. uns über diesen Hintergrund informiert hatte, fragten wir ihn direkt, ob er fürchte, Mary könne die gleiche Krankheit haben wie ihr verstorbener Onkel. Er erklärte, vor ihrer Geburt habe er solche Angst davor gehabt, die Krankheit an ein Kind zu vererben, daß er ernstlich eine künstliche Befruchtung mit Hilfe einer Samenbank erwogen habe.

Ebenso wie in anderen von uns beschriebenen Fällen gingen auch bei diesen Eltern die Erkenntnis, daß sie es mit einem „Gespenst" zu tun hatten, und die Wahrnehmung der individuellen Bedürfnisse ihres

Kindes mit einer allmählichen Veränderung ihres Verhaltens einher. Als wir ihnen die Verbindung zwischen Marys Überstimulierung und ihrem Erbrechen aufzuzeigen vermochten, begann der Vater, auf ihre Bedürfnisse zu achten. Überdies konnten wir den Eltern zeigen, daß Mary gar keine andere Wahl hatte, als sich zu immer höheren Stimulierungsebenen mitreißen zu lassen, und daß ihre eigene Initiative und Motivation auf diese Weise „überfahren" wurden. Dank dieser Beratung, die wir ihnen gaben, nachdem das Vergangenheitsgespenst des Vaters enttarnt worden war, konnten diese intelligenten Eltern entspannen und lernen, Mary weniger zu stimulieren.

Eine spätere mikroanalytische Untersuchung der auf Videoband aufgenommmenen Stunden zeigte, daß die Rollen der Eltern sich umgekehrt hatten: während Mary anfangs dreimal so viel Zeit in der Interaktion mit ihrem Vater wie mit ihrer Mutter verbrachte, verbrachte sie in der letzten Stunde dreimal so viel Zeit mit ihrer Mutter. Die Anzahl der Interaktionen, die dem Rapport augenscheinlich zuwiderliefen, war ebenfalls deutlich niedriger. Besonders interessant war die Tatsache, daß auch die von Mary allein und ohne Einbeziehung eines Elternteils verbrachte Zeitspanne sich verdreifacht hatte. Mittlerweile hatte auch das Erbrechen allmählich aufgehört; die Eltern waren nun weniger ängstlich. Weitere Behandlungsstunden sollen die Dauerhaftigkeit dieser Veränderung sicherstellen.

30 Julian: „Der Tyrann“

Julians Mutter, Frau C., suchte mich in einem Zustand völliger Erschöpfung auf. Sie sagte, sie werde mit ihrem vierzehn Monate alten Sohn nicht mehr fertig. Sie klagte, daß er äußerst anspruchsvoll und sehr herrisch sei; sie wage nicht, sich ihm zu widersetzen. Wörtlich meinte sie, daß seine Überlegenheit, die er ihrem Eindruck nach zur Schau stellte, sie so sehr einschüchtere, daß sie ihm wie eine Sklavin zu Diensten sei. Häufig jammerte sie über die Drangsal ihrer Knechtschaft. Ihre Schilderung wirkte von Anfang an übertrieben; zum Beispiel sagte sie, daß Julian die gesamte Einrichtung seines Zimmers zerstören würde, wenn sie nicht ständig aufpasse. Auch müsse sie Vorkehrungen treffen, daß er kein anderes Kind ernsthaft verletze.

Während sie sprach, untersuchte Julian unsere Spielsachen, wanderte im Zimmer umher und ließ wenig von den Eigenschaften erkennen, die sie in ihm sah: Gewalttätigkeit und den Wunsch, alles und jeden zu beherrschen. Er war ein robuster, energischer Junge, wirkte aber nicht besonders widerspenstig.

Frau C. war Mitte dreißig und eine erfolgreiche leitende Angestellte. Julius' Vater war ebenfalls im Geschäftsleben erfolgreich, allerdings nicht im gleichen Maße wie seine Frau. Julian war mehrere Jahre lang „geplant“ gewesen. Als er zur Welt ankam, verliebte sich seine Mutter „bis über beide Ohren“ in ihn. Sie hatte die Rückkehr an ihren Arbeitsplatz aufgeschoben, um ihn weiterhin stillen zu können, und war bis zu dem Zeitpunkt unserer Beratung zu Hause geblieben. Sie wies darauf hin, daß sie Julian zuliebe ihre Karriere aufgegeben hatte. Im Alter von sechs Monaten wachte er in der Nacht immer noch alle zwei bis drei Stunden auf, „um an die Brust zu kommen“. Sie hatte gefürchtet, nicht genügend Milch zu haben, um ihn sättigen zu können, und war zu ihm gegangen, sobald er weinte. Schließlich hatte sie ihn mit zu sich ins Bett genommen, so daß er zwischen ihr und ihrem Mann schlief. Auf diese Weise hoffte sie, ihn stillen zu können, sooft er wollte, und doch auch selbst ein wenig Schlaf zu finden. Dieses Arrangement hatte sie jedoch völlig erschöpft. Zum Zeitpunkt unseres Besuchs stillte sie nach wie vor, Tag und Nacht, alle drei bis vier Stunden.

Nachdem Frau C. uns ihre Version von dem erschöpfenden Jahr erzählt hatte, hielt sie inne, um nach Julian zu sehen. Er schaute sie verdrießlich an, und sie eilte zu ihm, um herauszufinden, was er machte. Er wurde ein wenig unruhig, wanderte im Zimmer umher und rief dabei unaufhörlich nach ihr. Als ich versuchte, mit ihr über die Notwendigkeit zu sprechen, ihm „zu seinem eigenen Wohl“ Grenzen zu setzen, schien sie unfähig, mir zuzuhören. Julian ließ seine Ansprüche lauter vernehmen, während wir versuchten, uns zu unterhalten, und schließlich sprang sie auf, um sich ihm zu fügen. Ziemlich hektisch kommunizierten sie eine Weile miteinander. Ich spürte, daß Frau C. zornig und verzweifelt war, und registrierte eine gewisse Gereiztheit und Unzufriedenheit bei Julian.

In der Darstellung, die diese Mutter uns von der egoistischen Herrschsucht und Impulsivität ihres Sohnes gab – eine Schilderung, die in Wahrheit kaum auf ihn zuzutreffen schien –, spiegelte der mögliche Einfluß der Vergangenheit sich anschaulicher wider, als es normalerweise der Fall ist.

Nach und nach erfuhr ich von Frau C., das sie schon als junges Mädchen in eine Mutterrolle hineingedrängt worden war. Sie war die Älteste und hatte sechs Brüder. Ihre Mutter war den aufeinanderfolgenden Schwangerschaften nicht gewachsen, und so hatte sie von ihrer Tochter verlangt, zur Ersatzmutter zu werden. Den größten Teil ihrer Kindheit hatte sie damit verbracht, für ihre jüngeren Brüder zu sorgen. Dabei hatte sie sich von diesen selbstsüchtigen Jungen nicht nur schmählich ausgenutzt, sondern sich überdies der mütterlichen Liebe beraubt gefühlt. Im Grunde hatte sie auf alle Privilegien der Kindheit verzichtet.

Nun, da sie sich Julian gegenüber erneut gezwungen fühlte, die Mutterrolle zu übernehmen, war sie darüber verärgert, wenn der Ärger auch nur allmählich an die Oberfläche trat. Sie war eifersüchtig auf die Vorteile, die sie ihrem Sohn zugute kommen ließ, so wie sie in der Vergangenheit eifersüchtig auf ihre Geschwister gewesen war.

Es dauerte einige Zeit, bis Frau C. sich die ständige Furcht, ihr Kind zu schlagen, eingestehen konnte – eine aggressive Tendenz, die sie mit Hilfe des Verkehrungsmechanismus unter Kontrolle hielt; hinter Überängstlichkeit und übertriebener Fürsorge verbarg sie ihre Aggression.

Diese zwanghafte Überängstlichkeit trug zu ihrer Erschöpfung bei. Auf diese Weise schützte sie sich vor den möglichen Auswirkungen ihrer Eifersucht; ihre Angst, Julian zu schlagen, war eigentlich mit ihrem Zorn verbunden, den sie in der Vergangenheit auf ihre Brüder empfunden hatte. Das Gewaltpotential, das sie in Julian sah, war eine Projektion des heftigen Zornes, den sie in sich selbst wahrnahm. Ihre Phantasie war folglich ein Schutz; ein starkes, kräftiges Baby lief nicht so leicht Gefahr, von ihr verletzt zu werden. Die Rolle der hingebungsvollen, altruistischen Mutter, die sich bis zur völligen Erschöpfung aufopferte, war sympathischer als die einer rachsüchtigen, schlagenden Mutter.

Sobald wir dieses verborgene Szenarium, das die Klagen der Mutter über Julian (egoistische Herrsucht, Gewalttätigkeit usw.) schürte, einmal kennengelernt und uns anhand unserer Beobachtung davon überzeugt hatten, daß er sich nicht fordernder und gewalttätiger verhielt, als es in diesem Alter normal ist, kristallisierte unsere Aufgabe sich deutlicher heraus. In den folgenden Stunden unterstützten wir Frau C. dabei, ihre Darstellungen von Julians übertriebener Anspruchshaltung mit dem zu vergleichen, was er gerade wirklich tat. Gleichzeitig halfen wir ihr, ihren aufgestauten Ärger über ihre Rolle als dienstverpflichtete Fürsorgerin verwöhnter Brüder in Worte zu fassen. Dadurch konnte sie sich bewußt machen, daß die „eigentliche" Zielscheibe ihres Zorns die Vergangenheit war, nicht ihr Baby.

Diese Einsicht verschaffte Frau C. ungeheure Erleichterung, da keine Mutter es erträgt, auf ihr eigenes Baby zornig zu sein, ohne dabei schmerzhafteste Schuldgefühle zu empfinden.

Darüber hinaus halfen wir Frau C., ihre Angst vor Gewalttätigkeit (sie fürchtete in der Tat, aus Julian könne ein Krimineller werden) mit ihrem eigenen, unbewußten heftigen Zorn zu verbinden, der sich aus ihrem Gefühl herleitete, von ihrer eigenen Mutter seit früher Kindheit vernachlässigt worden zu sein. In all unseren Stunden war der „rote Faden" unserer Einsicht die paradoxe Situation, in der die Mutter sich selbst einrichtete: Sie opferte sich für ihren Sohn auf, während sie ihm seine Privilegien zugleich übelnahm. Ihre Angst und übertriebene Fürsorglichkeit ließen in dem Maße nach, in dem ihre Wahrnehmungsweise Julian gegenüber sich veränderte und sie in ihm keinen gewalttätigen „Tyrannen" mehr sah. Und Julian wurde nun selbständiger und selbstbewußter.

Bei einem Kontrollbesuch, als Julian viereinhalb Jahre alt war, brachte die Mutter noch einmal ihre Erleichterung darüber zum Ausdruck, daß ihre Ängste unbegründet gewesen waren. Julian schien sich gut zu entwickeln.

31 Beurteilung als Intervention

Anhand der verhältnismäßig ausführlichen Darstellung der vorangegangenen Fälle möchten wir zeigen, welche Anwendung die im Buch zuvor skizzierte Doppelperspektive (der beobachtende/deutende analytische und der entwicklungsbezogene/psychoanalytische Ansatz) in der klinischen Arbeit findet. Uns geht es nicht darum, die Mannigfaltigkeit der klinischen Situationen erschöpfend zu behandeln, sondern darum, am Beispiel dieser neun Fälle allgemeine Fragestellungen und typische Probleme der Beurteilung und Intervention darzustellen. Da die Fälle aus der recht unterschiedlichen Arbeitspraxis der beiden Autoren stammen, lassen sie vielleicht auch die vielfältigen Orientierungsansätze erkennen, die für all diejenigen charakteristisch sind, die sich beruflich um junge Eltern und kleine Kinder kümmern. Darüber hinaus haben wir uns um eine ausgewogene Darstellung von Fällen bemüht, in denen das Problem beim Säugling (Frühgeburt, Ernährungsprobleme), und solchen, in denen es bei den Eltern (Depression, Angst) liegt. Indem wir diese anfängliche Unterscheidung treffen, erkennen wir, daß immer beide Partner zur Entstehung des Problems beitragen und das Symptom, das die Eltern veranlaßt, uns aufzusuchen, unter Umständen nicht so wesentlich ist wie der zugrundeliegende Konflikt oder die „imaginäre Interaktion".

Abschließend möchten wir erneut betonen, daß der Prozeß, in dessen Verlauf wir die Dynamik dieser frühesten aller Beziehungen zu begreifen versuchen, *selbst* bereits eine Intervention darstellt. Ob wir im Beisein der Eltern einen kurzen Verhaltenstests mit einem neugeborenen Baby durchführen oder uns auf die höchst komplizierte und langwierige „Entlarvung" der „Gespenster" aus der Kindheit konzentrieren – die Einschätzung des Eltern-Säugling-Verhaltens und die Formulierung unserer Beobachtungen können eine durchschlagende Veränderung bewirken.

Auf dem Hintergrund dieser Doppelperspektive sowie im Hinblick auf Bedeutung und Auswirkungen der Beurteilung bieten wir vier vereinfachte Wegweiser für die klinische Arbeit mit Eltern und Säuglingen an – für die routinemäßige Untersuchung des „unproblematischen Babys" ebenso wie für die langwierige Psychotherapie.

Setting. Eltern und Kind müssen gemeinsam gesehen werden. Die Atmosphäre sollte so ungezwungen sein, daß die Eltern „normal“ mit dem Baby interagieren können. Eine zwanglose Atmosphäre (Spielzeug usw.) kann diesen Prozeß häufig fördern.

Die Vorgehensweise des Untersuchers sollte den Eltern helfen, ihr Erleben in Worte zu fassen. Aufdringliche Frage und autoritäre Anleitung unterdrücken eine solche Offenheit. Der Untersucher muß seine Aufmerksamkeit zwischen der aktuellen Interaktion und dem mündlichen Bericht der Eltern teilen. Das ist leichter gesagt als getan.

Videoaufnahmen sind hilfreich und entlasten den Arzt, da sie eine nachträgliche Analyse der Interaktionsmuster erlauben. Häufig tritt erst im Verlauf einer solchen Rückschau die Entsprechung zwischen mündlichem Bericht und den relevanten Interaktionsmustern zutage. Bei passender Gelegenheit kann man sich die Videobänder in einer verständnisvollen Atmosphäre auch gemeinsam mit den Eltern ansehen.

Objektive Beurteilung. Die sorgsame Untersuchung der Interaktion muß durch eine gründliche Einschätzung des Entwicklungsstandes des Kindes ergänzt werden. Diese objektiven Beurteilungen helfen nicht nur dem Arzt, zu einer Diagnose zu gelangen; sie werden auch zu einer Interventionsmöglichkeit, wenn man sie den Eltern taktvoll mitteilt.

Subjektive Berichte. Die subjektive Darstellung, die die Eltern von ihrer Beziehung zum Kind geben, und ihre Erinnerungen an die elterliche Zuwendung, die sie in ihrer Kindheit selbst erfahren haben, können gemeinsam erarbeitet werden. Immer wieder haben wir festgestellt, daß die Art und Weise, wie die Eltern selbst sich in ihrer Elternrolle wahrnehmen, und die Bedeutung, die sie dem Verhalten ihres Kindes beimessen, für dessen Verhalten und Entwicklung in der Zukunft bestimmend sein wird. Jeder Arzt wird annehmbare Möglichkeiten finden, den Eltern die Mitteilung ihrer Gefühle, Gedanken, Ängste und Hoffnungen zu erleichtern. Häufig ist es erforderlich, die Diskrepanz zwischen der Projektion solcher Empfindungen und dem tatsächlichen Verhalten des Kindes herauszuarbeiten.

Im Laufe dieses Prozesses, in dem die gemeinsame Bewältigung bislang unausgesprochener Gefühle im Vordergrund steht, verwandelt „aktives Zuhören“ sich allmählich in aktive Intervention.

Konzentration auf Beziehungen. Wenn wir es mit jungen Säuglingen zu tun haben, ist eine Beziehung der einzige Bereich, in dem wir intervenieren können. Im Grunde genommen haben wir es mit drei Beziehungen zu tun. Erstens werden, wie wir gesehen haben, die Beziehungen, die wir bei der Untersuchung Neugeborener zu ihnen entwickeln, zu Interventionen. Zweitens sind das Verständnis der Art der Beziehung, die die Eltern zu ihrem Kind haben, und unsere Erklärung der Hauptweg zur Veränderung. Und zu guter Letzt kann die Beziehung, die zwischen der Familie und dem Arzt entsteht, zu einer Quelle des Vertrauens, der Unterstützung und des Wachstums werden.

Bibliographie

Erster Teil: Schwangerschaft: Das Entstehen der Bindung

Barnard, K. E. & Pedersen, F. A. (1982). Father influences viewed in a family context. In M. E. Lamb (Hrsg.), *The Role of the Father in Child Development* (2. Aufl.). New York: John Wiley.

Bell, D. H. (1984). *Being a Man: The Paradox of Masculinity.* New York: Javanovich.

Bibring, G. L., Dwyer, J. F. & Valenstein, A. F. (1961). A study of the psychological processes in pregnancy. *Psychoanalytic Study of the Child, 16*, 9–72.

Boddy, K., Dawes, G. S., Fisher, R. L., Pinter, S. & Robinson, J. S. (1974). Foetal respiratoy movements, electrocortical and cardiovascular responses to hypoxaemia and hyperpnea in sleep. *Journal of Physiology, 243*, 599.

Brazelton, T. B. (1979). Behavioral competence of the newborn infant. *Seminars in Perinatology, 3*, 35–44.

Brazelton, T. B. (1981 a). Precursors for the development of emotions in early infancy. In R. Plutchik & H. Kellerman (Hrsg.), *Emotion, Theory, Research, and Experience*, Bd. 2. New York: Academic Press.

Brazelton, T. B. (1981 b). *On Becoming a Family.* New York: Delacorte Press.

Brazelton, T. B. (1982). *Infants and Mothers* (2. Aufl.). New York: Delacorte Press.

Brazelton, T. B. (1984). *Neonatal Behavioral Assessment Scale* (2. Aufl.). Philadelphia: Lippincott; London: Blackwell.

Coddington, R. D. (April 1979). Life events associated with adolescent pregnancies. *Journal of Child Psychiatry.*

Cramer, B. (1971). Sex Differences in Early Childhood. In *Child Psychiatry and Human Development*. Bd. 1: 3, 133–151.

Deutsch, H. (1948). *Psychologie der Frau*. Bern: Huber.

Freud, S. (1900). *Die Traumdeutung*. Gesammelte Werke Bd. 2/3.

Gottlieb, G. (1971). Ontogenesis of sensory function in birds and mammals. In E. Tobach, L. R. Aronson & E. Shaw (Hrsg.), *The Biopsychology of Development*. New York: Academic Press.

Granat, M., Lavie, R. & Adara, D. (1979). Short-term cycles in human fetal acitivity. Amer. *Amer. Journal of Obstretrics and Gynecology*, 134, 696–701.

Grossman, F. K., Eichler, L. S. & Winnickoff, S. A. (1980). *Pregnancy, Birth and Parenthood*. San Francisco: Jossey-Bass.

Gurwitt, A. J. (1976). Aspects of prospective fatherhood. *Psychoanalytic Study of the Child, 31*, 237–273.

Hahn, S. R. & Paige, K. E. (1980). American birth practices: A critical review. In J. Parsons (Hrsg.), *Psychobiology of Sex Differences and Sex Roles*. Washington D.C.: Hemisphere Publishing.

Herzog, J. (1982). Patterns of expectant fatherhood: A study of fathers of a group of premature infants. In S. Cath, A. J. Gurwitt & J. M. Ross (Hrsg.), *Father and Child: Developmental and Clinical Perspectives*. Boston: Little, Brown.

Hon, E. H., & Quilligan, E. J. (1967). The classification of fetal heart rate II: The revised working classification. *Connecticut Medicine, 31*, 779–783.

Janniruberto, A. & Tajani, E. (1981). Ultrasonographic study of fetal movements. *Seminars in Perinatology, 5*, 2.

Kakar, S. (1982). Father and sons: An Indian experience. In S. Cath, A. J. Gurwitt & J. M. Ross (Hrsg.), *Father and Child: Developmental and Clinical Perspectives*. Boston: Little, Brown.

Keller, E. (1981). Persönl. Mitteilung.

Klaus, M. H. & Kennell, J. H. (1982, 1983). *Parent-Infant Bonding* (2. Aufl.). St. Louis: C. V. Mosby. Deutsch: *Mutter-Kind-Bindung – Über die Folgen einer frühen Trennung*. München: Kösel.

Kohut, H. ([1977] 1979). *The Restoration of the Self*. New York: International Universities Press. Deutsch: *Die Heilung des Selbst*. Übers. v. E. vom Scheidt. Frankfurt/Main: Suhrkamp.

Korner, A. F. (1974). The effect of the infant's state, level of arousal, sex and ontogenic stage on the caregiver. In M. Lewis & L. A. Rosenblum (Hrsg.), *The Effect of the Infant on Its Caregiver*. New York: John Wiley.

Leonardo da Vinci. *Literary Works of Leonardo da Vinci*. Hrsg. v. O. P. Richter. Oxford: Oxford University Press (1939).

Maccoby, E. C. & Jacklin, C. N. (1974). *The Psychology of Sex Differences*. Palo Alto, Calif.: Stanford University Press.

Mahler, M. S., Pine, F. & Bergman, A. (1975, 1980). *The Psychological Birth of the Human Infant*. New York: Basic Books. Deutsch: *Die psychische Geburt des Menschen*. Symbiose und Individuation. Übers. v. H. Weller. Frankfurt/Main: Fischer.

Milani Comparetti, A. (1981). The neurophysiologic and clinical implications of studies on fetal motor behaviour. *Seminars in Perinatology, 5*.

Money, J. & Ehrhardt, A. A. (1972). *Man and Woman; Boys and Girls*. Baltimore/London: Johns Hopkins University Press.

Papousek, H. & Papousek, M. (1979). Early ontogeny of human social interaktions: Its biological roots and social dimensions. In M. v. Cranach et al. (Hrsg.), *Human Ethology*, Cambridge: Cambridge University Press.

Parke, R. (1986). Fathers. In M. Yogman & T. B. Brazelton (Hrsg.), *In Support of Families*. Cambridge, Mass.: Harvard University Press.
Parmelee, A. H. & Stern, E. (1972). Development of states of infants. In C. D. Clemente, D. P. Purpura & F. E. Meyer (Hrsg.), *Sleep and the Maturing Nervous System*. New York: Academic Press.
Pedersen, F. A. (1980). *The Father-Infant Relationship: Observational Studies in the Family Setting*. New York: Praeger.
Pedersen, F. A., Cain, R. L., Zaslow, M. J. & Anderson, B. J. (1982). Variation in infant experience associated with alternative family roles. In L. Lassa & I. Sigel (Hrsg.), *Families As Learning Environments for Children*. New York: Plenum Press.
Pines, D. (1981). In the beginning: Contributions of a psychoanalytic developmental psychobiology. *International Journal of Psychoanalysis, 8*, 15–33.
Roberts, A. B., Little, D. & Campbell, S. (1977). 24-hour studies of fetal movements and fetal body movements in normal and abnormal pregnancies. In R. W. Beard & S. Campbell (Hrsg.), *The Current Status of Fetal Heart Rate Monitoring and Ultrasound in Obstetrics*. London: The Royal College of Obstetricians and Gynaecologists.
Rosen, M. G. & Rosen, L. (1975). *In the Beginning: Your Brain before Birth*. New York: New American Library.
Sadovsky, E. (1981). Fetal movements and fetal health. *Seminars in Perinatology, 5*, 2, 131–143.
Samaraweera, S. & Cath, S. (1982). Fostering the consolidation of paternal identity: The Tufts Family Support Program. In S. Cath, A. J. Gurwitt & J. M. Ross (Hrsg.), *Father and Child: Developmental and Clinical Perspectives*. Boston: Little, Brown.
Soulé, M. & Kreisler, L. (1983). *Les Bons Enfants*. Paris: Editions E.S.F.
Sterman, M. B. (1967). Relationship of intrauterine fetal activity to maternal sleep stage. *Experimental Neurology, 19*, 98–106.
Stoller, R. (1979). Primary feminity. *Journal of the American Psychoanalytic Association*, 24, 59–79.
West, M. M. & Konner, M. I. (1982). The role of the father: An anthropological perspective. In M. E. Lamb (Hrsg.), *The Role of the Father in Child Development* (2. Aufl.). New York: John Wiley.
Winnicott, D. W. (1958, 1988). *Transitional objects and transitional phenomena*. In Collected Papers of D. W. Winnicott. New York: Basic Books. Deutsch: *Übergangsobjekte und Übergangsphänomene*. In ders., *Von der Kinderheilkunde zur Psychoanalyse*. Übers. v. G. Theusner-Stampa. Frankfurt/Main: Fischer.
Winnicott, D. W. (1986, 1990). Communication between infant and mother, and mother and infant, compared and contrasted. In *Babies and Their*

Mothers. Reading, Mass.: Addison-Wesley. Deutsch: *Die Kommunikation zwischen Baby und Mutter und zwischen Mutter und Baby.* In ders., Das Baby und seine Mutter. Übers. v. U. Stopfel. Stuttgart: Klett-Cotta.

Zweiter Teil: Das Neugeborene als aktiver Teilnehmer

Adamson, L. (1977). *Defensive reactions to visual and tactile barriers during early infancy.* Unveröffentlichte Dissertation. University of California, Berkeley.

Als, H., Tronick, E., Adamson, L. & Brazelton, T. B. (1976). The behavior of the full-term yet underweight infant. *Developmental Medicine and Clinical Neurology, 18*, 590.

Barnard, K. & Brazelton, T. B. (1984). *The Many Facets of Touch*. Johnson and Johnson, Skillman, N. J.

Boukydis, D. F. Z. (1979). *Adult response to infant cries*. Unveröffentlichte Dissertation. Pennsylvania State University, University Park.

Bowlby, J. ([1958] 1959). The Nature of the Child's Tie to His Mother. *International Journal of Psychoanalysis, 39*, 350–373. Deutsch: Über das Wesen der Mutter-Kind-Bindung. Übers. v. U. Seeman-de Boor. *Psyche, 13 (7)*, 415–456.

Brazelton, T. B. (1984). *Neonatal Behavioral Assessment Scale* (2. Aufl.). London: Spastics International Medical Publications.

Brazelton, T. B., Scholl, M. L. & Robey, J. S. (1966). Visual responses in the newborn. *Pediatrics*, 37, 284.

Brazelton, T. B., Young, G. G. & Bullowa, M. (1971). Inception and resolution of early developmental pathology. *Journal of the American Academy of Child Psychiatry*, 10, 124.

Butterfield, P., Emde, R., Svejda, M. & Neiman, M. (1982). Silver nitrate and the eyes of the newborn. In R. Emde & R. S. Harmon (Hrsg.), *The Development of Attachment and the Filiative Systems*. New York: Plenum Publishing.

Cairns, G. F. & Butterfield, E. C. (1975). Assessing infants' auditory functioning. In B. Z. Friedlander et al. (Hrsg.), *Exceptional Infant, Bd. 2*. New York: Brunner/Mazel.

Condon, W. & Sander, L. (1975). Synchrony demonstrated between movements of the neonate and adult speech. *Child Development, 45*, 456–462.

Dayton, G. O., Jones, M. H., Ain, P., Rawson, R. A., Steele, B. & Rose, M. (1964). Developmental study of coordinated movements in the human infant. *Archives of Ophtalmology, 71*, 865.

Dixon, S., Yogman, M. W., Tronick, E., Als, H., Adamson, L. & Brazelton,

T. B. (1981). Early social interaction of infants with parents and strangers. *Journal of the American Academy of Child Psychiatry, 20*, 32.

Dubowicz, L. M. S., Dubowicz, V. & Goldberg, C. (1970). Clinical assessment of gestational age in the newborn infant. *Journal of Pediatrics, 77*, 1–10.

Eisenberg, R. (1976). *Auditory Competence in Early Life: The Roots of Communicative Behavior.* Baltimore, Md: University Park Press.

Engen, T., Lipsitt, L. P. & Kaye, H. (1963). Olfactory responses and adaptation in the human neonate. *Journal of Comparative Physiological Psychology, 56*, 73.

Fantz, R. (1961). The origins of perception. *Scientific American, 204*, 66–72.

Coren, C., Sarty, M. & Wu, P. (1975). Visual following and pattern discrimination of face-like stimuli by newborn infants. *Pediatrics, 56*, 544–549.

Gorman, J., Cogan, D. & Gellis, S. (1957). An apparatus for grading the visual acuity of infants on the basic of opticokinehe nystagmus. *Pediatrics, 19*, 1088–1092.

Johnson, P. & Salisbury, D. (1975). Breathing and sucking during feeding of the newborn. In M. Hofer (Hrsg.), *Parent-Infant Interaction*. Amsterdam: Elsevier.

Kaye, K. & Brazelton, T. B. (1971). *The ethological significance of the burst-pause pattern in infant sucking.* (Vortrag vor der Society for Research in Child Development. Minneapolis, MN, April).

Klaus, M. & Kennell, J. (1982, 1983). *Parent-Infant Bonding*. St. Louis: C. V. Mosby. Deutsch: *Mutter–Kind-Bindung – Über die Folgen einer frühen Trennung*. München: Kösel.

Kluckhohn, C. & Murray, H. (1948). *Personality in Nature, Culture and Society.* New York: Knopf.

Korner, A. & Thoman, E. B. (1972). Relative efficacy of contact and vestibular-proprioceptive stimulation in soothing neonates. *Child Development, 43*, 443.

Lacey, J. I. (1967). Somatic response patterning and stress. In M. Appley & R. Thumbell (Hrsg.), *Psychological Stress.* New York: Appleton-Century-Crofts.

Lester, B. M., Hoffman, J. & Brazelton, T. B. (1984). The rhythmic structure of mother-infant interaction in term and preterm infants. *Child Development, 56*, 15–27.

Lester, B. M. & Zeskind, P. S. (1982). A biobehavioral perspective on crying in early infancy. In H. Fitzgerald et al. (Hrsg.), *Theory and Research in Behavioral Pediatrics, Bd. 1.* New York: Plenum Publishing.

Lipsitt, L. P. (1977). The study of sensory and learning processes of the newborn. *Clinical Perinatology, 4* (1), 163–186.

MacFarlane, A. (1975). *Olfaction in the development of social preferences in the human neonate. Parent-Infant Interaction.* CIBA Foundation Symposium 33. New York/Amsterdam: Elsevier.
Madansky, D. (1983). Persönl. Mitteilung.
Milani Comparetti, A. (1981). The neurophysiologic and clinical implications of studies on fetal motor behavior. *Seminars in Perinatology, 5.*
Peiper, A. (1963). *Cerebral Function in Infancy and Childhood.* New York: Consultant's Bureau.
Saint-Anne D'Argassies, C. (1974). *Le Développement Neurologique du Nouveau-Né à Terme et Premature.* Paris: Masson et Cie.
Salapatek, P. H. & Kessen, W. (1966). Visual scanning of triangles by the human newborn. *Journal of Experimental Child Psychology, 3,* 155.
Sigman, M., Kopp, C. B., Parmalee, A. H. & Jeffrey, W. (1973). Visual attention and neurological organization in neonates. *Child Development*, 44, 461.
Thoman, E. B. (1975). Early development of sleeping behavior in infants. In N. R. Ellis (Hrsg.), *Aberrant Development in Infancy.* New York: John Wiley.

Dritter Teil: Die Beobachtung der frühen Interaktion

Aldrich, C. A. (1928). *Cultivating the Child's Capacities.* New York: Macmillan.
Als, H. & Brazelton, T. B. (1981). Assessment of the behavioral organization of a preterm and full-term infant. *Journal of the American Academy of Child Psychiatry, 20*, 239–263.
Als, H., Tronick, E. & Brazelton, T. B. (1980). Affective reciprocity and the development of autonomy: The study of a blind infant. *Journal of the American Academy of Child Psychiatry, 19*, 22–40.
Bell, R. (1968). A reinterpretation of the direction of effects in studies of socialisation. *Psychological Review, 75*, 81–95.
Bower, T. G. (1969). Perceptual functioning in early infancy. In R. J. Robinson (Hrsg.), *Brain and Early Behavior.* London: Academic Press.
Bowlby, J. (1958, 1959). The nature of the child's tie to his mother. *International Journal of Psychoanalysis, 39,* 350–373. Deutsch: Über das Wesen der Mutter–Kind-Bindung. Übers. von U. Seemann-de Boor. *Psyche, 13* (7), 415–456.
Bowlby, J. (1969, 1984). *Attachment and Loss.* Bd. 1. New York: Basic Books. Deutsch: *Bindung. Eine Analyse der Mutter–Kind-Beziehung*. Übers. von G. Mander. Frankfurt/Main: Fischer.

Brazelton, T. B. (1976). Early parent-infant reciprocity. In V. C. Vaughn & T. B. Brazelton (Hrsg.), *The Family: Can It Be Saved?* New York: Yearbook.

Brazelton, T. B. (1979). Behavioral competence of the neonate. *Seminars in Perinatology, 3,* 35–44.

Brazelton, T. B. (1981). Precursors for the development of emotion in early infancy. In R. Plutcik & H. Kellermann (Hrsg.), *Emotion: Theory, Research and Experience. Bd. 2.* New York: Academic Press.

Brazelton, T. B. & Als, H. (1979). Four stages in the development of mother–infant interaction. In A. Scluit et al. (Hrsg.), *The Psychoanalytic Study of the Child, Bd. 34.*

Brazelton, T. B., Koslowski, B. & Main, M. (1974). The origins of reciprocity: The early mother–infant interaction. In M. Lewis & L. Rosenblum (Hrsg.), *The Effect of the Infant on Its Caregiver.* New York: John Wiley.

Brazelton, T. B., Tronick, E., Adamson, L., Als, H. & Wise, S. (1975). *Early mother–infant reciprocity. Parent–Infant Interaction.* CIBA Foundation Symposium 33. New York/Amsterdam: Elsevier.

Brazelton, T. B. & Yogman, M. W. (1986). Reciprocity, attachment and effectance: Anlage in early infancy. In T. B. Brazelton & M. W. Yogman (Hrsg.), *Affective Development in Infancy.* Norwood, N. J.: Ablex.

Brazelton, T. B., Yogman, M. W., Als, H. & Tronick, E. (1979). The infant as a focus for family reciprocity. In M. Lewis & L. Rosenblum (Hrsg.), *Social Network of the Developing Child.* New York: John Wiley.

Bruner, J. S. (1969). Eye, hand, and mind. In D. Elkind & J. G. Flavell (Hrsg.), *Studies in Cognitive Development.* New York: Oxford University Press.

Cohen, L. B. & Salapatek, P. (Hrsg.). *Infant Perception: From Sensation to Cognition.* 2 Bde. New York: Academic Press.

Cohn, J. F. & Tronick, E. (1983). Three-month-old infant's reaction to simulated maternal depression. *Child Development, 45,* 456–462.

Connolly, K. & Stratton, P. (1968). Developmental changes in associated movements. *Developmental Medicine and Child Neurology, 10,* 49–56.

David, M. & Appell, G. (1961). A study of nursing care and nurse-infant interactions. In B. M. Foss (Hrsg.), *Determinants of Infant Behavior.* New York: International Universities Press.

Dixon, J., Yogman, M. W., Tronick, E., Als, H., Adamson, L. & Brazelton, T. B. (1981). Early social interaction of parents and strangers. *Journal of the American Academy of Child Psychiatry, 20,* 32–52.

Eimas, P. O., Siqueland, E. R., Jusczyk, P. & Vigonto, J. (1971). Speech perception in infants. *Science, 171,* 303–306.

Emde, R. N., Gaensbauer, T. J. & Harmon, R. J. (1976). *Emotional Expres-*

sion in Infancy: A Biobehavioral Study. Psychological Issues Monographs 37. New York: International Universities Press.

Freud, A. (1936). *Das Ich und die Abwehrmechanismen.* München: Kindler 1964.

Hartmann, H. ([1939] 1969). Ich-Psychologie und Anpassungsprobleme. *Psyche, 14.*

Hinde, R. (1976). On describing relationships. *Journal of Child Psychology and Psychiatry, 17.*

Kaye, H. (1967). Infant sucking and its modification. In L. P. Lipsitt & C. C. Spiker (Hrsg.), *Advances in Child Development and Behavior.* Bd. 3. New York: Academic Press.

Kaye, K. & Brazelton, T. B. (1971). *The ethological significance of the burst-pause pattern in infant sucking.* Presented at the Society for Research in Child Development, Minneapolis, Minnesota.

Kobre, K. R. & Lipsitt, L. P. (1972). A negative contrast affect in newborns. *Journal of Experimental Child Psychology, 14,* 81–91.

Lorenz, K. (1935). Der Kumpan in der Umwelt des Vogels. In ders. (1965), *Über tierisches und menschliches Verhalten. Aus dem Werdegang der Verhaltenslehre.* Gesammelte Abhandlungen Bd. 1. München: Piper.

Mahler, M. S., Pine, F. & Bergman, A. ([1975) 1980). *The Psychological Birth of the Human Infant.* New York: Basic Books. Deutsch: *Die psychische Geburt des Menschen. Symbiose und Individuation.* Übers. von H. Weller. Frankfurt/Main: Fischer.

Maratos, O. (1982). Trends in the development of imitation in early infancy. In T. G. Bever (Hrsg.), *Regressions in Mental Development.* Hillsdale, N. J.: Lawrence Erlbaum.

Meltzoff, A. & Moore, M. K. (1977). Imitation of facial and manual gestures by human neonates. *Science, 198,* 75–78.

Piaget, J. (1951). *Play, Dreams and Imitation in Childhood.* New York: E. P. Dutton.

Piaget, J. (1954). *The Construction of Reality in the Child.* New York: Basic Books.

Provence, S. & Lipton, R. (1962). *Infants in Institutions.* London: Bailey & Swinfen.

Rheingold, H. (1961). The effect of environment and stimulation upon social and exploratory behavior in the human infant. In B. M. Foss (Hrsg.), *Determinants of Infant Behavior. Bd. 1.* New York: John Wiley.

Robertson, J. (1962). *Hospitals and Children.* New York: International Universities Press.

Sameroff, A. J. (1968). The components of sucking in the human newborn. *Journal of Experimental Child Psychology, 6,* 607.

Sameroff, A. J. & Chandler, M. (1976). Reproductive risk and the continuum of caretaking casualty. In F. D. Horowitz et al. (Hrsg.), *Review of Child Development Research. Bd. 4.* Chicago: University of Chicago Press.

Sander, L. (1977). The regulation of exchange in the infant-caregiver system and some aspects of the context-contest relationship. In M. Lewis & L. A. Rosenblum (Hrsg.), *Interaction, Conversation and the Development of Language*. New York: John Wiley.

Siqueland, E. R. & Lipsitt, L. P. (1966). Conditioned head-turning behavior in newborns. *Journal of Experimental Child Psychology, 4,* 456–376.

Spitz, R. (1946). Anaclitic depression. *Psychoanalytic Study of the Child, 2,* 313–342.

Spitz, R. (1964, 1974). The derailment of the dialogue: Stimulus overload, aciton cycles and the complete gradient. *Journal of the American Psychoanalytic Association, 12,* 752–775. Deutsch. *Der Dialog entgleist. Reizüberlastung, Aktionszyklen und Ganzheitseffekt. Psyche, 28,* 135–156.

Spitz, R. (1965, 1967). *The First Year of Life.* New York: International University Press. Deutsch: *Vom Säugling zum Kleinkind.* Übers. v. G. Theusner-Stampa. Stuttgart: Klett-Cotta.

Stern, D. (1971). A microanalysis of mother-infant interaction. *Journal of the American Academy of Child Psychiatry, 10,* 501–517.

Stern, D. (1974 a). Mother and infant at play. In M. Lewis & L. A. Rosenblum (Hrsg.), *The Effect of the Infant on Its Caregiver.* New York: John Wiley.

Stern, D. (1974 b). The goal and structure of mother-infant play. *Journal of the American Academy of Child Psychiatry, 13,* 402–421.

Stern, D. (1977, 1979). *The First Relationship.* Cambridge, Mass.: Harvard University Press. Deutsch: *Mutter und Kind – Die erste Beziehung.* Übers. von Thomas Höpfner. Stuttgart: Klett-Cotta.

Stern, D. (1985, 1991). *The Interpersonal World of the Infant.* New York: Basic Books. Deutsch: *Die Lebenserfahrung* des Säuglings. Stuttgart: Klett-Cotta.

Trevarthan, C. (1977). Descriptive analysis of infant communicative behaviour. In H. R. Schaffer (Hrsg.), *Studies in Mother–Infant Interactions.* New York: Academic Press.

Tronick, E., Als, H., Adamson, L., Wise, S. & Brazelton, T. B. (1978). The infant's response to entrapment between contradictory messages in face-to-face interaction. *Journal of Child Psychiatry, 17,* 1–13.

Tronick, E., Als, H. & Brazelton, T. B. (1977). Maturity in mother-infant interaction. *Journal of Communication Information Processing, 27,* 74–79.

Walcher, D. N. & Peters, D. L. (1971). *The Development of Self-Regulatory Mechanisms.* New York: Academic Press.

Watzlawick, P., Beavin, H. J. & Jackson, D. (1967, 1969). *The Pragmatics of Human Communication*. New York: Norton. Deutsch: *Menschliche Kommunikation*. Übers. v. P. Watzlawick. Bern: Huber.

Winnicott, D. W. (1964, 1969). *The Child, the Family, and the Outside World*. London: Penguin. Deutsch. *Kind, Familie und Umwelt*. München/Basel.

Winnicott, D. W. (1970). The mother-infant experience of mutuality. In J. Anthony & T. Benedek (Hrsg.), *Parenthood*. Boston: Little, Brown.

Winnicott, D. W. (1964, 1990). The newborn and his mother. In C. Winnicott et al. (Hrsg.), *Babies and Their Mothers*. Reading, Mass.: Addison-Wesley (1986). Deutsch: *Das Baby und seine Mutter*. Übers. v. U. Stopfel. Stuttgart: Klett-Cotta.

Yogman, M. W., Dixon, S., Tronick, E., Adamson, L., Als, H. & Brazelton, T. B. (1976). Father–infant interaction. Paper presented at meeting of American Pediatric Society, St. Louis, Missouri. Zelasco, P. R. (1972). Smiling and vocalizing: A cognitive emphasis. *Merrill-Palmer Quarterly, 18*, 349–365.

Vierter Teil:
Imaginäre Interaktionen

Beebe, P. & Sloate, P. (1982). Assessment and treatment of difficulties in mother–infant attunement in the first years of life: A case history. *Psychoanalytic Inquiry, 1* (4).

Borges, J. L. (1964, 1981). Tlon, Uqbar, Orbis, Tertius. In *Labyrinths*. New York: New Directions. Deutsch: Tlon, Uqbar, Orbis, Terrius. In Labyrinthe. Übers. v. Karl August Horst. München: Hanser.

Bruner, J. (1983). Thought, language and interaction in infancy. In *Frontiers of Infant Psychiatry. Bd. 1.*

Cramer, B. (1987). Objective and Subjective Aspects of Parent–Infant Relations: An attempt at correlation between infant studies and clinical work. In J. Osofsky (Hrsg.), *Handbook of Infant Development* (2. Aufl.). New York: John Wiley.

Dunn, J. (1982). Comment: "Problems and promises in the study of affect and intention". In E. Tronick (Hrsg.), *Social Interchange in Infancy*. Baltimore, Md.: University Park Press.

Emde, R. & Sorce, J. (1983). Emotional availability and maternal referencing. In *Frontiers of Infant Psychiatry*. Bd. 1.

Fraiberg, S. (1980). *Clinical Studies in Infant Mental Health: The First Year of Life*. New York: Basic Books.

Hinde, R. (1976). On describing relationships. *Journal of Child Psychology and Psychiatry, 17*, 1–19.

Kreisler, L. (1981). *L'enfant du désordre psychosomatique. Recontres Cliniques.* (Privatdruck)
Lebovici. S. (1983, 1990). *Le nourisson, le mère et le psychanalyste*. Paris: Editions du Centurion. Deutsch: *Der Säugling, die Mutter und der Psychoanalytiker.* Übers. von D. Friehold. Stuttgart: Klett-Cotta.
Mahler, M. S., Pine, E. & Bergman, A. (1975, 1980). *The Psychological Birth of the Human Infant.* New York: Basic Books. Deutsch: *Die psychische Geburt des Menschen. Symbiose und Individuation.* Übers. v. H. Weller. Frankfurt/Main: Fischer. Meares, R., Penman, R., Milgom-Friedman, J. & Buker, K. (1982). Some origins of the difficult child: The Brazelton Scale and the mother's view of her newborn's character. *British Journal of Medical Psychology. 55,* 77–89.
Rabain, J. (1979). *L'Enfant de Lignange.* Pariy: Payot.
Robson, K. (1964). The role of eye-to-eye contact in maternal-infant attachment. *Journal of Child Psychology and Psychiatry, 8.*

Fünfter Teil: Die Deutung der frühen Bindung

Als, H. (1982). The unfolding of behavioral organization in the face of a biological violation. In E. Tronick (Hrsg.), *Social Interchange in Infancy.* Baltimore, Md.: University Park Press.
Als, H. (1983). Infant individuality: Assessing patterns of very early development. In *Frontiers of Infant Psychiatry. Bd. 1.*
Beardslee, W. R., Bemporad, J., Keller, M. B. & Klerman, G. L. (1983). Children of parents with major affective disorders: A review. *American Journal of Psychiatry, 140,* 825–832.
Brazelton, T. B. (1981). *On Becoming a Family.* New York: Delacorte Press.
Bromwich, R. M. & Parmelee, A. H. (1979). A intervention program for preterm infants. In T. M. Field (Hrsg.), *Infants Born at Risk.* Holliswood, N. Y.: Spectrum.
Chess, S. & Thomas, A. (1984). *Origins and Evolution of Behavior Disorders: From Infancy to Early Adult Life*. New York: Brunner/Mazel.
Coleman, R. W., Kris, E. & Provence, S. (1953). The study of variations of early parental attitudes: A preliminary report. *Psychoanalytic Study of the Child. 8,* 20–47.
Cramer, B. (1986). Assessment of parent-infant relationship. In T. B. Brazelton & M. W. Yogman (Hrsg.), *Affective Development in Infancy.* Norwood, N. J.: Ablex Publ.
Cramer, B. (1987). Objective and subjective aspects of parent-infant relations:

an attempt at correlation between infant studies and clinical work. In J. Osofsky (Hrsg.), *Handbook of Infant Development*. (2. Aufl.) New York: John Wiley.

Cramer, B. & D'Arcis, U. (in Vorber.). *Body contact avoidance in mother and baby: correlation between clinical and microanalytical data.*

Cramer, B. & Stern, D. (1988). Evaluation of changes in mother-infant brief psychotherapy. *Infant Mental Health Journal, 9 (1).*

Cramer, B. (1989). Les thérapies spécifiques et la consultation thérapeutique. In S. Lebovici & F. Weil-Halpern (Hrsg.), *Psychiatrie du Bébé*. Paris: Presses Unviversitaires de France.

Drotar, D., Baskiewicz, A., Irvin, N., Kennell, J. & Klaus, M. (1975). The adaptation of parents to the birth of an infant with a congenital malformation: A hypothetical model. *Pediatrics, 56,* 710–717.

Di Vitto, B., & Goldber, S. (1979). The development of early parent–infant interaction as a function of newborn medical status. In T. M. Field et al. (Hrsg.), *Infants Born at Risk. Holliswood,* N. Y.: Spectrum.

Emde, R. & Sameroff, A. (1989). *Relationship Disturbances.* New York: Basic Books.

Field. T. M. (1979). Interaction patterns of preterm an term infants. In T. M. Field et al. (Hrsg.), *Infants Born at Risk.* Holliswood, N. Y.: Spectrum.

Field, T. M. (1985). Perinatal risk factors for infant depression. In *Frontiers of Infant Psychiatry.* Bd. 2.

Fraiberg, S. (1980). *Clinical Studies in Infant Mental Health*. London: Tavistock.

Goldberg, S., Brachfield, S. & Di Vitto, B. (1988). Feeding, fussing and play: Parent-infant interaction in the first year as a function of prematurity and perinatal medical problems. In T. M. Field et al. (Hrsg.), *High-Risk Infants and Children.* New York: Academic Press.

Johns, N. (1971). Family reactions to the birth of a child with a congenital abnormality. *Medical Journal of Australia, 1,* 247–282.

Klaus, M. & Kennell, J. (1982, 1983). *Parent–Infant Bonding*. St. Louis: C. V. Mosby. Deutsch: *Mutter–Kind-Bindung – Über die Folgen einer frühen Trennung*. Stuttgart: Klett-Cotta.

Kreisler, L. & Cramer, B. (1983). Infant psychopathology: guidelines for examination, clinical groupings, nosological propositions. In J. Call et al. (Hrsg.), *Frontiers of Infant Psychiatry.* Bd. 1. New York: Basic Books.

Lester, B. M., Boukydis, Z., Hoffman, J., Censullo, M., Zahr, L. & Brazelton, T. B. (1987). Behavioral and Psychophysiological assessment of the pre-term infant. In B. M. Lester & E. Tronick (Hrsg.), *Defense of the Premature Infant: The Limits of Plasticity.* Lexington, Mass.: Lexington Books.

Minde, K., Manton, P., Manning, D. & Hiner, B. (1980). Some determinants of mother–infant interaction in the premature nursery. *Journal of the American Academy of Child Psychiatry, 10,* 1–21.

Paffenbarger, R .S. (1982). Epidemiological aspects of mental illness associated with child-bearing. In I. F. Brockington & R. Kuman (Hrsg.), *Motherhood and Mental Illness.* London: Academic Press; New York: Grune & Stratton.

Parmelee, A. H., Recknith, L, Cohen, S. E. & Sigman, M. (1983). Social influences on infants at medical risk for behavioral difficulties. In *Frontiers of Infant Psychiatry.* Bd. 1.

Parmelee, A. H., Sigman, M., Kopp, C. B. & Haber, A. (1975). The concept of a cumulative risk score for infants. In N. R. Ellis (Hrsg.), *Aberrant Development in Infancy.* New York: John Wiley.

Robertson, J. (1965). Mother–infant interaction from birth to 12 months: 2 case studies. In B. M. Foss (Hrsg.), *Determinants of Infant Behavior. Bd. 3.* New York: John Wiley.

Robson, K. & Moss, H. A. (1970). Patterns and determinants of maternal attachment. *Journal of Pediatrics, 2,* 916–985.

Roskies, E. (1972). *Abnormalities and Normalities: The Mothering of Thalidomide Children.* New York: Cornell University Press.

Samaraweera, S., Moylan, F., Larroque, C. J., Patterson, A., Angoft, K. & Katzenskin, V. (1983). Earliest intervention in neonatal intensive care units: A team approach. In *Frontiers of Infant Psychiatry.* Bd. 1.

Semrad, E. (1983). *Semrad: The Heart of a Therapist.* Hrsg. v. S. Rako & H. Mazer. New York: Aronson.

Solnit, A. & Stark, M. H. (1961). Mourning and the birth of a defective child. *Psychoanalytic Study of the Child, 16,* 523–537.

Stern, D. (1985, 1991). *The Interpersonal World of the Infant.* New York: Basic Books. Deutsch: *Die Lebenserfahrung des Säuglings.* Stuttgart: Klett-Cotta.

Tronick, E., Als, H., Adamson, L., Wise, S. & Brazelton, T. B. (1978). The infant's response to entrapment between contradictory messages in face-to-face interaction. *Journal of the American Academy of Child Psychiatry, 17,* 1–13.

Tronick, E., Cohn, J. & Shea, E. (1984). The transfer of affect between mothers and infants. In T. B. Brazelton & M. W. Yogman (Hrsg.), *Affective Development in Infancy.* Norwood, N. J.: Ablex.

Erläuterung wichtiger Fachbegriffe

Ambivalenz, ambivalent: Gleichzeitiges Vorhandensein einander widersprechender Strebungen, Haltungen und Gefühle, z. B. Freude und Trauer, in der Beziehung zu ein und demselben Objekt.
Anomalie: Unregelmäßigkeit, geringfügige Entwicklungsstörung.
Apgar-Wert: Ein nach der Anästhesistin Virginia Apgar benannter Wert, der aber auch für **A**tmung, **P**uls, **G**rundtonus, **A**ussehen, **R**eflexe steht. Ihm liegt das sogenannte Apgar-Schema zugrunde, das als Grundlage der Beurteilung von Säuglingen 1, 5 und 10 Minuten nach der Geburt dient. Nach fünf Kriterien erhalten sie jeweils 0 bis 2 Punkte je nach Zustand. Maximal 10 Punkte können erreicht werden, Werte unter 7 gelten als kritisch.
Ausagieren: Spontane Handlungen (häufig aggressiven Charakters), die in der Psychoanalyse als Hervortreten des Verdrängten interpretiert werden.
Bilirubin: Abbauprodukt des roten Blutfarbstoffs.
Embryo: Bezeichnung für die Leibesfrucht in der Gebärmutter für die Zeit bis zum Ende des zweiten Schwangerschaftsmonats.
Empathie: Emotionale Einfühlung in eine andere Person.
Extraversion: Tendenz zu einem offenen, auf andere Menschen zugehenden Verhalten.
Fötus: Bezeichnung für die Leibesfrucht in der Gebärmutter für die Zeit nach dem zweiten Schwangerschaftsmonat.
Homöostase: In der Biologie Aufrechterhaltung des sogenannten inneren Milieus des Körpers mit Hilfe von Regelsystemen (Regelung des Kreislaufs, der Körpertemperatur, des Hormonhaushalts u. a.). Im vorliegenden Buch wurde dieser Begriff übertragen auf das Gleichgewicht in der Interaktion zwischen Eltern und Kind.
Hypoglykämie: Verminderung des Blutzuckers unter einen kritischen Wert.
Idealisierung: Psychischer Vorgang, bei dem eine Person eine andere Person oder einen Gegenstand als vollkommen betrachtet. Dies trägt gleichzeitig zur Ausbildung und Ausprägung eigener Idealinstanzen bei.
Identität, Identifizierung: Psychischer Vorgang, durch den eine Person sich an eine Eigenschaft einer anderen Person oder einen Teilbereich dieser Eigenschaft anpaßt und sich nach diesem Vorbild verändert.
Interaktion: Personen treten zueinander in Interaktion, indem sie aufeinander reagieren (imaginäre Interaktion siehe S. 157).

Introjektion: Verinnerlichung; Vorgang, bei dem eine Person ein Objekt oder einzelne Eigenschaften des Objekts von außen nach innen verlagert.
Komplementarität: Komplementäre Begriffe und Ansätze sind gegensätzlich und ergänzen sich.
Motivation: Motive sind die Beweggründe zum Handeln; die Motivation besteht im Zusammenwirken teilweise gegensätzlicher Motive und löst schließlich eine Handlung aus.
Motorik: Vom Großhirn gesteuerte, willkürliche Bewegungsvorgänge.
Nervensystem: Gesamtheit des Nervengewebes, das Reize aufnehmen, Erregungen bilden, sie weiterleiten und im Zentralnervensystem verarbeiten sowie Reize beantworten kann.
Nervensystem, vegetatives oder autonomes: Gesamtheit der nicht direkt vom Willen und vom Bewußtsein kontrollierten Nerven- und Ganglienzellen; sie haben die Aufgabe, die Lebensfunktionen (Atmung, Verdauung, Stoffwechsel u. a.) aufrechtzuerhalten und das Zusammenwirken der einzelnen Teile des Organismus zu gewährleisten.
Ödipuskomplex, ödipal: Gesamtheit der feindseligen und Liebeswünsche, die ein Kind in der Beziehung zu seinen Eltern entwickelt, speziell die eines Mädchens dem Vater gegenüber und die eines Jungen der Mutter gegenüber.
Orale Phase, orale Befriedigung: Nach Freud die erste Stufe der Triebentwicklung; dabei ist die sexuelle Lust gekoppelt insbesondere mit der Reizung der Mundhöhle und der Lippen, die bei der Nahrungsaufnahme erfolgt.
Phototherapie: Lichttherapie bei Neugeborenen mit zu hohen Bilirubin-Werten.
Physiologie, physiologisch: Die Lehre von den normalen Lebensvorgängen im menschlichen Körper.
Projektion: Psychischer Vorgang, bei dem eine Person eigene Wünsche, Gefühle oder Objekte, die sie in sich ablehnt, einer anderen Person oder einem Gegenstand zuschreibt.
Rapport: Form der Übereinstimmung von Mutter und Kind, die die angemessene Antwort auf eine Reaktion des anderen erlaubt.
Reflex: Unwillkürlich und regelhaft ablaufender Vorgang als psychologische Reaktion eines Erfolgsorgans (z. B. Muskel, Drüse) auf einen Reiz.
Sensorik: Gesamtheit der Sinnesorgane zur Wahrnehmung unterschiedlicher Reize (Sehen, Hören, Geschmack, Geruch, Berührung, Schmerz, Temperatur).
Sublimierung: Vorgang, bei dem sich ein Trieb auf ein neues, nicht-sexuelles Ziel richtet (insbesondere auf geistige und künstlerische Aktivitäten).
Symbiose: In der Biologie ist damit das Zusammenleben unterschiedlicher Organismen zum gegenseitigen Nutzen gemeint. Die Psychoanalyse hat diesen Begriff auf die Beziehung von Mutter und Kind übertragen.

Symptom: Anzeichen für eine Krankheit.
Synchronisierung: Zeitliches Aufeinander-Abstimmen der Verhaltensweisen von Mutter und Kind.
Syndrom: Bündel von gleichzeitig und gemeinsam auftretenden Krankheitsanzeichen.
Tonus, tonisch, Muskeltonus: Alle Muskeln werden in einem gewissen Spannungszustand gehalten. Dieser Zustand wird als Muskeltonus bezeichnet.
Trauma, traumatisch: Ereignis im Leben einer Person, das so intensiv auf sie einwirkt, daß sie nicht in der Lage ist, angemessen darauf zu reagieren.
Vergleichende Verhaltensforschung, Ethologie: Wissenschaftliche Schule, die angeborenes Artverhalten bei Tieren in der natürlichen Umgebung und im ökologischen Umfeld untersucht.

Register